쉽게! 빨리! 재미있게!

빙고 중국어 2

Bingo! Chinese 2

맹주억 권영실 이봉 지음

CENGAGE Learning

Bingo Chinese 2
Maeng Joo-Eock,
Kwon Young-Sil,
Li Feng

Publishing Director:
Paul Tan

Product Director:
Hee Joh Liang

Product Managers:
Joyce Tan and Loh Mei Yun

Account Manager:
Cindy Yoo Seung Wan

Senior Publishing Executive:
Park Kyung In

Contents Editor:
Park Eun Hwa

Cover Designer:
Choi Jong Myung

Illustrator:
Lee Jae Cheon

Compositor:
Shim's Communication

This book is printed by Cengage Learning Korea Ltd licensed by Cengage Learning Asia Pte Ltd.

ISBN-13: 978-981-4239-22-6 (CLA ISBN)

Korean ISBN-13: 978-89-92675-75-8
Korean ISBN-10: 89-92675-75-5

Cengage Learning Asia Pte Ltd
5 Shenton Way #01-01
UIC Building
Singapore

Cengage Learning is a leading provider of customized learning solutions with office locations around the globe, including Singapore, the United Kingdom, Australia, Mexico, Brazil, and Japan. Locate your local office at: international.cengage.com/region

Cengage Learning products are represented in Canada by Nelson Education, Ltd.

For product information, visit cengagesasia.com

Printed in Korea
1 2 3 4 5 6 7 11 10 09 08

쉽게! 빨리! 재미있게!

빙고 중국어 2

Bingo! Chinese 2

맹주억 권영실 이봉 지음

CENGAGE Learning™

Australia · Brazil · Japan · Korea · Mexico · Singapore · Spain · United Kingdom · United States

쉽게! 빨리! 재미있게!

빙고 중국어2

Bingo! Chinese 2

맹주억 권영실 이봉 지음

초판 1쇄 인쇄 | 2008년 8월 20일
초판 1쇄 발행 | 2008년 8월 27일

지은이 | 맹주억, 권영실, 이봉
발행인 | 정경한
발행처 | 센게이지러닝코리아㈜
등록번호 | 제313-2007-000074호(2007.3.19.)
주　소 | 서울시 마포구 서교동 353-1 서교타워빌딩 1801호
전　화 | 02) 322-4926
이메일 | asia.infokorea@cengage.com
홈페이지 | www.cengageasia.com

ISBN 10: 89-92675-75-5
ISBN 13: 978-89-92675-75-8

공급처 | 한티미디어
주　소 | 서울시 마포구 연남동 570-20
도서안내 및 주문 | TEL 02) 332-7993~4 FAX 02) 332-7995
이메일 | hantee@empal.com

값 14,000원

머리말

중국은 우리나라와 가장 가까울 뿐 아니라 유구한 역사를 통해 여러 분야에서 교류해 온, 우리의 생존, 발전과 떼려야 뗄 수 없는 관계를 갖고 있는 나라입니다. 수준 높은 문화, 광활한 국토, 세계 최대 시장 규모 등 국제 사회에서의 위상과 역량의 면면을 보더라도 중국과의 교류는 매우 중요합니다. 또한 중국은 우리나라와 지리적으로 가장 가깝기 때문에 교류의 필요성과 필연성은 새삼 언급할 필요도 없습니다. 한 나라를 이해하는 가장 빠른 길은 그 나라의 언어를 습득하는 것이라고 합니다. 따라서 중국과 교류하기 위해 중국이라는 나라를 이해하고 중국 사람들과 의사소통하려면, 먼저 그들의 언어를 알아야 함은 너무도 당연한 일일 것입니다.

중국어를 잘 하려면 어떻게 해야 할까요? 무엇보다 중국어를 입으로 말하고 귀로 듣는 말로 이해하고 그것을 익혀야 합니다. 흔히 중국어를 한자 혹은 한문과 동일시하여 지레 겁을 먹는 사람들이 있는데, 중국어가 한자로 기록된다는 점은 사실이지만 중국어도 사람들이 입으로 말하고 귀로 듣는 소리말, 즉 음성언어입니다. 한자를 배우지 않아도 된다는 얘기가 아닙니다. 먼저 중국어를 듣고 이해하고 입으로 소리 내어 말하는 것이 중요하다는 말입니다. 중국 사람들이 일상생활을 하는 데 사용하는 한자는 제한적이어서 중국어를 배우는 데 필요한 한자는 걱정할 정도로 많지 않으며, 또 이 한자들을 한꺼번에 외워야 하는 것이 아니라 학습 진도에 따라 조금씩 점차적으로 익히게 되므로 한자로 인해 부담을 가질 필요는 없습니다.

중국어를 소리말로 익히려는 자세가 되어 있다면 우리 한국인에게 중국어는 그리 어려운 언어가 아닙니다. 한국어는 음성적인 면에서 '성조'라는 요소는 없지만 기본적으로 자음과 모음의 조합으로 이루어진 말이 많으므로 새로 배워야 하는 중국어 말소리는 생각보다 많지 않습니다. 중국어 말소리의 기초를 익히고 나면 중국어 표현을 익히는 일은 비교적 수월합니다. 중국어 단어 학습은 한국어와 중국어의 공통점과 차이점만 잘 이해하고 유의한다면 빠른 속도로 진행될 수 있습니다. 문장의 구성은 우리말과 어순이 다르다는 점에 유의해야 할 것이나, 영어나 기타 언어처럼 인칭이나 시제에 따른 형태 변화가 없으므로 따로 암기하는 수고를 할 필요가 없습니다.

언어는 그 언어를 사용하는 집단의 대표적인 문화 수용체로서 언어 학습과 문화의 이해는 매우 밀접한 관계를 갖습니다. 여기서 말하는 문화란 언어로 의사소통의 장애가 되는 생활습관, 사고방식이나 사회 상황 등의 내용을 말하는데, 이런 것들을 모를 경우 단순한 언어적 이해만으로는 진정한 이해가 어렵습니다. '유럽의 언어를 제대로 이해하려면 성경을 알아야 한다' 는 말도 이러한 맥락에서 나온 말입니다. 타민족과의 문화 교류에 참여한다는 의식을 갖는다면 문화 이해의 적극적인 자세를 갖추게 됩니다. 현재는 국제화 시대라고 하는데, 국제화란 남의 것을 이해하고 우리의 것을 남에게 알리는 양방향의 교류이므로, 중국의 문화를 이해하는 데 그치는 것이 아니라 우리의 문화를 중국어로 소개할 수 있도록 준비하고 실천해야 할 것입니다.

외국어를 배우는 일이 아무런 노력 없이 저절로 이루어지는 쉬운 일은 아니지만, 외국어와 우리말의 차이를 이해하고 또 그 차이를 극복하는 방법과 길을 찾아낸다면 노력에 비해 큰 효과를 거둘 수 있습니다. 이 책은 중국어와 한국어에 대한 전면적인 대조의 기초 위에서 우리나라의 중국어 학습자에게 알맞은 맞춤형 교재를 만드는 것을 목표로, 중국어를 중국어답게 학습할 수 있도록 구성하였습니다. 또한 초보 학습자를 그 대상으로 하여 다음과 같은 세 가지 사항에 역점을 두고 구성 및 집필하였습니다.

1. 빨리, 쉽게, 재미있게 배울 수 있습니다.
2. 듣기, 말하기, 읽기, 쓰기의 기능을 조화롭게 발전시킵니다.
3. 한국과 중국 문화의 양방향적 교류와 이해를 도모합니다.

평이하고 간결한 설명과 친절한 안내로 학습자 스스로 중국어를 익힐 수 있도록 길잡이 역할을 해줄 것입니다. 아무쪼록 이 책을 벗 삼아 자신감을 가지고 즐거운 마음으로 중국어의 세계를 여행하기 바랍니다.

2008. 8.

지은이

빙고중국어 시작하기

『빙고중국어』 시리즈는 중국어를 처음 배우는 학습자들이 중국인들이 가장 많이 사용하는 생생한 표현들을 거부감이 없이 **빨리**, **쉽게**, **재미있게** 배울 수 있도록 구성한 중국어 회화 학습 교재입니다.

책의 구성

『빙고중국어』 시리즈는 각 권 15과로 구성되어 있으며, 한 과는 2~3차시 수업에 적당한 분량으로 구성되어 있습니다. 각 과마다 **회화**, **본문**, **새 단어**, **포인트 설명**, **퀵테스트**, **연습문제**, **일망타진**, **박쥐말**, **응용표현**, **한중문화의 이모저모** 등 다양한 코너를 통해 듣기, 말하기, 읽기, 쓰기의 언어 기능을 균형 있게 학습할 수 있습니다. 또한 쉬운 것과 어려운 것, 간단한 것과 복잡한 것, 개인생활과 사회생활을 소재로 다루도록 단원을 점진적으로 배치하고, 각 단원 간의 연계성과 재도입을 극대화하여 높은 학습 효과를 꾀할 수 있도록 하였습니다.

오디오 CD를 활용한 듣기와 말하기

- 교재 전반에 걸쳐 중국어를 소리로 먼저 지각하고 반응할 수 있도록 설계하였습니다. 각 단원을 시작할 때 책과 함께 제공되는 음원 파일을 먼저 듣는다면 눈보다 귀가 먼저 뜨이는 학습 효과를 기대할 수 있을 것입니다.
- 아나운서 출신의 중국인 성우들의 정확한 표준 발음을 듣고 따라하며 중국어의 성모, 운모, 성조, 음절, 단어, 문장 연습을 할 수 있습니다.

중국어 배우기

- **〈회화〉**, **〈본문〉**에서는 외국어 학습의 궁극적인 목표인 자연스러운 의사소통을 위해 사용빈도가 높고, 현대 생활과 밀접한 관계가 있으며, 한 · 중 두 언어 간 의사소통에 필수적인 어휘와 문장들을 상황에 맞게 난이도별로 분포시켰습니다.
- **〈새 단어〉**는 《现代汉语频率词典》(1986, 北京语言文化大学出版社) 등의 권위 있는 빈도 사전을 참고하여, 고유명사, 인명, 지명, 수사, 박쥐말 외에 각 단원마다 20개 내외로 소개합니다.

- **〈포인트 설명〉** 코너에서는 중국어의 기본 어순과 구조를 포함한 문법을 난이도에 따라 점진적으로 제시하고, **〈퀵테스트〉**를 통해 기본적인 문법을 이해했는지 다시 한 번 확인할 수 있습니다.

실력 다지기

- **〈연습문제〉**에서는 외국어의 공통적인 학습 과정인 '지각→이해→모방→기억→내면화→사용' 의 모든 과정을 충분히 훈련할 수 있도록 구성하였습니다. 교실에서 이루어지는 중국어 수업에서 이것을 활성화한다면 보다 활기찬 수업 분위기를 조성할 수 있을 것입니다.

유용한 표현들을 한눈에!

- **〈응용표현〉** 코너에서는 중국의 실제 언어생활을 반영하여 기본 표현뿐만 아니라 다양한 응용표현을 소개함으로써 현장감 있는 중국어를 익힐 수 있습니다.
- **〈일망타진〉**에서는 주제와 관련된 어휘를 소개하여 관련 어휘를 한꺼번에 학습할 수 있습니다.

한국인만의 특혜 맘껏 누리기

〈박쥐말〉은 한자 문화권에 속해 있는 한국인만의 장점을 십분 활용하는 코너로서, 많은 중국어 어휘를 보다 쉽고 효율적으로 학습할 수 있습니다. 예를 들면, 한자의 구성이 같은 말 중 '학교' 와 '学校', '부모' 와 '父母' 는 발음의 차이는 있지만 그 의미는 같습니다. 그러나 '점심' 과 '点心', '합동' 과 '合同' 은 발음뿐 아니라 의미상으로도 다른 말입니다. 중국어의 '点心' 은 '간식', '合同' 은 '계약' 의 의미를 갖고 있습니다. 이렇게 양면성을 가진 단어를 이솝 우화에 나오는 박쥐에 비유하여 〈박쥐말〉이라 이름 붙이고, 이런 구분을 통해 더욱 효과적으로 어휘를 습득할 수 있도록 하였습니다.

한중문화 엿보기

기본적으로 알아야 할 중국 문화와 누구나 한 번 쯤 의문을 가져보았을 법한 주제를 선별하여 한중 두 나라의 문화를 비교 소개합니다.

주요 등장인물

박준호 한국인 남학생. 대학에서 중국어를 전공하는 모범생으로 성실하고 진중합니다.

이미나 한국인 여학생. 대학에서 관광학을 전공하는 학생으로 밝고 쾌활합니다.

张文中 중국인 남자. 중국 회사의 한국 주재원으로 친구 사귀기가 취미인 유쾌남입니다.

张文静 중국인 여학생. 张文中의 여동생으로 한류에 빠져 오빠를 따라 한국어를 배우러 온 학생입니다.

각 권의 이야기 구성

1권 한국으로 발령받은 张文中과 그 여동생 张文静의 좌충우돌 한국 생활기. 이들은 한국 학생 박준호와 이미나를 통해 한국을 배워갑니다. 중국인 두 남매가 한국을 알아가는 과정에서 과연 어떤 에피소드가 발생할까요? 기대하세요, 이들의 생활 엿보기!

2권 한국 학생의 무작정 중국 방문기. 방학이 되자 박준호와 이미나는 张文静과 함께 잠시 귀국한 张文中을 찾아 중국으로 날아갑니다. 흥미진진한 중국 여행기가 여러분 눈 앞에 펼쳐질 것입니다.

3~4권 한중문화의 이해와 대조를 주제로 하여 한국인과 중국인의 관심사를 위주로 토픽에 따라 구성됩니다.

이 책의 구성

핵심포인트
각 과의 기본 문형과 관련된 핵심 내용으로 꼭 알아야 할 문장을 제시합니다.

会话 회화
학습자의 이해를 돕기 위해 매 과의 상황을 간단히 한국어로 설명합니다.

중국인과의 자연스러운 의사소통을 위해 중국에서 실제로 많이 쓰는 문장들을 선별하여 제시합니다.

어법 설명 표시(문장 오른쪽 상단) : 해당 문장의 어법 설명이 포인트 설명 코너에 있음을 나타냅니다.

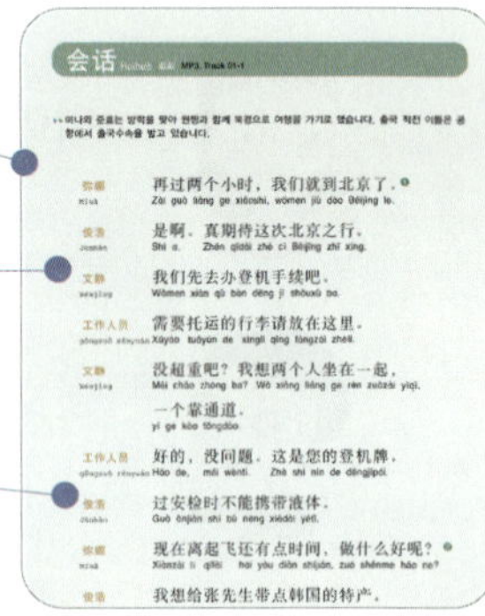

课文 본문
회화에 나온 주요 구문과 어휘를 활용하여 짧은 문장으로 구성하였습니다. 학습자들의 읽기 학습에 도움을 줍니다.

生词 새 단어
새 단어를 회화와 본문으로 나누어 제시함으로써 학습자들이 단어를 쉽고 효율적으로 학습할 수 있도록 하였습니다.

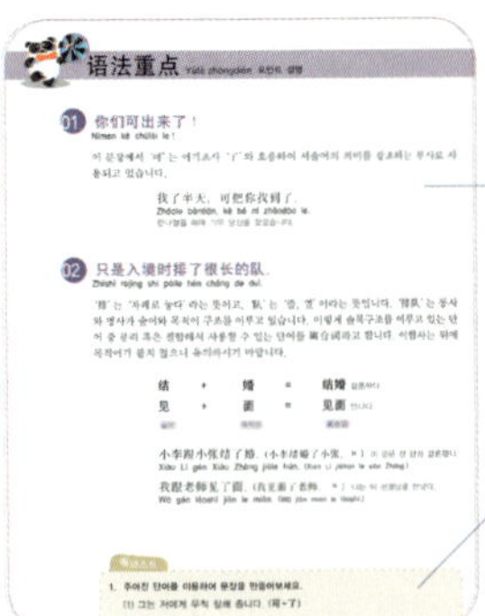

语法重点 포인트 설명
회화에서 제시된 문장의 주요 어법을 알기 쉽게 설명해 주는 코너입니다.

퀵테스트 제시된 주요 어법을 잘 이해했는지 간단한 문제를 통해 확인할 수 있습니다.

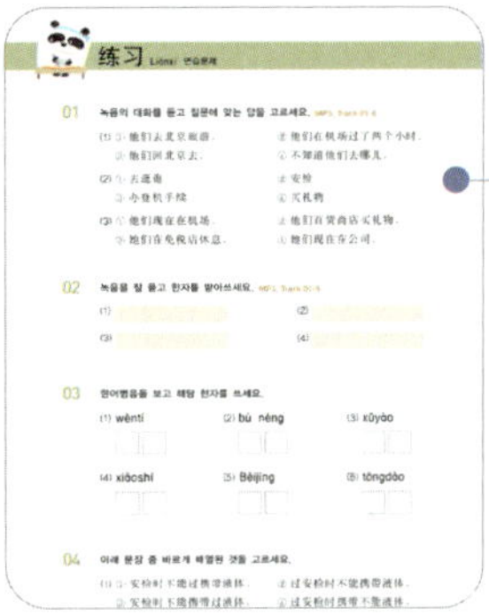

练习 연습문제

회화와 본문에서 제시된 구문, 단어, 한자, 한어병음을 활용하여 빙고 게임, 십자말풀이, 문장 바르게 배열하기, 표 완성하기, 받아쓰기 등 다양한 문제를 풀어봅니다. 듣기, 말하기, 읽기, 쓰기 능력을 균형 있게 다질 수 있는 코너입니다.

一网打尽 일망타진

주제와 관련된 단어를 함께 익혀 봅니다. 예를 들어, 본문에서 '엄마, 아빠'라는 단어가 나왔다면 그 밖의 가족을 부르는 호칭들을 함께 학습할 수 있도록 구성하였습니다.

蝙蝠词 박쥐말

중국어의 **'父母'**는 우리말의 '부모'와 같은 의미지만 **'合同'**은 우리말의 '합동'이 아닌 '계약'이라는 의미를 갖습니다. 이처럼 중국어는 같은 한자들로 구성된 단어라도 그 의미가 다를 수 있으므로 의미를 잘 알고 구분하여 사용하는 것이 중요합니다. 이 책에서는 두 언어에서 의미가 다른 단어들을, 상황에 따라 자신에게 유리하도록 들짐승이 되기도 하고 날짐승이 되기도 하는 박쥐의 이중적 속성을 가졌기에 '박쥐말'이라 이름 붙여 소개합니다.

更上一层楼 응용표현

회화나 본문에서는 다루지 못했지만 실생활에서 자주 쓰이는 표현들을 알려줍니다. 학습자들이 평소 궁금해 하는 표현들을 선별하여 알차게 꾸며 놓은 코너입니다.

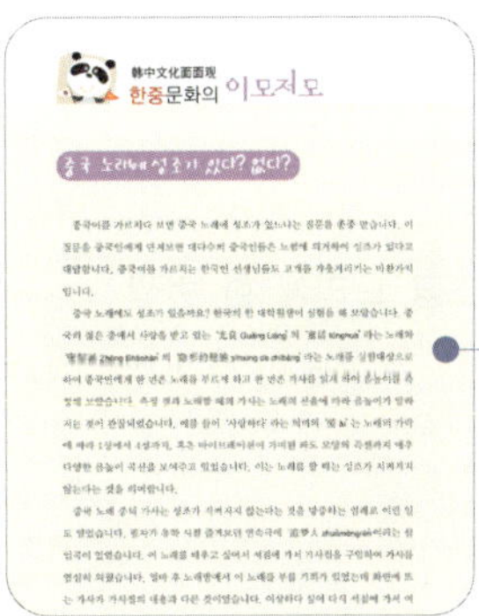

韩中文化面面观 한중문화의 이모저모

중국어 학습에 있어서 중국문화의 이해는 매우 중요하므로한국과 중국 두 나라의 국가 개관, 예절, 풍습, 교통수단, 휴일, 방언, 언어의 특징, 음식, 학교생활 등을 비교 · 소개합니다.

오디오 CD 구성

외국어 공부의 왕도는 반복입니다. 책과 함께 제공되는 오디오 CD(MP3)를 많이 듣고, 많이 말하고, 많이 쓰고, 많이 읽어 보시기 바랍니다. 반복할 때마다 학습 효과가 배가 될 것입니다.

빙고중국어 오디오 CD는 아래와 같이 구성하였습니다.

회화
중국인들의 자연스러운 대화 속도로 한 번 읽어줍니다.

본문
중국인들이 낭독하는 속도로 한 번 읽어줍니다.

새 단어
두 명의 원어민이 회화와 본문의 단어를 구분하여 한 번씩 읽어줍니다.

일망타진
두 명의 원어민이 낭독하는 속도로 한 번 읽어줍니다.

응용표현
한국어로 대화의 상황 설명을 한 후, 중국인들의 자연스러운 대화 속도로 한 번씩 읽어줍니다.

연습문제 듣기
문제를 정상속도보다 조금 느리게 한 번씩 읽어줍니다.

차례

머리말 _5
빙고중국어 시작하기 _7
이 책의 구성 _10
오디오 CD 구성 _12
차례 _13

제1과 在机场 공항에서 — 16

- 포인트 설명: ❶ 再过两个小时，我们就到北京了。 ❷ 现在离起飞还有点时间，做什么好呢？ ❸ 我们 / 咱们
- 일망타진: 비행기와 관련된 것들
- 응용표현: 보안 검색/기내 안내 방송
- 한중문화의 이모저모: 중국 노래에 성조가 있다? 없다?

제2과 接机 공항에 마중가다 — 30

- 포인트 설명: ❶ 你们可出来了！ ❷ 只是入境时排了很长的队。 ❸ 让你久等了吧？ ❹ 怪就怪天气不好。
- 일망타진: 차량의 종류
- 응용표현: 마중, 전송, 만났을 때 하는 말
- 한중문화의 이모저모: 맨 얼굴로 하늘을 우러러 보다

제3과 打车 택시를 타다 — 44

- 포인트 설명: ❶ 比我们那儿便宜多了！ ❷ 还真没听出来！
- 일망타진: 길이/면적/무게 단위
- 응용표현: 택시 승차 시, 기사님에게 길을 물어볼 때 쓰는 표현
- 한중문화의 이모저모: 중국어 억양은 고무밴드?

제4과 入住酒店 호텔에 체크인하다 — 58

- 포인트 설명: ❶ 我是用 LEE MINA 这个名字预定的。 ❷ 五个晚上。 ❸ 如果可以的话，我们想住在十层以上。
- 일망타진: 호텔과 관련된 것들
- 응용표현: 祝가 들어간 축복의 말
- 한중문화의 이모저모: 중국인과 四合院

제5과 外币兑换 외화로 환전하다 — 74

- 포인트 설명: ❶ 不用站着排队。 ❷ 我想把韩币换成人民币。
- 일망타진: 화폐 명칭
- 응용표현: 은행에서
- 한중문화의 이모저모: 중국어의 언어 표현

제6과 名胜古迹 명승고적 90
▸ 포인트 설명: ❶ 可不是吗？
❷ 长城啦、故宫啦、颐和园啦、天坛等等任你们选。
❸ 现在出发晚上肯定回不来。
❹ 如果走马观花似的参观只需两个小时。
▸ 일망타진: 유네스코 지정 중국 내 세계 유산 목록
▸ 응용표현: 찬성을 표시할 때
▸ 한중문화의 이모저모: 客套话

제7과 堵车 길이 막히다 106
▸ 포인트 설명: ❶ 你不是有车吗？ ❷ 别提了。
❸ 不仅堵车，而且还很难停车。
❹ 难怪常常看到那么多车停在路边。
▸ 일망타진: 교통용어
▸ 응용표현: 길을 물을 때
▸ 한중문화의 이모저모: 담배와 술

제8과 故宫 고궁 122
▸ 포인트 설명: ❶ 今天看得完吗？ ❷ 顺便去一下洗手间。
❸ 看把你羡慕的。 ❹ 在聊什么呢？
▸ 일망타진: 명승지에서 볼 수 있는 주의 표시/사진과 관련된 표현들
▸ 응용표현: 상대방의 질문에 확실한 답을 주지 못할 때 쓰는 표현
▸ 한중문화의 이모저모: 찜질방과 발 마사지

제9과 茶余饭后 휴식시간 138
▸ 포인트 설명: ❶ 那人们茶余饭后都去看体育比赛吗？ ❷ 那倒不是。
❸ 原来如此啊！ ❹ 多做运动对身体有好处。
▸ 일망타진: 스포츠 명칭
▸ 응용표현: 건강과 관련된 속담/ 原来如此와 같은 의미로 쓰이는 다른 표현들
▸ 한중문화의 이모저모: 내가 네 할아버지다!?

제10과 礼尚往来 오는 정이 있으면 가는 정도 있다 154
▸ 포인트 설명: ❶ 反正最好不要买梨和钟表。 ❷ 总不能让我们空手去拜访吧？
❸ 送礼送得多不如送得好。 ❹ 我们看着买吧。
▸ 박쥐말
▸ 응용표현: 다른 사람의 집에 초대되어 갔을 때 할 수 있는 표현들
▸ 한중문화의 이모저모: 나? 우리!

제11과 聚餐 회식하다 170
▸ 포인트 설명: ❶ 别啊！我还没有尽地主之谊呢！
❷ 那就恭敬不如从命了。

③ 鸭肉嫩嫩的、脆脆的，想起来就流口水。
④ 我还是先打电话预定一下吧。
▶ 일망타진: 맛의 표현/다양한 조리 방법
▶ 응용표현: 함께 밥 먹으러 가자/음식값 계산할 때 쓰는 표현들
▶ 한중문화의 이모저모: 与世无争

제12과 小酌一番 술 한잔 어때요? 186
▶ 포인트 설명: ① 择日不如撞日，今天去小酌一番如何？
② 怎么好意思让你破费呢！ ③ 给两位女生也满上吧。
④ 为我们的健康干一杯！
▶ 일망타진: 먹는 것과 관계되는 양사/대표적인 중국 술
▶ 응용표현: 술을 마실 때 쓰는 표현들
▶ 한중문화의 이모저모: '빨리빨리'와 '만만디'

제13과 水土不服 기후 풍토가 맞지 않다 202
▶ 포인트 설명: ① 晚上或周末才挂急诊。 ② 一定要按说明书吃药。
③ 可能是吧！ ④ 他们这才松了一口气。
▶ 일망타진: 신체부위
▶ 응용표현: 약을 먹을 때 사용하는 다양한 표현
▶ 한중문화의 이모저모: 색상

제14과 缘分 인연 218
▶ 포인트 설명: ① 得了便宜还卖乖啊！ ② 萝卜白菜各有所爱。
③ 你还等天上掉馅饼吗？
▶ 일망타진: 성격을 나타내는 표현
▶ 응용표현: 사랑, 결혼과 관련된 재미있는 표현
▶ 한중문화의 이모저모: 朋友

제15과 友谊天长地久 우정이 영원하기를! 234
▶ 포인트 설명: ① 回国的日子越来越近了。
② 一想到你们要走，我就想哭。
③ 都什么时候了还拿我们开涮！
▶ 박쥐말
▶ 응용표현: 추모사에 쓰이는 표현
▶ 한중문화의 이모저모: 중국인이 보는 한국, 한국인

부록
1. 문장부호 사용방법 254
2. 참고 번역 256
3. 연습문제 듣기 녹음 원본 262
4. 연습문제 참고 답안 266
5. 찾아보기 – 단어 및 어구 280

핵심포인트

▸▸ **我们就到北京了。**
Wǒmen jiù dào Běijīng le.
우리는 곧 베이징에 도착할 것입니다.

▸▸ **我们先去办登机手续吧。**
Wǒmen xiān qù bàn dēng jī shǒuxù ba.
우리 탑승 수속부터 먼저 합시다.

▸▸ **现在离起飞还有点时间。**
Xiànzài lí qǐfēi hái yǒu diǎn shíjiān.
이륙할 때까지 아직 시간이 좀 있어요.

第 1 课

在机场

공항에서

会话 Huìhuà 회화 MP3, Track 01-1

▸▸ 미나와 준호는 방학을 맞아 원찡과 함께 북경으로 여행을 가기로 했습니다. 출국 직전 이들은 공항에서 출국수속을 밟고 있습니다.

弥娜 Mínà
再过两个小时，我们就到北京了。❶
Zài guò liǎng ge xiǎoshí, wǒmen jiù dào Běijīng le.

俊浩 Jùnhào
是啊。真期待这次北京之行。
Shì a. Zhēn qīdài zhè cì Běijīng zhī xíng.

文静 Wénjìng
我们先去办登机手续吧。
Wǒmen xiān qù bàn dēng jī shǒuxù ba.

工作人员 gōngzuò rényuán
需要托运的行李请放在这里。
Xūyào tuōyùn de xíngli qǐng fàngzài zhèlǐ.

文静 Wénjìng
没超重吧？我想两个人坐在一起，
Méi chāo zhòng ba? Wǒ xiǎng liǎng ge rén zuòzài yìqǐ,
一个靠通道。
yí ge kào tōngdào.

工作人员 gōngzuò rényuán
好的，没问题。这是您的登机牌。
Hǎo de, méi wèntí. Zhè shì nín de dēngjīpái.

俊浩 Jùnhào
过安检时不能携带液体。
Guò ānjiǎn shí bù néng xiédài yètǐ.

弥娜 Mínà
现在离起飞还有点时间，做什么好呢？❷
Xiànzài lí qǐfēi hái yǒu diǎn shíjiān, zuò shénme hǎo ne?

俊浩 Jùnhào
我想给张先生带点韩国的特产。
Wǒ xiǎng gěi Zhāng xiānsheng dài diǎn Hánguó de tèchǎn.

弥娜 Mínà
好啊，那我们去逛逛免税店吧。❸
Hǎo a, nà wǒmen qù guàngguang miǎnshuìdiàn ba.

课文 Kèwén 본문 MP3, Track 01-2

从首尔坐飞机不到两个小时就能到北京。大件
Cóng Shǒu'ěr zuò fēijī bú dào liǎng ge xiǎoshí jiù néng dào Běijīng. Dà jiàn

行李需要托运。飞机上禁止携带一百毫克以上的香水、
xíngli xūyào tuōyùn. Fēijī shàng jìnzhǐ xiédài yìbǎi háokè yǐshàng de xiāngshuǐ、

液体化妆品等。免税店里的商品便宜。但是像土特产品
yètǐ huàzhuāngpǐn děng. Miǎnshuìdiàn lǐ de shāngpǐn piányi. Dànshì xiàng tǔtè chǎnpǐn

之类的商品会比一般商场卖得更贵。
zhī lèi de shāngpǐn huì bǐ yìbān shāngchǎng mài de gèng guì.

生词 Shēngcí 새 단어 MP3, Track 01-3

01	期待	qīdài	기대하다
02	之	zhī	~의
03	办	bàn	처리하다
04	登机	dēng jī	비행기에 탑승하다
05	手续	shǒuxù	수속
06	工作人员	gōngzuò rényuán	직원
07	需要	xūyào	~필요로 한다
08	托运	tuōyùn	탁송하다
09	行李	xíngli	짐
10	超重	chāo zhòng	중량을 초과하다
11	靠	kào	~에 기대다/접근하다
12	通道	tōngdào	통로
13	登机牌	dēngjīpái	탑승권
14	安检	ānjiǎn	보안검색
15	携带	xiédài	휴대/휴대하다
16	液体	yètǐ	액체
17	起飞	qǐfēi	이륙하다
18	特产	tèchǎn	특산품
19	逛	guàng	둘러보다
20	免税店	miǎnshuìdiàn	면세점
21	首尔	Shǒu'ěr	서울
22	禁止	jìnzhǐ	금지/금지하다
23	毫克	háokè	밀리그램
24	香水	xiāngshuǐ	향수
25	化妆品	huàzhuāngpǐn	화장품
26	土特产品	tǔtèchǎnpǐn	특산품
27	商品	shāngpǐn	상품

语法重点 Yǔfǎ zhòngdiǎn 포인트 설명

01 再过两个小时，我们就到北京了。

Zài guò liǎng ge xiǎoshí, wǒmen jiù dào Běijīng le.

'再'는 이 문장에서 '过(시간이 지나다)'의 동작이 반복될 것을 의미합니다. 즉, 이미 일정한 시간이 지났으며, 앞으로 두 시간이 더 지나게 됨을 나타냅니다.

已经过了一定的时间 yǐjing guòle yídìng de shíjiān 이미 일정한 시간이 지나감	+	再过两个小时 zài guò liǎng ge xiǎoshí 두 시간이 더 지남

时间还早着呢，再坐一会儿。
Shíjiān hái zǎo zhe ne, zài zuò yíhuìr.
아직 시간이 이르니 좀 더 있으세요.

还客气什么？再来一点儿。
Hái kèqi shénme? Zài lái yìdiǎnr.
무슨 사양을 하고 그러세요. 좀 더 드시죠.

'就~了'는 동작이 곧 발생할 것을 나타내며 '就要~了'라고 말할 수도 있습니다. 앞에 시간을 나타내는 명사가 올 수 있습니다.

我下个月就要毕业了。
Wǒ xià ge yuè jiù yào bì yè le.
나는 다음 달에 졸업합니다.

你稍等一下，饭就好了。
Nǐ shāo děng yíxià, fàn jiù hǎo le.
잠시만 기다려주세요, 밥이 다 되어갑니다.

'两个小时'에서 '小时'는 시 단위의 시간 단락(时段)을 표시합니다. '钟头'도 같은 뜻을 나타내며, 그 밖에 '分钟, 秒钟'을 이용하여 분과 초를 나타낼 수 있습니다.

一个小时是六十分钟，一分钟是六十秒钟。
Yí ge xiǎoshí shì liùshí fēn zhōng, yì fēn zhōng shì liùshí miǎo zhōng.
한 시간은 60분이고, 1분은 60초입니다.

02 现在离起飞还有点时间，做什么好呢？

Xiànzài lí qǐfēi hái yǒu diǎn shíjiān, zuò shénme hǎo ne?

여기서 '离'는 기준점이 되는 시간을 나타내는 명사 앞에서 '~로부터, ~에서, ~까지'라는 의미를 나타냅니다. '离'는 장소를 나타내는 명사 앞에도 사용할 수 있습니다.

离上课还有十分钟。
Lí shàng kè hái yǒu shí fēn zhōng.
수업 시간까지 아직 10분이 남았다.

北京离天津二百多公里。
Běijīng lí Tiānjīn èrbǎi duō gōnglǐ.
베이징에서 티엔진까지는 200km가 넘는다.

03 我们 / 咱们

Wǒmen / zánmen

'我们'과 '咱们'은 모두 '우리'라는 뜻으로 해석되는데, '咱们'은 반드시 상대방을 포함하는 데 반해 '我们'은 상대방을 포함할 수도 포함하지 않을 수도 있습니다.

你们愿意帮助我们吗？（咱们 × ）
Nǐmen yuànyì bāngzhù wǒmen ma?
당신들은 우리를 도와주실 것입니까?

我们都是一家人，一定要团结。（咱们 ○ ）
Wǒmen dōu shì yì jiā rén, yídìng yào tuánjié.
우리는 모두 한 가족이므로 반드시 단결해야 합니다.

퀵테스트

1. 괄호 안에 알맞은 단어를 넣어 문장을 완성시키세요.

电影院排队(pái duì 줄서다)买票的人很多，七点的电影票（　　）要卖完了。看来，只能看九点的电影。（　　）九点还有两个多（　　），大家决定不（　　）等了，回家休息了。

练习 Liànxí 연습문제

01 녹음의 대화를 듣고 질문에 맞는 답을 고르세요. MP3, Track 01-6

(1) ①他们去北京旅游。 ②他们在机场过了两个小时。
③ 他们回北京去。 ④ 不知道他们去哪儿。

(2) ① 去逛逛 ② 安检
③ 办登机手续 ④ 买礼物

(3) ①他们现在在机场。 ②他们百货商店买礼物。
③ 她们在免税店休息。 ④她们现在在公司。

02 녹음을 잘 듣고 한자를 받아쓰세요. MP3, Track 01-6

(1) (2)

(3) (4)

03 한어병음을 보고 해당 한자를 쓰세요.

(1) wèntí (2) bù néng (3) xūyào

(4) xiǎoshí (5) Běijīng (6) tōngdào

04 아래 문장 중 바르게 배열된 것을 고르세요.

(1) ① 安检时不能过携带液体。 ② 过安检时不能携带液体。
③ 安检时不能携带过液体。 ④ 过安检时携带不能液体。

(2) ①我带想点给弟弟韩国产品。 ②我给弟弟想带点韩国产品。
③我想给弟弟韩国产品带点。 ④我想给弟弟带点韩国产品。

05 아래 문장을 중국어 또는 한국어로 번역하세요.

A: 我们还有时间，做什么好呢？

____

B: 我们去逛逛免税店吧。

____

A: 면세점의 상품은 싸다.

____

B: 하지만 특산품과 같은 종류는 비싸다.

____

06 (　) 안에 들어갈 단어를 고르세요.

(1) (　　)起飞还有时间，我们去买点礼物吧。

① 在　② 到　③ 离　④ 从

(2) 这里的商品会(　　　)商场(　　　)得更贵。

① 比 - 卖　② 比 - 买　③ 买 - 卖　④ 卖 - 买

07 보기와 같이 동음자를 구별하여 문장을 만드세요.

보기 de 得 : 这家商店卖得很贵。
　　　　的 : 这家商场的商品很贵。

(1) 在 ______________________

　　再 ______________________

(2) 玩 ______________________

　　完 ______________________

(3) 大 ______________________

　　打 ______________________

08 아래 문장을 큰 소리로 읽으세요.

弥娜和俊浩第一次去中国旅游。他们很期待这次北京之行。从首尔坐飞机不到两个小时就能到北京。他们先去办登机手续了。他们拖运的行李没有超重。办完登机手续后，过安检时安检人员说: 飞机上禁止携带一百毫克以上的香水、液体化妆品等。现在离起飞还有时间，他们去免税店买了一些商品。

09 보기와 같이 제시된 단어의 병음, 성조, 한자를 쓰세요.

보기

		병음	한자	병음	한자	병음	한자
放	f	fēijī	飞机	fēi	飞	fàn	饭
	a	dà	大	ma	吗	nǎ	哪
	n	nà	那	nǐ	你	néng	能
	g	ge	个	gēge	哥哥	gāng	刚

			병음	한자	병음	한자	병음	한자
(1)	想	x						
		i						
		a						
		n						
		g						
(2)	丢	d						
		i						
		u						

一网打尽 Yìwǎng dǎjìn 일망타진 MP3, Track 01-4

비행기와 관련된 것들

降落	jiàngluò	착륙하다
等退票	děngtuìpiào	웨이팅
海关手续	hǎiguān shǒuxù	세관 수속
出入境手续	chūrùjìng shǒuxù	출입국 수속
出入境卡	chūrùjìng kǎ	출입국 카드
机票	jīpiào	항공표
往返机票	wǎngfǎn jīpiào	왕복티켓
单程机票	dānchéng jīpiào	편도티켓
不定期机票	búdìngqī jīpiào	오픈티켓
电子机票	diànzi jīpiào	E-티켓
燃油附加税	rányóu fùjiāshuì	유류할증세
含税	hánshuì	텍스 포함
航班	hángbān	비행기 편명
手提(随身)行李	shǒutí (suíshēn) xíngli	기내 수하물
到达大厅	dàodá dàtīng	도착로비
行李领取处	xíngli lǐngqǔchù	수화물 찾는 곳
兑换处	duìhuànchù	환전소
安全带	ānquándài	안전벨트
救生衣	jiùshēngyī	구명조끼
机上服务	jīshàng fúwù	기내 서비스
机餐	jīcān	기내식
飞行员	fēixíngyuán	파일럿
经济舱	jīngjìcāng	이코노미 클래스
公务舱	gōngwùcāng	비즈니스 클래스
头等舱	tóuděngcāng	퍼스트 클래스
签证	qiānzhèng	비자
候机大厅	hòujī dàtīng	공항 대합실

更上一层楼 Gèng shàng yī céng lóu 응용표현 MP3, Track 01-5

01

▶ 보안 검색

A 请把贵重物品放在这里。
Qǐng bǎ guìzhòng wùpǐn fàngzài zhèlǐ.
귀중품은 이곳에 두십시오.

A 请把钥匙、手机、钱包放在筐子里。
Qǐng bǎ yàoshi、shǒujī、qiánbāo fàngzài kuāngzi lǐ.
열쇠, 휴대전화, 지갑은 바구니에 넣어주세요.

A 请您脱下您的外衣。
Qǐng nín tuōxià nín de wàiyī.
외투를 벗어주시기 바랍니다.

警察 请出示您的护照和登机牌儿。
Jǐngchá Qǐng chūshì nín de hùzhào hé dēngjīpáir.
여권과 탑승권을 보여주세요.

▶ 기내 안내 방송

空服 飞机还要滑行一段距离，请您继续系好安全带直到指示灯熄灭。在飞机滑行期间，请您不要打开手机，也不要打开行李架取拿行李以免行李脱落。
Fēijī hái yào huáxíng yí duàn jùlí, qǐng nín jìxù jìhǎo ānquándài zhídào zhǐshìdēng xīmiè. Zài fēijī huáxíng qījiān, qǐng nín bú yào dǎkāi shǒujī, yě bú yào dǎkāi xínglijià qǔ ná xíngli yǐmiǎn xíngli tuōluò.
비행기가 활주로를 더 주행해야 합니다. 좌석벨트의 사인이 꺼질 때까지 좌석벨트를 계속 착용해주시기 바랍니다. 비행기가 완전히 멈출 때까지 휴대전화의 전원을 켜지 마시고, 수하물이 떨어질 수 있으니 선반을 열지 마시기 바랍니다.

空服 我们的飞机遇到气流，请大家坐好，系好安全带。
Wǒmen de fēijī yùdào qìliú, qǐng dàjiā zuòhǎo, jìhǎo ānquándài.
우리 비행기가 난기류를 만났습니다. 기내에 계신 승객 여러분께서는 좌석에 앉아 안전 벨트를 착용해주시기 바랍니다.

空服 手提物品不得超过五公斤。
Shǒutí wùpǐn bù dé chāoguò wǔ gōngjīn.
기내 반입 수하물은 5kg을 초과할 수 없습니다.

중국 노래에 성조가 있다? 없다?

중국어를 가르치다 보면 중국 노래에 성조가 있느냐는 질문을 종종 받습니다. 이 질문을 중국인에게 던져보면 대다수의 중국인들은 느낌에 의거하여 성조가 있다고 대답합니다. 중국어를 가르치는 한국인 선생님들도 고개를 갸웃거리기는 마찬가지입니다.

중국 노래에도 성조가 있을까요? 한국의 한 대학원생이 실험을 해 보았습니다. 중국의 젊은 층에서 사랑을 받고 있는 '光良 Guāng Liáng'의 '童话 tónghuà'라는 노래와 '张韶涵 Zhāng Sháohán'의 '隐形的翅膀 yǐnxíng de chìbǎng'라는 노래를 실험대상으로 하여 중국인에게 한 번은 노래를 부르게 하고 한 번은 가사를 읽게 하여 음높이를 측정해 보았습니다. 측정 결과 노래할 때의 가사는 노래의 선율에 따라 음높이가 달라지는 것이 관찰되었습니다. 예를 들어 '사랑하다'라는 의미의 '爱 ài'는 노래의 가락에 따라 1성에서 4성까지, 혹은 바이브레이션이 가미된 파도 모양의 곡선까지 매우 다양한 음높이 곡선을 보여주고 있었습니다. 이는 노래를 할 때는 성조가 지켜지지 않는다는 것을 의미합니다.

중국 노래 중의 가사는 성조가 지켜지지 않는다는 것을 방증하는 일례로 이런 일도 있었습니다. 필자가 유학 시절 즐겨보던 연속극에 '追梦人 zhuīmèngrén'이라는 삽입곡이 있었습니다. 이 노래를 배우고 싶어서 서점에 가서 가사집을 구입하여 가사를 열심히 외웠습니다. 얼마 후 노래방에서 이 노래를 부를 기회가 있었는데 화면에 뜨는 가사가 가사집의 내용과 다른 것이었습니다. 이상하다 싶어 다시 서점에 가서 여러 종류의 가사집을 비교해 보았더니 잘 쓰이지 않는 표현은 가사집마다 조금씩 다르게 적혀 있었습니다. 상용되지 않는 표현이 노래로 불릴 때는 중국인들도 속수무책이

라는 뜻이지요. 만약 노래로 부르지 않고 낭독을 했더라면 상용되지 않는 표현일지라도 정확하게 의미를 전달할 수 있었을 것입니다.

가사의 성조는 선율로 대체됩니다. 그러므로 중국 노래를 이용해서 중국어를 익히려는 분은 노래의 가사는 성조가 지켜지지 않는다는 것에 유의해야 할 것입니다.

핵심포인트

▸▸ **你们可出来了!**
Nǐmen kě chūlái le!
드디어 나왔군요!

▸▸ **让你久等了吧?**
Ràng nǐ jiǔ děng le ba?
오래 기다리셨지요?

▸▸ **怪就怪天气不好。**
Guài jiù guài tiānqì bù hǎo.
날씨 탓인걸요.

第2课

接机

공항에 마중가다

会话 Huìhuà 회화 MP3, Track 02-1

▸▸ 베이징 국제공항에서 준호 일행을 기다리는 원쭝이 비행기가 연착되어 걱정을 많이 한 모양입니다.

文中 Wénzhōng
你们可出来了！❶ 路上都顺利吧？
Nǐmen kě chūlái le ! Lù shàng dōu shùnlì ba ?

文静 Wénjìng
还行。只是入境时排了很长的队。❷
Hái xíng. Zhǐshì rùjìng shí páile hěn cháng de duì.

俊浩 Jùnhào
再加上飞机晚点了。
Zài jiāshàng fēijī wǎndiǎn le.

弥娜 Mínà
不好意思。让你久等了吧？❸
Bù hǎoyìsi. Ràng nǐ jiǔ děng le ba?

文中 Wénzhōng
晚点很正常。怪就怪天气不好。❹
Wǎndiǎn hěn zhèngcháng. Guài jiù guài tiānqì bù hǎo.

文静 Wénjìng
哥，车停哪儿了？
Gē, chē tíng nǎr le?

文中 Wénzhōng
这儿停车不方便，没开车。
Zhèr tíng chē bù fāngbiàn, méi kāi chē.

弥娜 Mínà
那我们怎么走？
Nà wǒmen zěnme zǒu?

文静 Wénjìng
坐机场大巴或者打车都可以。
Zuò jīchǎng dàbā huòzhě dǎ chē dōu kěyǐ.

文中 Wénzhōng
还是打的吧！
Háishi dǎ dí ba !

四个人坐大巴也便宜不了多少。
Sì ge rén zuò dàbā yě piányi bùliǎo duōshao.

课文 Kèwén 본문 MP3, Track 02-2

文中去机场接机，听到天气不好的消息后非常担心。还好有惊无险，飞机安全地抵达北京机场。但是没想到入境时人很多，都排起了长龙。出机场后他们决定打车回去。因为四个人坐大巴的费用肯定不低于打车的费用。

Wénzhōng qù jīchǎng jiē jī, tīngdào tiānqì bù hǎo de xiāoxi hòu fēicháng dānxīn. Hái hǎo yǒu jīng wú xiǎn, fēijī ānquán de dǐdá Běijīng jīchǎng. Dànshì méi xiǎngdào rùjìng shí rén hěn duō, dōu páiqǐ le chánglóng. Chū jīchǎng hòu tāmen juédìng dǎ chē huíqù. Yīnwèi sì ge rén zuò dàbā de fèiyòng kěndìng bù dīyú dǎ chē de fèiyòng.

生词 Shēngcí 새 단어 MP3, Track 02-3

01	接机	jiē jī	공항에 마중가다
02	路上	lùshàng	길/노상
03	顺利	shùnlì	순조롭다
04	只是	zhǐshì	다만/단지/오로지
05	入境	rùjìng	입국/입국하다
06	排队	pái duì	줄을 서다
07	晚点	wǎndiǎn	연착하다/연발하다
08	不好意思	bù hǎoyìsi	미안하다/계면쩍다
09	让	ràng	~하게 하다
10	等	děng	기다리다
11	正常	zhèngcháng	정상적이다
12	怪	guài	탓하다/이상하다
13	停	tíng	멈추다/세우다
14	方便	fāngbiàn	편리하다
15	开车	kāi chē	차를 운전하다
16	机场大巴	jīchǎng dàbā	공항 리무진 버스
17	打车	dǎ chē	택시를 타다
18	消息	xiāoxi	소식
19	担心	dānxīn	걱정하다
20	有惊无险	yǒu jīng wú xiǎn	놀라기는 했지만 다행히 위험은 없다
21	安全	ānquán	안전하다
22	抵达	dǐdá	도착하다
23	排长龙	pái chánglóng	줄을 길게 서다
24	费用	fèiyòng	비용
25	肯定	kěndìng	틀림없이
26	低于	dīyú	~보다 낮다

语法重点 Yǔfǎ zhòngdiǎn 포인트 설명

01 你们可出来了！

Nǐmen kě chūlái le !

이 문장에서 '可'는 어기조사 '了'와 호응하여 서술어의 의미를 강조하는 부사로 사용되고 있습니다.

找了半天，可把你找到了。
Zhǎole bàntiān, kě bǎ nǐ zhǎodào le.
한나절을 헤매 겨우 당신을 찾았습니다.

02 只是入境时排了很长的队。

Zhǐshì rùjìng shí páile hěn cháng de duì.

'排'는 '차례로 놓다'라는 뜻이고, '队'는 '줄, 열'이라는 뜻입니다. '排队'는 동사와 명사가 술어와 목적어 구조를 이루고 있습니다. 이렇게 술목구조를 이루고 있는 단어 중 분리 혹은 결합해서 사용할 수 있는 단어를 离合词라고 합니다. 이합사는 뒤에 목적어가 붙지 않으니 유의하시기 바랍니다.

술어		목적어		离合词
结	+	婚	=	结婚 결혼하다
见	+	面	=	见面 만나다

小李跟小张结了婚。(小李结婚了小张。 ×) 이 군은 장 양과 결혼했다.
Xiǎo Lǐ gēn Xiǎo Zhāng jiéle hūn. (Xiǎo Lǐ jiéhūn le xiǎo Zhāng.)

我跟老师见了面。(我见面了老师。 ×) 나는 이 선생님을 만났다.
Wǒ gēn lǎoshī jiàn le miàn. (Wǒ jiàn miàn le lǎoshī.)

퀵테스트

1. 주어진 단어를 이용하여 문장을 만들어보세요.

(1) 그는 저에게 무척 잘해 줍니다. (可~了)

____

(2) 그녀는 단지 책 보는 것만 좋아합니다. (只是)

____

03 让你久等了吧？
Ràng nǐ jiǔ děng le ba?

'让' 은 '~하게 하다' 라는 의미의 동사입니다. '你' 는 '让' 의 목적어이면서 '等' 의 주어로서 이 문장에서 두 가지 역할을 하고 있습니다. 이처럼 두 가지 기능을 겸하는 성분이 있는 문장을 겸어문이라고 합니다. '使、叫、请' 등의 동사를 이용하여 겸어문을 만들 수 있습니다.

大夫让我好好儿休息几天。
Dàifu ràng wǒ hǎohāor xiūxi jǐ tiān.
의사는 나에게 며칠 푹 쉬라고 했다.

请李老师介绍北京的交通情况。
Qǐng Lǐ lǎoshī jièshào Běijīng de jiāotōng qíngkuàng.
이 선생님께 베이징의 교통상황에 대한 소개를 부탁했다.

04 怪就怪天气不好。
Guài jiù guài tiānqì bù hǎo.

'就' 는 동작 · 행위 · 성질 · 상태 등을 나타내는 말 뒤에 쓰여 그 말을 강조합니다. 직역하면 '탓하자면 날씨가 나쁜 것을 탓해야겠지요' 에 해당합니다.

好就好在那儿。
Hǎo jiù hǎo zài nàr.
좋은 것은 바로 그 점이다.

퀵테스트

2. 빈칸을 채워 문장을 만들어보세요.

(1) 妈妈不 (　　) 孩子玩游戏(yóuxì, 게임)。

(2) 最近忙 (　　) 忙在准备出国留学。

练习 Liànxí 연습문제

01 녹음을 듣고 질문에 맞는 답을 고르세요. MP3, Track 02-6

(1) ① 文中在机场接弥娜。 ② 文中入境时排了很长的队。
③ 弥娜在等文中。 ④ 文中在家等弥娜。

(2) ① 他很怪她。 ② 他等了很久，有点儿生气了。
③ 他怪今天天气不好。 ④ 她来晚了，他很高兴。

(3) ① 图书馆 ② 飞机 ③ 商店 ④ 机场

(4) ① 大巴 ② 出租车 ③ 开车 ④ 自行车

02 녹음을 잘 듣고 한자를 받아쓰세요. MP3, Track 02-6

(1) ______ (2) ______

(3) ______ (4) ______

03 '~不了'를 이용해 다음 문장을 만드세요.

(1) 나 혼자 이 일을 할 수 없다.

______

(2) 음식이 너무 많아서 나 혼자 다 먹을 수없다.

______

04 아래 단어가 들어갈 위치를 찾으세요.

(1) 都

我们 A 坐地铁 B 或者 C 坐出租车 D 可以。

(2) 肯定

因为 A 四个人坐大巴的费用 B 不低于 C 打车的费用 D。

05 보기와 같이 제시된 한자를 이용해 단어를 만드세요.

보기		
		飞机
	机	机场
		手机

(1) 出 ______ ______

(2) 天 ______ ______

(3) 车 ______ ______ ______

(4) 么 ______ ______ ______

06 아래 문장에서 틀린 곳을 찾아 바르게 쓰세요.

(1) 这儿车停不方便。 ______________________

(2) 加上再飞机晚点了。 ______________________

(3) 出机场他们决定后打的回去。 ______________________

(4) 飞机安全得抵达北京机场。 ______________________

07 단어를 바르게 배열하여 하나의 완전한 문장으로 만드세요.

(1) 后　担心　听到　我　非常　不好　天气　的　消息

____

(2) 排了　队　的　时　入境　很长

____

08 아래 문장을 큰 소리로 읽으세요.

俊浩、弥娜、文静三人到北京。文中去接机。他在机场等了很久，可他们还是没出来。他非常担心。过了一个小时俊浩他们才出来。弥娜说："对不起，让你久等了。没想到人很多，都排起了长龙。"他们出机场后决定打的回去。

09 보기와 같이 '让'을 이용해 문장을 만들고 해석하세요.

보기 **让你久等了。** → 오래 기다리게 했네요.

让我想一想。 → ____________________

____________ → ____________________

____________ → ____________________

____________ → ____________________

____________ → ____________________

____________ → ____________________

____________ → ____________________

____________ → ____________________

차량의 종류

童车	tóngchē	유모차
自行车	zìxíngchē	자전거
三轮车	sānlúnchē	삼륜 자전거
推车	tuīchē	카터
摩托车	mótuōchē	오토바이
汽车	qìchē	자동차
轿车	jiàochē	승용차
卡车	kǎchē	트럭
吉普车	jípǔchē	지프차
越野车	yuèyěchē	RV차량
赛车	sàichē	경주용차량
跑车	pǎochē	스포츠카
火车	huǒchē	기차
电车	diànchē	전차
消防车	xiāofángchē	소방차
救护车	jiùhùchē	구급차
警车	jǐngchē	경찰차
翻斗车	fāndǒuchē	덤프 트럭
洒水车	sǎshuǐchē	살수차
邮(政)车	yóu (zhèng) chē	우체국차
垃圾车(清洁车)	lājīchē (qīngjiéchē)	쓰레기차
叉车	chāchē	포크레인
推土车	tuītǔchē	불도저
高级轿车	gāojí jiàochē	리무진
进口车	jìnkǒuchē	수입차
外国车	wàiguóchē	외제차

更上一层楼 Gèng shàng yī céng lóu 응용표현 MP3, Track 02-5

01

▶ 마중할 때 하는 말

路上辛苦了。
Lù shàng xīnkǔ le.
오시느라 고생 많으셨어요.

一路上辛苦了。
Yí lù shàng xīnkǔ le.
오시느라 고생 많으셨어요.

路上顺利吧？
Lù shàng shùnlì ba?
오시는 데 별 문제 없으셨지요?

▶ 아침에 호텔이나 숙소에서 만났을 때

昨天休息得好吗？
Zuótiān xiūxi de hǎo ma?
어제 잘 쉬셨습니까?

这里的饭菜吃得惯吗？
Zhèlǐ de fàncài chī de guàn ma?
이곳 음식이 입에 맞으신지요?

安排不周，请多谅解！
Ānpái bù zhōu, qǐng duō liàngjiě !
부족한 부분이 있더라도 너그러이 양해해주세요!

有什么要求尽管提。
Yǒu shénme yāoqiú jǐnguǎn tí.
필요한 것이 있으면 바로 말씀해주세요.

▶ 전송할 때 하는 말

祝你一路顺风！
Zhù nǐ yílù shùnfēng !
편안한 여행이 되기 바랍니다!

一路平安！
Yílù píng'ān !
잘 다녀오세요!

路上多小心！
Lù shàng duō xiǎoxīn !
잘 다녀오세요!

代我向你的家人问好。
Dài wǒ xiàng nǐ de jiārén wèn hǎo.
(당신) 가족들에게 안부 전해주세요!

맨 얼굴로 하늘을 우러러 보다

어느 날 중국의 한 화장품 광고에서 '生面 shēngmiàn' 이라는 표현을 보았습니다. 처음에는 글자 그대로 '익히지 않은, 날 것' 이라는 뜻의 '生' 과 국수, 면이라는 뜻의 '面' 이 결합한 단어일까, 아니면 '낯설다' 라는 뜻의 '生' 과 '얼굴' 이라는 뜻의 '面' 이 결합한 단어일까 하고 생각했습니다. 그런데 아무리 생각해도 화장품 광고에 '생국수' 또는 '낯선 얼굴' 의 등장이 어색하다 싶어서 가만히 살펴보니 그 광고는 한국에서 수입한 화장품을 위한 것으로 그 화장품을 사용하면 한국의 미인들이 지향하는 '쌩얼' 에 동참할 수 있다는 것을 알리는 글귀였습니다. 한국의 유행어 '쌩얼' 을 '生面' 이라고 번역한 것이지요. 무척 생소한 표현이었지만 한국의 유행을 발빠르게 상업화하고자 하는 심리가 엿보여서 슬쩍 미소가 지어졌습니다. 한국 문화가 영향력을 행사하고 있다는 뿌듯함이 느껴졌기 때문이지요.

맨 얼굴을 의미하는 중국어 표현으로는 '素面 sùmiàn' 이 있습니다. 학창 시절에 중문과의 한 중국인 학우가 '素面朝天 sù miàn cháo tiān(맨 얼굴로 하늘을 우러러본다)' 이라는 표현을 자주 사용했었는데 이 표현에는 재미있는 일화가 얽혀 있습니다.

중국의 4대 미인인 양귀비의 언니였던 '虢国 Guóguó' 부인은 동생과 마찬가지로 절세의 미인이었습니다. '虢国' 부인은 워낙 미모에 자신이 있었던지라 화장품에 돈을 쓰는 일이 거의 없었습니다. 심지어 황제를 알현하러 입궁을 할 때도 그저 눈썹만 살짝 정리해주는 것이 전부였다고 합니다. 이에 '张古 Zhāng Gǔ' 라는 사람은 '虢国' 부인이 맨 얼굴로 자주 황제를 알현하는 것에 대한 못마땅한 심기를 한 편의 시를 통해 나타냈습니다. 이때부터 '素面朝天' 은 여성의 아름다운 용모와 그 용모에 대한 자신감으로 맨 얼굴로 황제(하늘)를 우러러 본다는 의미를 갖게 되었습니다.

중국 역사상 경국지색으로 일컬어지는 4대 미인으로는 '西施 Xī Shī, 王昭君 Wáng Zhāojūn, 貂蝉 Diāo Chán, 杨贵妃 Yáng guìfēi' 를 손꼽습니다. 4대 미인은 그녀들의 뛰어난 용모와 관련된 '沉鱼 chényú, 落雁 luòyàn, 闭月 bìyuè, 羞花 xiūhuā' 라는 수식어가 따라다닙니다. 西施는 본래 춘추말기 월나라의 미인이었는데 어느 날 수중의 물고기가 西施의 아름다운 모습을 보고 헤엄치는 것을 잊고 물 속으로 가라앉았다고 합니

다. 그래서 '물고기가 가라앉다' 라는 의미의 沉鱼가 西施을 지칭하게 되었습니다.

王昭君은 한나라 원제 때의 궁녀인데 그녀는 다른 궁녀들처럼 화공에게 뇌물을 주지 않았다고 합니다. 화공은 그녀의 모습을 추하게 그렸고, 추하게 그려진 王昭君의 초상화는 황제의 눈을 끌지 못했기 때문에 그녀의 아름다움은 내내 황제의 관심을 받지 못했습니다. 후에 원제는 흉노와의 친화정책을 위하여 王昭君을 흉노왕 호한야선우에게 바쳤습니다. 졸지에 말도 통하지 않는 변방으로 떠나게 된 王昭君은 연주를 하며 슬픈 심정을 노래하였는데 그녀의 노랫소리와 아름다움에 취한 기러기가 그만 날갯짓하는 것을 잊어 땅으로 떨어졌다고 합니다. 그 이후로 王昭君는 '기러기가 땅에 떨어지다' 라는 뜻인 落雁이라는 칭호를 갖게 되었습니다.

貂蝉은 4대 미인 중 가장 미스터리에 싸인 인물로서 지금까지도 그녀가 실존인물인지 아닌지 의견이 분분하다고 합니다. 삼국지에서 貂蝉은 동탁과 여포를 이간질시켜서 동탁을 제거한 미인으로 묘사되고 있습니다. 貂蝉은 그 아름다움에 달조차 부끄러워 구름 뒤로 숨었다는 의미의 闭月이라는 별칭으로 불립니다.

杨贵妃는 당나라 현종의 후궁으로 우리에게도 익숙한 이름입니다. 杨贵妃가 하루는 화원에서 꽃을 감상하고 있는데 그녀의 아름다움에 꽃도 부끄러워서 고개를 숙였다고 합니다. 이로 인해 羞花는 杨贵妃를 지칭하는 말이 되었습니다.

이렇듯 중국은 그 영토가 크고 인구가 많다 보니 빼어난 용모로 시대를 풍미한 미인들이 많았습니다. 현대 중국 여성들의 아름다움에 대한 기준은 자연미에 보다 치중되어 있습니다. 사회에서 주도적인 역할을 하는 여성들 중에는 화장기 없는 얼굴에 수수한 옷차림을 선호하는 여성들이 대다수를 차지합니다. 나라 혹은 지역마다 상대방의 직업이나 직위를 짐작할 수 있는 몇 가지 외재적인 요소가 있기 마련입니다. 그 중에서 중국인을 판단하는 데 가장 적절하지 않은 요소가 화장이나 복장일 것입니다. 이 부분에 대한 중국인의 취향은 대체적으로 소박하고 보수적이기 때문입니다. 요즘은 한류 열풍으로 인해 한국에서 유행하는 화장법, 의복 등이 젊은 여성들 사이에서 크게 유행하고 있습니다. 그러나 공식적인 만남에서 중국인은 화려하거나 노출이 심한 복장, 짙은 화장이나 향수, 대담한 장신구를 크게 반기지 않습니다. 업무상 중국인과 접촉할 경우라면 단정하고 무난한 차림을 선택하시는 것이 좋습니다.

핵심포인트

▸▸ **北京出租车怎么计费？**
Běijīng chūzūchē zěnme jì fèi?
베이징에서 택시비는 어떻게 계산하나요?

▸▸ **比我们那儿便宜多了！**
Bǐ wǒmen nàr piányi duō le!
우리가 있는 곳보다 훨씬 싸군요!

▸▸ **你们汉语说得真不错。**
Nǐmen Hànyǔ shuō de zhēn búcuò.
여러분은 정말 중국어를 잘하시네요.

第3课

打车

택시를 타다

会话 Huìhuà 회화 MP3, Track 03-1

▸▸ 일행은 공항에서 숙소로 향하는 택시 안에서 이런저런 한담을 나눕니다. 준호와 미나는 중국어로 운전기사와 이야기를 나눕니다.

文中 Wénzhōng	师傅，去望京。 Shīfu, qù Wàngjīng.
俊浩 Jùnhào	北京出租车怎么计费？ Běijīng chūzūchē zěnme jì fèi?
文中 Wénzhōng	起价都是十块，过了三公里后每公里收费两块。 Qǐjià dōu shì shí kuài, guòle sān gōnglǐ hòu měi gōnglǐ shōu fèi liǎng kuài.
弥娜 Mínà	比我们那儿便宜多了！❶ Bǐ wǒmen nàr piányi duō le!
文静 Wénjìng	可我还是觉得贵了点。 Kě wǒ háishi juéde guìle diǎn.
司机 sījī	你们从哪儿来啊？ Nǐmen cóng nǎr lái a?
弥娜 Mínà	你觉得我们是哪里人？ Nǐ juéde wǒmen shì nǎlǐ rén?
司机 sījī	听你的口音像南方人。 Tīng nǐ de kǒuyīn xiàng nánfāngrén.
弥娜 Mínà	南方？猜错了。我们俩是韩国人。 Nánfāng? Cāicuò le. Wǒmen liǎ shì Hánguórén.
司机 sījī	还真没听出来！❷ 你们汉语说得真不错。 Hái zhēn méi tīng chūlái! Nǐmen Hànyǔ shuō de zhēn búcuò.

课文 Kèwén 본문 MP3, Track 03-2

北京的出租车起步里程为三公里，起步价为十元。
Běijīng de chūzūchē qǐbù lǐchéng wéi sān gōnglǐ, qǐbùjià wéi shí yuán.

超过起步里程后每公里收费两元。弥娜觉得比起首尔
Chāoguò qǐbù lǐchéng hòu měi gōnglǐ shōu fèi liǎng yuán. Mínà juéde bǐqǐ Shǒu'ěr

的出租车价格，北京的价格还可以接受。的哥把俊浩和
de chūzūchē jiàgé, Běijīng de jiàgé hái kěyǐ jiēshòu. Dígē bǎ Jùnhào hé

弥娜当成是南方人。这说明他们汉语说得比较溜。
Mínà dāngchéng shì nánfāngrén. Zhè shuōmíng tāmen Hànyǔ shuō de bǐjiào liù.

生词 Shēngcí 새 단어 MP3, Track 03-3

01	师傅	shīfu	그 일에 숙달한 사람/숙련공
02	望京	Wàngjīng	(지명)왕징
03	出租车	chūzūchē	택시
04	计费	jì fèi	비용을 계산하다
05	起价	qǐjià	기본요금
06	公里	gōnglǐ	킬로미터
07	收费	shōu fèi	요금을 징수하다
08	司机	sījī	운전기사
09	口音	kǒuyīn	발음
10	南方人	nánfāngrén	남방사람
11	猜	cāi	추측하다

12	里程	lǐchéng	이정/거리
13	起步价	qǐbùjià	기본요금
14	为	wéi	~이 되다/~으로 여기다
15	比起	bǐqǐ	~와 비교하다
16	价格	jiàgé	가격
17	接受	jiēshòu	받아들이다
18	的哥	dígē	택시 운전기사
19	当成	dāngchéng	~로 여기다
20	说明	shuōmíng	설명하다
21	溜	liù	매끄럽다

语法重点 Yǔfǎ zhòngdiǎn 포인트 설명

01 比我们那儿便宜多了！
Bǐ wǒmen nàr piányi duō le !

'A + 比 + B + 형용사'의 형태로 'A가 B보다 ~하다'라는 뜻의 비교문을 만들 수 있습니다.

夏天首尔比北京凉快。여름에는 서울이 베이징보다 시원하다.
Xiàtiān Shǒu'ěr bǐ Běijīng liángkuài.

'A가 B보다 훨씬 ~하다'라는 뜻을 나타낼 때 '还, 更' 등의 비교를 나타내는 정도부사를 형용사 앞에 사용합니다. 이때 일반적인 정도부사 '非常, 很, 太' 등은 사용할 수 없습니다.

夏天首尔比北京还凉快。(非常, 很, 太 → ×)
Xiàtiān Shǒu'ěr bǐ Běijīng hái liángkuài.
여름에는 서울이 베이징보다 더 시원하다.

'A가 B보다 ~만큼 ~하다'라는 뜻을 나타낼 때 형용사 뒤에 차이를 나타내는 표현을 첨가하면 됩니다.

夏天首尔比北京凉快一点。여름에 서울은 베이징보다 조금 더 시원하다.
Xiàtiān Shǒu'ěr bǐ Běijīng liángkuài yìdiǎn.

'A가 B보다 ~하지 않다'라는 부정을 나타낼 때는 부정부사 '不/没'를 '比' 앞에 둡니다.

夏天首尔不比北京凉快。여름에 서울은 베이징보다 시원하지 않다.
Xiàtiān Shǒu'ěr bù bǐ Běijīng liángkuài.

퀵테스트

1. 다음 문장 중 틀린 곳을 찾아 바르게 고치세요.

(1) 姐姐比妹妹很漂亮。 ____________________

(2) 首尔的夏天比北京不热。 ____________________

(3) 他比爸爸一点高 ____________________

02 还真没听出来！

Hái zhēn méi tīng chūlái !

이 문장에서 '出来'는 동사 '听' 뒤에서 방향보어로 쓰여 불명확한 것에서 명확한 것, 가려져 있던 것에서 밝혀지는 것으로 변화하는 것을 나타냅니다.

他是什么样的人，我一眼就看出来了。
Tā shì shénmeyàng de rén, wǒ yì yǎn jiù kàn chūlái le.
나는 그가 어떤 사람인지 첫눈에 알아봤다.

他的论文已经写出来了。
Tā de lùnwén yǐjing xiě chūlái le.
그는 논문을 이미 다 써놨다.

방향보어가 사용된 문장을 '不' 혹은 '没'을 사용하여 부정할 때는 부정부사의 위치가 달라지는 것에 유의해야 합니다. '不'은 술어와 방향보어 사이에 넣어 불가능을 나타내고, '没'는 술어 앞에서 부정을 나타냅니다.

这是什么味儿，我闻不出来。
Zhè shì shénmewèir, wǒ wén bù chūlái.
이게 무슨 냄새인지 맡아봐도 알 수가 없다.

我没认出来她是谁。
Wǒ méi rèn chūlái tā shì shéi.
나는 그녀가 누구인지 알아보지 못했다.

퀵테스트

2. 주어진 단어를 순서에 맞게 배열해보세요.

(1) 他 出来 我 不 说 名字 的

➡ ______________________________

(2) 没 司机 听 他 是 出来 外国人

➡ ______________________________

练习 Liànxí 연습문제

01 녹음을 듣고 질문에 맞는 답을 고르세요. MP3, Track 03-6

(1) ① 北京的出租车价格比首儿更贵。
② 首儿的出租车价格还可以接受。
③ 首儿的出租车价格比北京便宜。
④ 北京的出租车价格比首便宜。

(2) ①她是南方人。　② 他不是南方人。
③她是韩国人。　④她是中国人。

(3) ① 坐大巴　② 坐地铁　③ 坐出租车　④ 坐火车

(4) ①他们说得很不错。　② 他们说得不好。
③他们说得比较差。　④ 他们说得非常不好。

02 녹음을 잘 듣고 한자를 받아쓰세요. MP3, Track 03-6

(1) 　(2)

(3) 　(4)

03 '去, 走'가 더 적합한 문장과 두 개 모두 사용 가능한 문장을 고르세요.

(1) 明天你们想(　　　)哪儿?

(2) 请问, 北京机场怎么(　　　)?

(3) 周末我们(　　　)学校(　　　)(　　　)吧。

04 아래 문장의 괄호 안에 '一点儿'과 '有点儿' 중 적합한 것을 써 넣으세요.

(1) 你们饿了吧, 多吃(　　　)。　(2) 我今天(　　　)累。

(3) 机场大巴(　　　)贵。　(4) 师傅开车开得(　　　)快。

(5) 我们买(　　　)水果吧。

05 '得'를 동반하는 정도보어를 활용해 대화를 완성하세요.

(1) A : 你汉语说 ________________ 。

B : 哪里哪里，还差 ________________ 。

(2) A : 你吃好了吗？

B : 我吃 ________________ 。

(3) A : 你过得怎么样？

B : 我过 ________________ 。

06 다음 문장을 중국어로 고치고, 병음을 써보세요.

(1) 그러나 난 여전히 좀 비싸다고 생각한다.

________________ : ________________

(2) 당신들은 어디(어느 나라)에서 왔나요?

________________ : ________________

(3) 이것은 저것 보다 훨씬 비싸다.

________________ : ________________

07 (　　) 안의 단어를 참고하여 '可(是)' 이용한 문장을 만드세요.

(1) A : 这儿的出租车价格比我们那儿便宜多了，________________ (贵)。

B : 是吗？

(2) A : 我想吃中国菜，________________ (点)。

B : 我帮你吧。

08 아래 문장을 큰 소리로 읽어보세요.

弥娜、文静、俊浩、文中他们四个人坐出租车回去。俊浩问:“北京的出租车怎么计费?”文中说:“起价都是十块,过了三公里后每公里收费两块”。俊浩觉得比起首尔的出租车价格,北京的费用还可以接受。出租车司机听了他们的对话后(duìhuà 대화하다)把俊浩当成是南方人。的哥觉得俊浩汉语说得真不错。

09 주어진 단어들로 의문문을 만드세요.

(1) 几 ➡ ____________________

(2) 什么 ➡ ____________________

(3) 哪儿 ➡ ____________________

(4) 怎么 ➡ ____________________

(5) 多少 ➡ ____________________

(6) 谁 ➡ ____________________

(7) 吗 ➡ ____________________

(8) 怎么样 ➡ ____________________

(9) 还是 ➡ ____________________

(10) 什么样 ➡ ____________________

一网打尽 Yìwǎng dǎjìn 일망타진 MP3, Track 03-4

길이 단위

毫米háomǐ	厘米límǐ	分米fēnmǐ	米mǐ	公里gōnglǐ	海里hǎilǐ
mm	cm	dm	m	km	n.m
밀리미터	센티미터	데시미터	미터	킬로미터	해리
0.001m	0.01m	0.1m	1m	1,000m	1,852m

면적 단위

平方厘米 píngfāng límǐ	平方分米 píngfāng fēnmǐ	平方米 píngfāngmǐ	千平方米 qiān píngfāngmǐ	平方公里 píngfāng gōnglǐ
cm^2	dm^2	m^2	ha	km^2
평방센티미터	평방데시미터	평방미터	헥타르	평방킬로미터
$0.0001m^2$	$0.01m^2$	$1m^2$	10^5m^2	10^6m^2

무게 단위

毫克 háokè	分克 fēnkè	克 kè	公斤(千克) gōngjīn(qiānkè)	吨 dūn
mg	dg	g	kg	t
밀리그램	데시그램	그램	킬로그램	톤
0.000001kg	0.0001kg	0.001kg	1kg	1,000kg

*1斤 = 0.5公斤 = 500克

*1吨 = 1,000,000克 = 1,000公斤 = 2,000斤

更上一层楼 Gèng shàng yī céng lóu 응용표현 MP3, Track 03-5

01

택시 승차 시, 기사님에게 길을 물어볼 때 쓰는 표현

▶ 상황 1

客人　师傅，我们要去的地方多远啊？
Shīfu, wǒmen yào qù de dìfang duō yuǎn a?
기사님, 저희가 가려는 곳은 얼마나 멀지요?

师傅　我不清楚。(不知道 / 不好说 / 说不准)
Wǒ bù qīngchu. (bù zhīdào / bù hǎo shuō / shuō bu zhǔn)
잘 모르겠습니다.

客人　那我们还是下车吧。(那我们下车坐别的车。)
Nà wǒmen háishi xià chē ba. (Nà wǒmen xià chē zuò bié de chē.)
그럼 내리겠습니다.

▶ 상황 2

客人　师傅，我们走哪条路啊？
Shīfu, wǒmen zǒu nǎ tiáo lù a ?
기사님, 어느 길로 가실 건가요?

师傅　你说怎么走？
Nǐ shuō zěnme zǒu ?
어느 길로 가면 좋겠습니까?

客人　我赶时间，怎么快就怎么走吧。不绕远就行。
Wǒ gǎn shíjiān, zěnme kuài jiù zěnme zǒu ba. Bú rào yuǎn jiù xíng.
시간이 없으니 빠른 길로 가주세요. 돌지만 않으면 됩니다.

师傅　要票吗？
Yào piào ma ?
영수증 필요하세요?

客人　要
Yào.
예.

韩中文化面面观
한중문화의 이모저모

중국어 억양은 고무밴드?

중국인들은 인사를 나눌 때 우리가 '식사하셨어요?' 라고 하는 것처럼 간단하게 '吃了吗? Chī le ma?' 라고 표현합니다. 이렇게 나누는 인사말이 우리에게는 정서적으로 그다지 생소하지 않습니다. 우리에게 생소한 것은 아무리 짧은 중국어 문장이라도 빠지지 않고 태클을 걸어오는 중국어의 억양입니다.

우리말이 음의 높낮이로 뜻을 구별하지 않기 때문에 중국어처럼 음의 높낮이로 뜻을 구별하는 언어에서 단어에 실리는 음의 높낮이를 정확히 인지하고 구사하기란 쉽지 않습니다. 하물며 중국어를 문장 단위로 표현할 경우 성조에 억양까지 보태려면 그야말로 설상가상이라고 할 수밖에 없습니다. 중국어의 성조와 억양과 관련되어 많이 인용되는 예문을 하나 들어보겠습니다.

1. 我姓卢↗, 他姓贺↘。
   Wǒ xìng Lú↗, tā xìng Hè↘.
2. 我姓陆↗, 他姓河↘。
   Wǒ xìng Lù↗, tā xìng Hé↘.

이 두 문장은 모두 두 개의 복문으로 이루어져 있고, 1번과 2번의 선행하는 단문과 후행하는 단문은 밑줄 친 부분인 성의 성조만 다를 뿐 나머지 부분은 모두 같습니다. 이 두 문장을 중국어로 말할 때 성조를 왜곡시키지 않으면서 자연스럽게 억양을 구사한다면 성조와 억양에 있어서 수준급이라고 할 수 있습니다. 특히 2번 문장은 1번 문장에 비하여 난이도가 훨씬 높습니다. 잘 살펴보면 1번 문장은 '卢 Lú' 의 성조가 2성, 억양은 상승곡선인 '↗' 이고, '贺 Hè' 의 성조가 4성, 억양은 하강곡선인 '↘' 입니다. 성조와 억양의 음높이 운동방향이 일치하기 때문에 성조에만 신경을 써도 억양은 자연스럽게 표현됩니다. 이에 비해 2번 문장은 '陆 Lù' 의 성조가 4성, 억양은 상승곡선인 '↗' 이고, '河 Hé' 의 성조가 2성이고 억양은 하강곡선인 '↘' 입니다. 성조와 억양의 음높이 운동방향이 정반대입니다. 이때 학습자는 '성조에 충실할 것인가, 억양에 충실할 것인가' 하는 선택의 기로에 서게 됩니다. 대부분은 억양을 택

하는 경우가 많습니다. 억양에 신경을 쓰면 단어의 성조는 왜곡되기 십상입니다.

이와 비슷한 예로 우리말의 '감사합니다', '안녕히 가세요' 등 평서문에 쓰이는 억양과 '안녕하세요' 등 의문문에 쓰이는 억양을 중국어의 '谢谢! Xièxie!', '再见! Zàijiàn!', '你好吗? Nǐ hǎo ma?' 에 그대로 적용시키는 경우가 많습니다. 이유를 물어보면 특히 '谢谢!' 와 '再见!' 의 경우 각각 경성과 4성으로 끝나기 때문에 성조에만 충실하게 발음하면 화난 것처럼 들릴까 염려되어 한국어 억양을 적용시킨다고 합니다.

실제로 중국어 담화내용을 녹음하여 분석해 보면 말하는 속도나 문장의 종류에 상관없이 단어의 성조곡선은 항상 일정하게 유지되고 있습니다. 성조 언어인 중국어가 상황에 따라 성조가 바뀐다면 의사소통에 큰 문제가 생길 것입니다. 마치 우리가 '물(水), 불(火), 풀(草)' 을 혼동해서 발음하지 않는 것처럼 말입니다.

어떻게 하면 성조를 왜곡시키지 않으면서 자연스러운 억양을 구사할 수 있을까요? 어떤 학자는 1성부터 4성까지의 음높이 범위를 고무밴드에 비유했습니다. 이 고무밴드는 아래 그림 1번~7번과 같이 높이 '↕' 와 폭 '↔' 이 줄어들거나 늘어날 수도 있고, 고무밴드의 위치가 그림 4번처럼 높은 곳에 있을 수도 있고 그림 5번처럼 낮은 곳에 위치할 수도 있습니다. 하지만 고무밴드 내에 있는 4개 성조의 곡선은 항상 고유의 특성을 잃지 않습니다.

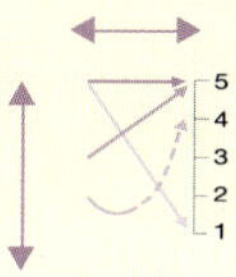

그림 1

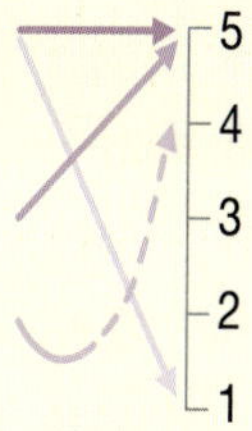

그림 2

그림 3

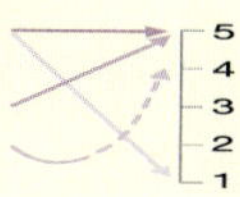

그림 4

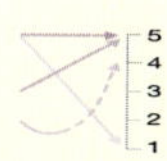

그림 5

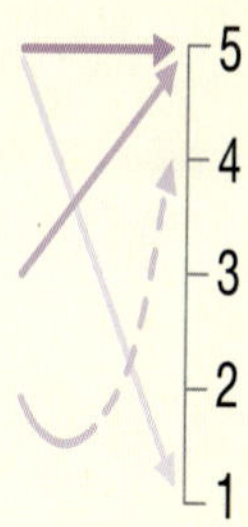

그림 6

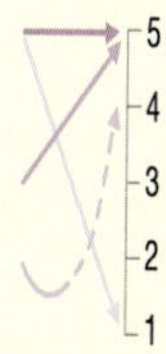

그림 7

성조와 억양이 공존하는 방식은 위의 그림에서 제시하는 고무밴드에 있습니다. 억양을 이용하여 풍부한 정서를 표현하려면 성조 곡선을 유지한 채 고무밴드의 높이, 폭, 위치를 자유자재로 변화시키는 연습을 하면 됩니다. 성조와 억양의 상관관계를 고려하다 보면 복잡해질 수밖에 없습니다. 성조와 억양의 상관관계는 잠시 잊고 성대모사를 하듯 소리를 모방하는 것이 가장 손쉬운 방법이라고 하겠습니다.

핵심포인트

▸▸ **我预订了两个单人间。**
Wǒ yùdìng le liǎng ge dānrénjiān.
1인실 두 개를 예약했습니다.

▸▸ **麻烦您出示一下您的护照。**
Máfan nín chūshì yí xià nín de hùzhào.
실례지만 당신의 여권을 보여주세요.

▸▸ **您的押金怎么支付？**
Nín de yājīn zěnme zhīfù ?
보증금은 어떤 방식으로 지불하시겠어요?

第4课

入住酒店

호텔에 체크인하다

会话 Huìhuà 회화 MP3, Track 04-1

▸▸ 원쭝이 예약해 둔 숙소에 도착한 일행은 프런트에서 체크인 수속을 합니다. 중국에서 체크인할 때는 어떤 수속을 밟는지 알아볼까요?

服务员 fúwùyuán
您好，欢迎光临！
Nín hǎo, huānyíng guānglín !

文中 Wénzhōng
你好。我预订了两个单人间。
Nǐ hǎo. Wǒ yùdìng le liǎng ge dānrénjiān.

服务员 fúwùyuán
请稍等。您贵姓？
Qǐng shāo děng. Nín guì xìng ?

文中 Wénzhōng
我姓张。我是用 Lee Mina 这个名字预订的。[1]
Wǒ xìng Zhāng. Wǒ shì yòng Lee Mina zhè ge míngzi yùdìng de.

服务员 fúwùyuán
麻烦您出示一下您的护照。您要住几天？
Máfan nín chūshì yíxià nín de hùzhào. Nín yào zhù jǐ tiān ?

弥娜 Mínà
五个晚上。[2] 房费包含早餐吗？
Wǔ ge wǎnshang. Fángfèi bāohán zǎocān ma ?

服务员 fúwùyuán
是的。含早餐。您还可以免费使用健身房。
Shì de. Hán zǎocān. Nín hái kěyǐ miǎnfèi shǐyòng jiànshēnfáng.

俊浩 Jùnhào
太好了！如果可以的话，我们想住在十层以上。[3]
Tài hǎo le ! Rúguǒ kěyǐ de huà, wǒmen xiǎng zhùzài shí céng yǐshàng.

服务员 fúwùyuán
好的。没问题。您的押金怎么支付？
Hǎo de. Méi wèntí. Nín de yājīn zěnme zhīfù ?

俊浩 Jùnhào
我用信用卡。
Wǒ yòng xìnyòngkǎ.

服务员 fúwùyuán
请稍等。这是您的房卡。祝您入住愉快。
Qǐng shāo děng. Zhè shì nín de fángkǎ. Zhù nín rùzhù yúkuài.

文中 Wénzhōng
谢谢！
Xièxie !

课文 Kèwén 본문 MP3, Track 04-2

文中提前为俊浩他们订好了单人客房。入住时需要
Wénzhōng tíqián wèi Jùnhào tāmen dìnghǎo le dānrén kèfáng. Rùzhù shí xūyào

在前台出示身份证或者护照，房费可以用现金支付或
zài qiántái chūshì shēnfenzhèng huòzhě hùzhào, fángfèi kěyǐ yòng xiànjīn zhīfù huò

暂时冻结信用卡上的部分资金。办完入住手续后应该在
zànshí dòngjié xìnyòngkǎ shàng de bùfen zījīn. Bànwán rùzhù shǒuxù hòu yīnggāi zài

入住登记卡上签字确认。房费里一般都包含服务费用和
rùzhù dēngjìkǎ shàng qiān zì quèrèn. Fángfèi lǐ yìbān dōu bāohán fúwù fèiyòng hé

早餐费用。客人还可以免费使用健身和娱乐设施。
zǎocān fèiyòng. Kèrén hái kěyǐ miǎnfèi shǐyòng jiànshēn hé yúlè shèshī.

生词 Shēngcí 새 단어 MP3, Track 04-3

01	入住	rùzhù	숙소에 들다/체크인하다
02	酒店	jiǔdiàn	호텔
03	服务员	fúwùyuán	종업원/호텔직원
04	光临	guānglín	왕림
05	预订	yùdìng	예약/예약하다
06	单人间	dānrénjiān	싱글룸/1인실
07	稍	shāo	조금/약간
08	房费	fángfèi	방 값
09	包含	bāohán	포함하다
10	免费	miǎnfèi	무료
11	使用	shǐyòng	사용하다
12	健身房	jiànshēnfáng	헬스장
13	~的话	~dehuà	~라면
14	住	zhù	살다
15	押金	yājīn	보증금
16	支付	zhīfù	지불하다
17	信用卡	xìnyòngkǎ	신용카드
18	房卡	fángkǎ	방 카드
19	订	dìng	예약하다
20	提前	tíqián	앞당기다

21	客房	kèfáng	객실
22	身份证	shēnfenzhèng	신분증
23	或者	huòzhe	혹은/또는
24	现金	xiànjīn	현금
25	暂时	zànshí	잠깐
26	冻结	dòngjié	동결하다
27	部分	bùfen	일부
28	资金	zījīn	자금
29	登记卡	dēngjìkǎ	등록카드
30	签字	qiān zì	서명하다
31	确认	quèrèn	확인하다
32	娱乐	yúlè	오락
33	设施	shèshī	시설

语法重点 Yǔfǎ zhòngdiǎn 포인트 설명

01 我是用 Lee Mina 这个名字预定的。

Wǒ shì yòng Lee Mina zhè ge míngzi yùdìng de.

'是 ~ 的' 는 일반적으로 화자와 청자 모두가 발생한 것을 아는 상황에서 시간, 장소, 방식, 목적, 조건 및 행위자를 이 구조를 사용하여 강조할 수 있습니다.

是我吃掉樱桃的。
Shì wǒ chīdiào yīngtáo de.
내가 앵두를 먹어버렸다.

我是前天回首尔的。
Wǒ shì qiántiān huí Shǒu'ěr de.
나는 그저께 서울로 돌아왔다.

我这次是在北京坐的飞机。
Wǒ zhè cì shì zài Běijīng zuò de fēijī.
나는 이번에 베이징에서 비행기를 탔다.

02 五个晚上。

Wǔ ge wǎnshang.

'五个晚上' 은 '다섯 밤' 이라는 의미로 5박 6일을 뜻합니다. 한국에서는 비교적 짧은 기간을 표시할 때 '~박 ~일' 이라는 표현을 쓰는데 중국어에서는 '~天 ~ 夜' 라고 말합니다. 예를 들어 3박 4일은 '四天三夜' 라고 말합니다. 또한 패키지여행에서 여행 기간을 일컬을 때 '~ 日游' 라고도 표현합니다. '一日游' 는 당일 코스여행을, '三日游' 는 2박 3일 코스여행을 가리킵니다.

03 如果可以的话，我们想住在十层以上。

Rúguǒ kěyǐ dehuà, wǒmen xiǎng zhùzài shí céng yǐshàng.

'如果 ~ 的话' 는 '만약 ~한다면' 의 의미로 조건문에 쓰입니다. 뒤에 '那(么), 就' 등과 호응할 수 있으며, 이때 '如果~的话' 중 하나 혹은 모두를 생략할 수 있습니다.

如果有什么问题的话，可以随时来找我。
Rúguǒ yǒu shénme wèntí dehuà, kěyǐ suíshí lái zhǎo wǒ.
무슨 문제가 있으면 언제든지 저를 찾아오세요.

如果你不来，那么谁来？
Rúguǒ nǐ bù lái, nàme shéi lái ?
만약 당신이 오지 않는다면 누가 오나요?

'如果 ~ 的话' 가 후행하는 단문에 쓰일 경우 일반적으로 '如果' 를 생략하지 않습니다.

我明天再来，如果你现在有事儿。
Wǒ míngtiān zài lái, rúguǒ nǐ xiànzài yǒu shìr.
내일 다시 올게요, 만약 당신이 지금 일이 있으시다면.

他今天该到了，如果昨天动身的话。
Tā jīntiān gāi dào le, rúguǒ zuótiān dòng shēn dehuà.
그는 오늘 올 거예요, 만약 어제 출발했다면.

'如果' 는 보통 문두에 오지만 주어 뒤에 올 수도 있습니다.

你如果想去，可以自己去。
Nǐ rúguǒ xiǎng qù, kěyǐ zìjǐ qù.
만약 당신이 가고 싶다면 혼자 가실 수 있습니다.

电脑如果有病毒，应该马上杀毒。
Diànnǎo rúguǒ yǒu bìngdú, yīnggāi mǎshàng shā dú.
만약 컴퓨터에 바이러스가 침투하면 즉시 바이러스를 제거해야 한다.

퀵테스트

1. 다음을 중국어로 옮겨보세요.

A : 언제 귀국하셨어요? ➡ ____________________

B : 어제 저녁에 귀국했습니다. ➡ ____________________

A : 며칠 다녀오셨어요? ➡ ____________________

B : 5박 6일 다녀왔습니다. ➡ ____________________

练习 Liànxí 연습문제

01 녹음을 듣고 질문에 맞는 답을 고르세요. MP3, Track 04-6

(1) ① 商店　② 酒店　③ 书店　④ 图书馆。

(2) ① 七个星期　② 七个月　③ 一个星期　④ 一个晚上

(3) ① 他可以免费吃早饭。
② 他不可以吃早餐。
③ 房费里不包含使用健身房的费用。
④ 他不知道可不可以使用健身房。

02 녹음을 잘 듣고 한자를 받아쓰세요. MP3, Track 04-6

(1) ______　(2) ______

(3) ______　(4) ______

03 아래 한어병음을 중국어로 옮기고 뜻을 쓰세요.

(1) Zhù nín rùzhù yúkuài !

______ : ______

(2) Nín de yājīn zěnme zhīfù?

______ : ______

04 보기에서 단어를 골라 빈칸을 채우고 큰 소리로 읽으세요.

或者　订好　用　办　出示　住　免费

文中提前为弥娜他们(　　)了单人客房。入住酒店时需要(　　)身份证(　　)护照。房费里一般包含服务费和早餐费，还可以(　　)使用娱乐设施。他们要(　　)五个晚上。弥娜想住在十层以上的房间。她(　　)信用卡支付了押金。(　　)完入住手续后服务员给了他们房卡。

05 주어진 단어를 순서대로 배열하여 의문문을 만들고 대답을 긍정과 부정으로 표현하세요.

(1) 可以　这个　使用　我　电话　吗　免费

• 의문문 ______________________________

• 긍정 ______________________________

• 부정 ______________________________

(2) 你　两个　了　客房　预定　吗

• 의문문 ______________________________

• 긍정 ______________________________

• 부정 ______________________________

06 다음 문장에서 잘못된 부분을 바르게 고치세요.

(1) 您要住在几天？

____

(2) 麻烦您出示您的护照一下。

____

(3) 办完入住手续后在入住登记卡上签字应该确认。

____

07 다음 문장의 밑줄 친 부분에 유의하여 번역해보세요.

(1) 我订好了两个单人间。

____

(2) 他吃了早餐。

____

(3) 他吃完了早餐。

____

(4) 她买到了两张飞机票。

____

08 아래 한자와 관련된 단어를 쓰세요.

(1) 果 ________ ________

(2) 早 ________ ________

(3) 字 ________ ________

(4) 出 ________ ________

(5) 客 ________ ________

(6) 费 ________ ________

(7) 公 ________ ________

(8) 便 ________ ________

(9) 手 ________ ________

09 아래 제시된 것 외에 더 많은 단어들을 쓰고 읽어보세요.

很好	不太好	不好
很高兴	不太高兴	不高兴
很客气	不太客气	不客气
很快	不太快	不快
很晚	不太晚	不晚
很漂亮	不太漂亮	不漂亮

一网打尽 Yìwǎng dǎjìn 일망타진 MP3, Track 04-4

호텔과 관련된 것들

套间	tàojiān	스위트룸
大床间	dàchuángjiān	더블베드룸
标准间	biāozhǔnjiān	스탠다드룸
大厅(前厅)	dàtīng (qiántīng)	로비
咨询台	zīxúntái	안내 데스크
前台(总台)	qiántái (zǒngtái)	프런트 데스크
小费	xiǎofèi	팁
客房服务	kèfáng fúwù	룸서비스
叫早(叫醒)	jiàozǎo (jiàoxǐng)	모닝콜
小卖部	xiǎomàibù	매점
咖啡厅	kāfēitīng	커피숍
餐厅	cāntīng	레스토랑
迷你吧	mínǐbā	미니바
观景酒吧	guānjǐng jiǔbā	스카이라운지
夜总会	yèzǒnghuì	나이트클럽
退房	tuì fáng	체크아웃
五天四夜	wǔ tiān sì yè	4박 5일
签证	qiānzhèng	비자
先交钱(预付)	xiānjiāoqián (yùfù)	선불
紧急出口	jǐnjí chūkǒu	비상구
(总)经理	(zǒng) jīnglǐ	지배인
门童	méntóng	도어맨
行李员	xíngliyuán	벨보이
房间号码	fángjiān hàomǎ	방 번호
留条	liú tiáo	메모를 남기다
寄存	jìcǔn	(짐)맡기다
几点退房?	Jǐ diǎn tuì fáng?	체크아웃은 몇 시까지입니까?
有空房(间)吗?	Yǒu kōngfáng (jiān) ma?	빈방 있습니까?
请勿打扰	Qǐng wù dǎrǎo	입실 사절
打扫房间	Dǎsǎo fángjiān	청소 요망
请换床单	Qǐng huàn chuángdān	시트를 갈아주세요.

更上一层楼 Gèng shàng yī céng lóu 응용표현 MP3, Track 04-5

01 祝가 들어간 축복의 말

▶ 새해를 축하할 때 쓰는 표현 (**新年** xīnnián)

祝你新年快乐。
Zhù nǐ xīnnián kuàilè.
새해 복 많이 받으세요.

祝你万事如意。
Zhù nǐ wànshì rúyì.
모든 일이 뜻하신 대로 이루어지길 바랍니다.

祝你春节愉快。
Zhù nǐ chūnjié yúkuài.
새해 복 많이 받으세요.

▶ 생일을 축하할 때 쓰는 표현 (**生日** shēngrì)

祝你生日快乐。
Zhù nǐ shēngrì kuàilè.
생일 축하합니다.

祝您健康长寿。
Zhù nín jiànkāng chángshòu.
건강하게 오래 사세요.

祝您福如东海，寿比南山。
Zhù nín fú rú Dōnghǎi, shòu bǐ Nánshān.
동해 바다처럼 한없는 복을 누리시고 만수무강하세요. (노인에게만 사용)

▶ 결혼을 축하할 때 쓰는 표현 (**婚礼** hūnlǐ)

祝你们幸福美满。
Zhù nǐmen xìngfú měimǎn.
행복하고 아름답게 사시기를 바랍니다.

祝你们新婚愉快。
Zhù nǐmen xīnhūn yúkuài.
즐거운 신혼 보내시기 바랍니다.

祝你们早生贵子。
Zhù nǐmen zǎo shēng guìzǐ.
빨리 2세 만드시기 바랍니다.

▶ 업무상 쓰는 표현 (**工作** gōngzuò)

祝你工作顺利！
Zhù nǐ gōngzuò shùnlì !
하시는 일이 순조롭기를 바랍니다!

祝你一帆风顺！
Zhù nǐ yī fān fēng shùn !
만사가 순풍에 돛 단 듯이 순조롭기를 바랍니다!

祝你取得更大的成绩！
Zhù nǐ qǔdé gèng dà de chéngjì !
많은 수확 거두시기 바랍니다!

祝我们合作愉快！
Zhù wǒmen hézuò yúkuài !
유쾌한 협력관계가 되기를 바랍니다!

韩中文化面面观
한중문화의 이모저모

중국인과 四合院

건축양식은 한 시대를 축소해 놓은 결정판이라는 말이 있습니다. 이는 건축양식이 의식구조를 이해하는 데 중요한 단서가 된다는 뜻이기도 합니다. 중국을 대표하는 건축양식은 '四合院 sìhéyuàn' 입니다. 이는 정원을 중심으로 건물을 'ㅁ' 자 형식으로 지어 건물이 중심을 에워싸고 있는 형태를 취하고 있기 때문에 지어진 이름입니다.

'四合院' 은 700여 년 전 원나라 시대부터 유행한 건축양식입니다. 그 내부를 살펴보면 본채와 동서쪽의 사랑채가 서로 마주보고 있어 건물이 자연스럽게 담장 역할을 하도록 되어 있습니다. '四合院' 이 여러 채 모이면 마치 바둑판처럼 질서정연한 구도를 형성하는데, 이 집과 저 집 사이에는 자연스럽게 '胡同 hútòng(골목)' 이 형성됩니다. '四合院' 의 마당에 들어서면 사방이 방으로 둘러싸여 있고 건물은 중심축을 중심으로 대칭을 이루고 있습니다. 건축자재는 주로 목재와 기와를 이용하며 집의 방향은 대부분 정남향입니다.

베이징의 '四合院' 은 크게 황궁과 민가 두 종류로 나눌 수 있습니다. 황궁을 대표하는 '四合院' 으로는 '故宫 Gùgōng' 을 들 수 있는데 공중에서 '故宫' 을 내려다보면 마치 여러 개의 'ㅁ' 자가 질서정연하게 겹을 이루고 있는 것처럼 보입니다. 민가를 대표하는 '四合院' 은 베이징의 '天安门 Tiān'ānmén' 주변 '胡同' 주변에 우리나라의 인사동처럼 옛모습을 보존하고 있는 서민적인 '四合院' 을 찾아볼 수 있습니다. 한 채의 '四合院' 에는 1가구가 거주하는 것이 보통이었는데 나중에 여러 가구가 모여 살면서 '大杂院 dàzáyuàn' 이라는 이름이 생기기도 했습니다.

'四合院' 의 건축양식은 유가의 예교와 도가의 천인합일사상을 잘 반영하고 있습니다. 연장자는 북쪽의 방에, 장자는 서쪽 방에 기거하게 하여 위계질서를 지키도록 하였고, 지리와 기후 특성에 순응하도록 지어진 구조는 천일합일사상과 맞닿아 있다고 합니다. '四合院' 은 대문이 닫혀 있는 한 외부인이 내부에 들어갈 수도, 들여다볼

수도 없습니다. 외부에서 볼 때 '四合院'은 접근을 거부하는 요새나 성처럼 느껴질 수 있습니다. 그렇지만 그 안에 들어서면 상황은 완전히 뒤바뀝니다. 외부 세계와의 격리는 그토록 철통 같지만 내부에는 경계가 존재하지 않는 것처럼 느껴집니다. 그것은 곧 '四合院' 공동체의 일원으로 인정 받는다는 것을 의미합니다. 이때부터는 마치 커다란 방을 여러 명이 사용하는 듯 살아가게 됩니다.

공중에서 바라보면 베이징은 마치 '四合院'을 확대해놓은 듯한 모습을 띠고 있습니다. '胡同'은 마치 혈관처럼 베이징의 사방을 연결하고 있으며, 베이징의 주요 건축물들은 중심축을 중심으로 상하좌우로 대칭을 이루고 있습니다. 이 '四合院'의 범위는 중국인의 의식 속에서 집에서 구역으로, 구역에서 지역으로, 지역에서 국가로 확대됩니다. 중국인들은 타지에서 행여 동향인이라도 만날라치면 '老乡 lǎoxiāng(고향사람)'이라며 반가워합니다. 중국인에게 '老乡'은 가족이라는 말과 마찬가지로 받아들여집니다. 외부인이 '四合院'의 마당에 발을 들여놓는 순간 공동체의 일원으로 받아들여지는 것처럼 '老乡'이라는 말에는 생면부지의 사람도 하나로 묶어주는 마술과도 같은 힘이 있습니다. 이 부분은 특히 해외에서 그 진면목을 보여주는데 실제로 중국인들은 부인만 빼고 네 것, 내 것을 가리지 않고 많은 것을 공유하며 지냅니다. 해외 이민사회에서 중국인들은 서로 단결하여 자신들만의 상권을 형성하고, 자신들만의 저력을 행사하는 것으로 유명합니다. 이는 '四合院'의 구조와 닮아 있는 중국인의 의식구조에서 기원한 것이라 할 수 있습니다.

현재 개발의 물결을 타고 '四合院'은 그 수가 점점 줄어들고 있다고 합니다. '四合院'은 난방, 방화, 하수 등의 시설이 취약하기 때문에 거주민들이 하나 둘씩 떠나면서 보존이 특히 더 어려워졌다고 합니다. 중국인의 의식구조를 깊이도 있게 이해하기 위해 '四合院'을 체험하고 그곳의 주민들과 교류하는 것도 좋은 방법일 것입니다.

핵심포인트

▸▸ **哪家银行可以换钱啊?**
Nǎ jiā yínháng kěyǐ huàn qián a?
어느 은행에서 환전할 수 있나요?

▸▸ **我想把韩币换成人民币。**
Wǒ xiǎng bǎ Hánbì huànchéng Rénmínbì.
한화를 인민폐로 바꾸고 싶습니다.

▸▸ **确认无误后在单子下面签一下字。**
Quèrèn wúwù hòu zài dānzi xiàmiàn qiān yíxià zì.
틀림이 없는지 확인하신 후, 전표 하단에 서명해주세요.

第5课

外币兑换

외화로 환전하다

会话 Huìhuà 회화 MP3, Track 05-1

▸▸ 준호 일행은 베이징에 도착한 후 첫 나들이를 계획하고 있습니다. 그런데 이들은 아직 환전을 하지 못했습니다. 환전은 어디서 어떻게 해야 할까요?

俊浩 Jùnhào	我手头只有韩币，哪家银行可以换钱啊？ Wǒ shǒutóu zhǐyǒu Hánbì, nǎ jiā yínháng kěyǐ huàn qián a？
文静 Wénjìng	中国银行和工商银行的一些网点可以换。 Zhōngguó yínháng hé Gōngshāng yínháng de yìxiē wǎngdiǎn kěyǐ huàn.
弥娜 Mínà	一大清早就这么多人，怎么排队呀？ Yí dà qīngzǎo jiù zhème duō rén, zěnme pái duì ya？
文静 Wénjìng	不用站着排队。❶ 从取号机拿号后坐着慢慢儿等。 Bú yòng zhànzhe pái duì. Cóng qǔhàojī ná hào hòu zuòzhe mànmānr děng.

(请 103 号顾客到八号窗口)
(Qǐng yāolíngsān hào gùkè dào bā hào chuāngkǒu)

俊浩 Jùnhào	你好。我想把韩币换成人民币。❷ Nǐ hǎo. Wǒ xiǎng bǎ Hánbì huànchéng Rénmínbì.
银行职员 yínháng zhíyuán	您要换多少？ Nín yào huàn duōshao？
俊浩 Jùnhào	五十万韩元。大概能换多少人民币呀？ Wǔshí wàn Hányuán. Dàgài néng huàn duōshao Rénmínbì ya？
银行职员 yínháng zhíyuán	按现在的汇率可以换三千五百多吧！ Àn xiànzài de huìlǜ kěyǐ huàn sānqiān wǔbǎi duō ba！
弥娜 Mínà	这儿的汇率比机场那边高一点儿。 Zhèr de huìlǜ bǐ jīchǎng nà biān gāo yìdiǎnr.
银行职员 yínháng zhíyuán	请您数一下。确认无误后在单子下面签一下字。 Qǐng nín shǔ yíxià. Quèrèn wúwù hòu zài dānzi xiàmiàn qiān yíxià zì.
俊浩 Jùnhào	谢谢文静！下面我们研究研究去哪里玩儿！ Xièxie Wénjìng！ Xiàmiàn wǒmen yánjiū yánjiū qù nǎlǐ wánr！

课文 Kèwén 본문 MP3, Track 05-2

银行里总是人满为患。所以，一般的储蓄业务
Yínháng lǐ zǒngshì rén mǎn wéi huàn. Suǒyǐ, yìbān de chǔxù yèwù

(存款、取款业务)和转帐、缴费业务最好在自动柜员机
(cúnkuǎn、qǔkuǎn yèwù) hé zhuǎnzhàng、jiǎofèi yèwù zuìhǎo zài zìdòng guìyuánjī

(ATM机)上办理，省时省力。但是很少有ATM机可以
(ATM-jī) shàng bànlǐ, shěng shí shěng lì. Dànshì hěn shǎo yǒu ATM-jī kěyǐ

换外币。汇率是每天更新的，时高时低。现在可以用标
huàn wàibì. Huìlǜ shì měitiān gēngxīn de, shí gāo shí dī. Xiànzài kěyǐ yòng biāo

有“银联”标志的储蓄卡刷卡消费。
yǒu ‘yínlián’ biāozhì de chǔxùkǎ shuā kǎ xiāofèi.

生词 Shēngcí 새 단어 MP3, Track 05-3

01	外币	wàibì	외화
02	兑换	duìhuàn	환전하다
03	手头	shǒutóu	수중
04	只有	zhǐyǒu	오직 ~만 있다
05	韩币(元)	Hánbì(yuán)	한화
06	换钱	huàn qián	환전하다
07	中国银行	Zhōngguó yínháng	중국은행
08	工商银行	Gōngshāng yínháng	공상은행
09	网点	wǎngdiǎn	지점
10	人民币	Rénmínbì	인민폐
11	清早	qīngzǎo	새벽
12	取号机	qǔhàojī	대기표 발행기
13	顾客	gùkè	고객
14	窗口	chuāngkǒu	창구
15	银行职员	yínháng zhíyuán	은행직원
16	汇率	huìlǜ	환율
17	数	shǔ	세다
18	单子	dānzi	명세서/전표
19	研究	yánjiū	연구하다

20	总是	zǒngshì	항상
21	以 ~ 为 ~	yǐ ~ wéi ~	~을 ~로 하다
22	患	huàn	재난/우환/걱정
23	储蓄	chǔxù	저축(하다)
24	业务	yèwù	업무
25	存款	cúnkuǎn	입금하다
26	取款	qǔkuǎn	출금하다
27	转帐	zhuǎnzhàng	계좌이체하다
28	缴费	jiǎofèi	비용을 납부하다
29	柜员机	guìyuánjī	ATM기
30	省时	shěng shí	시간을 절약하다
31	省力	shěng lì	힘을 절약하다
32	更新	gēngxīn	업데이트하다
33	银联	yínlián	은행연합
34	标志	biāozhì	상징
35	刷卡	shuā kǎ	카드를 긁다
36	消费	xiāofèi	소비(하다)

语法重点 Yǔfǎ zhòngdiǎn 포인트 설명

01 不用站着排队。

Bú yòng zhànzhe pái duì.

동태조사 '着'는 동사 또는 형용사 뒤에서 술어의 지속 또는 방식을 나타냅니다.

旁边站着四五个人。 옆에 네다섯 명이 서 있다.
Pángbiān zhànzhe sì wǔ ge rén.

方便面是煮着吃的。 라면은 끓여서 먹는다.
Fāngbiànmiàn shì zhǔzhe chī de.

동사 뒤에서 조건을 나타내는 수식 성분으로 쓸 수 있습니다.

说着容易，做着难。 말하기는 쉽지만 하기는 어렵다.
Shuōzhe róngyi, zuòzhe nán.

这件衣服，我穿着瘦一点儿。 이 옷은 내가 입으면 좀 작다.
Zhè jiàn yīfu, wǒ chuānzhe shòu yìdiǎnr.

형용사 술어 뒤에서 어기조사 '~呢'와 같이 쓰여 강조의 어기를 나타내기도 합니다.

时间还早着呢！ 시간이 아직 이르잖아.
Shíjiān hái zǎo zhene !

这种花儿我们那儿多着呢！ 이 꽃은 우리가 사는 곳에 아주 많아.
Zhè zhǒng huār wǒmen nàr duō zhene !

02 我想把韩币换成人民币。

Wǒ xiǎng bǎ Hánbì huànchéng Rénmínbì.

이 문장에서 '把'는 전치사로 쓰여 동작의 대상을 술어 앞으로 전치시키는 역할을 합니다. 전치사 '把' 다음에 오는 목적어를 '어떻게 하려 한다', 그것에 대한 어떤 행위, 처치(처리)를 가하려고 한다는 의미로 '把구문'은 '처치(处置)식 문장이라고도 합니다.

请把窗户打开。 창문을 열어주세요.
Qǐng bǎ chuānghù dǎkāi.

把钱收好。 여행객들은 지갑을 잘 챙기세요.
Bǎ qián shōuhǎo.

목적어가 술어로 인해 위치의 이동 혹은 변화가 생기는 경우, 다른 사물로 바뀌거나 다른 사물로 간주되는 경우에 '把' 구문을 사용할 수 있습니다.

我把钱交给了售货员。 나는 판매원에게 돈을 건넸다.
Wǒ bǎ qián jiāo gěile shòuhuòyuán.

我把房间打扫干净了。 나는 방을 깨끗이 청소했다.
Wǒ bǎ fángjiān dǎsǎo gānjìng le.

'把'가 이끄는 목적어는 일반적으로 확정적인 것이고, 술어는 부가성분 혹은 보어 등과 같이 사용됩니다.

弟弟把一个眼镜弄碎了。(×) → 弟弟把爸爸的眼镜弄碎了。(○)
Dìdi bǎ yí ge yǎnjìng nòngsuì le. Dìdi bǎ bàba de yǎnjìng nòngsuì le.

请把灯关。(×) → 请把灯关上。(○) 불을 꺼주세요.
Qǐng bǎ dēng guān. Qǐng bǎ dēng guān shàng.

부정부사, 조동사 혹은 시간을 나타내는 부사어는 '把' 구문 앞에 놓습니다.

别把这件事说出去。
Bié bǎ zhè jiàn shì shuō chūqù.
이 일을 발설하지 마세요.

你可以把她的手机号码告诉我吗?
Nǐ kěyǐ bǎ tā de shǒujī hàomǎ gàosù wǒ ma?
그녀의 휴대전화 번호를 나에게 알려줄 수 있나요?

퀵테스트

1. 주어진 단어를 어순에 맞게 배열해보세요.

(1) 了 我 把 已经 做 作业 完

➡ ______________________

(2) 还 人民币 他 没 换 韩币 把 成 呢

➡ ______________________

练习 Liànxí 연습문제

01 녹음을 듣고 질문에 맞는 답을 고르세요. MP3, Track 05-6

(1) ① 图书馆里没有人。 ② 早上他要去图书馆
③ 图书馆里有很多人。 ④ 图书馆离商店很远。

(2) ① 女的可能在银行工作。 ② 女的可能在商店工作。
③ 女的要换人民币。 ④ 女的把人民币换成韩币。

(3) ① 机场的汇率和银行的汇率一样。 ② 机场的汇率比银行低。
③ 银行的汇率比机场的低。 ④ 机场和银行的汇率都高。

02 녹음을 잘 듣고 한자를 받아쓰세요. MP3, Track 05-6

(1) ______ (2) ______

(3) ______ (4) ______

03 아래 제시된 단어와 성조가 같은 것을 고르세요.

(1) 银行
① 人民 ② 手头 ③ 韩币 ④ 排队

(2) 单子
① 一下 ② 吃的 ③ 站着 ④ 慢慢

(3) 汇率
① 确认 ② 中国 ③ 部分 ④ 每天

04 아래 병음에 해당하는 한자를 쓴 후 단어를 만드세요.

(1) shi

师	十			
↓	↓	↓	↓	↓
师傅				

(2) mei

↓	↓	↓

05 (　　) 안의 지시에 따라 비교문을 만들어 보세요.

(1) 긍정 这些葡萄____________甜。

부정 那些葡萄____________甜。

(2) 긍정 这个学生____________漂亮。

부정 那个学生____________漂亮。

06 제시된 문장을 '把' 구문으로 바꾸세요.

(1) 他昨天弄丢了伞。

____

(2) 她做完了今天的工作。

____

07 다음 병음을 중국어로 쓴 후 우리말로 번역하세요.

(1) Huìlǜ shì měitiān gēngxīn de, shí gāo shí dī.

____

____

(2) Quèrèn wúwù hòu zài dānzi xiàmiàn qiān yíxià míngzì.

____

____

(3) Yí dà qīngzǎo jiù zhème duō rén, zěnme pái duì?

____

____

08 다음 문장을 중국어로 써보세요.

(1) 공항의 환율이 은행보다 많이 높다.

____

(2) 지하철은 버스보다 훨씬 빠르다.

____

09 아래 문장을 큰 소리로 읽으세요.

弥娜手头里只有韩币，要换钱。文静说：“中国银行和工商银行都可以换钱。”她们到了一家中国银行。银行里人很多。可是不需要站着排队，从取号机拿号坐着慢慢等就可以了。文静说：“最近在银行办理一般的储蓄、转帐、缴费业务时，最好用自动柜员机(ATM机)，省时省力。”弥娜想把韩币换成人民币。按现在的汇率可以换五千人民币。弥娜觉得中国银行的汇率比机场高一点。

10 보기를 참고하여 제시된 동사와 형용사를 중첩시키세요.

보기
* 看 → 看看
* 研究 → 研究研究
* 好 → 好好儿
* 高兴 → 高高兴兴

(1) 坐 → ____________________

(2) 快 → ____________________

(3) 慢 → ____________________

(4) 听 ➡ ____________________

(5) 学习 ➡ ____________________

(6) 漂亮 ➡ ____________________

(7) 数 ➡ ____________________

(8) 欢迎 ➡ ____________________

一网打尽 Yìwǎng dǎjìn 일망타진 MP3, Track 05-4

화폐 명칭

국 가	화 폐	한 국 어
中国 Zhōngguó	人民币元 Rénmínbì Yuán	인민폐 위안
香港 Xiānggǎng	港币 Gǎngbì	홍콩 달러
日本 Rìběn	日圆 Rìyuán	일본 엔
澳大利亚 Àodàlìyà	澳大利亚元 Àodàlìyàyuán	호주 달러
欧洲货币联盟 Ōuzhōuhuòbìliánméng	欧元 Ōuyuán	유로
瑞士 Ruìshì	瑞士法郎 Ruìshìfǎláng	스위스 프랑
英国 Yīngguó	英镑 Yīngbàng	영국 파운드
美国 Měiguó	美元 Měiyuán	미국 달러
加拿大 Jiānádà	加元 Jiāyuán	캐나다 달러
泰国 Tàiguó	泰铢 Tàizhū	태국 바트
印度 Yìndù	卢比 Lúbǐ	인도 루피
沙特阿拉伯 Shātè'ālābó	亚尔 Yà'ěr	사우디아라비아 리얄
土耳其 Tǔ'ěrqí	里拉 Lǐlā	터키 리라
俄罗斯 Éluósī	卢布 Lúbù	러시아 루블
德国 Déguó	马克 Mǎkè	독일 마르크
荷兰 Hélán	荷兰盾 Hélándùn	네덜란드 길더
法国 Fǎguó	法郎 Fǎláng	프랑스 프랑
西班牙 Xībānyá	比塞塔 Bǐsàitǎ	스페인 페소
意大利 Yìdàlì	里拉 Lǐlā	이탈리아 리라
阿根廷 Āgēntíng	阿根廷比索 Āgēntíngbǐsuǒ	아르헨티나 페소
埃及 Āijí	埃及镑 Āijíbàng	이집트 파운드

更上一层楼 Gèng shàng yī céng lóu 응용표현 MP3, Track 05-5

01

은행에서

▶ 상황 1

A 办存折需要带什么证件？
Bàn cúnzhé xūyào dài shénme zhèngjiàn ?
통장을 개설하는 데 어떤 증빙서류가 필요하지요?

B 开户时带有效身份证就可以。外国人得带护照去。
Kāihù shí dài yǒuxiào shēnfenzhèng jiù kěyǐ. Wàiguórén děi dài hùzhào qù.
신분증만 있으면 됩니다. 외국인은 여권이 필요합니다.

A 办储蓄卡呢？
Bàn chǔxùkà ne ?
현금카드를 만들 때는요?

B 一般开户以后就可以直接办卡了。
Yìbān kāi hù yǐhòu jiù kěyǐ zhíjiē bàn kǎ le.
통장을 개설하고 바로 만들 수 있습니다.

▶ 상황 2

A 银行几点开门？
Yínháng jǐ diǎn kāi mén ?
은행은 몇 시에 문을 열지요?

B 一般上午九点开门，下午五点关门。周末照常营业。
Yìbān shàngwǔ jiǔ diǎn kāi mén, xiàwǔ wǔ diǎn guān mén. Zhōumò zhàocháng yíngyè.
보통 오전 9시에 문을 열어서 오후 5시에 닫습니다. 주말에도 평상시처럼 영업을 합니다.

▶ 상황 3

A 汇款必须要在柜台办理吗？
Huìkuǎn bìxū yào zài guìtái bànlǐ ma ?
송금은 반드시 창구에서 해야 합니까?

B 不用。在 ATM 机上就可以办。
Bú yòng. Zài ATM - jī shàng jiù kěyǐ bàn.
그럴 필요 없습니다. 자동화 기기에서도 가능합니다.

A 还有什么业务可以不去柜台办理？
Háiyǒu shénme yèwù kěyǐ bú qù guìtái bànlǐ ?
창구에서 처리하지 않는 업무는 어떤 것이 있습니까?

B 在自助机上可以买电、买气、交电话费。
Zài zìzhùjī shàng kěyǐ mǎi diàn、mǎi qì、jiāo diànhuàfèi.
전기세, 도시가스비용, 전화세는 직접 처리하실 수 있습니다.

중국어의 언어표현

자신의 생각이나 감정을 보다 효과적으로 표현하고 상대방에게 전달하기 위하여 다양한 언어 표현방식을 사용합니다. 유구한 역사와 풍부한 문화를 배경으로 하는 중국어는 화자의 뜻을 간결하게 전달할 수 있는 표현이 잘 발달되어 있는 언어이기도 합니다. 중국어를 배우다 보면 중급에서 고급으로 넘어갈 때쯤 명확하고 고급스러운 표현에 대한 갈증을 느끼기 마련입니다. 한국어를 배우는 외국인이 용비어천가의 한 구절을 인용하면 수준이 달라 보이는 것처럼 중국어를 배울 때도 고문의 한 구절을 멋들어지게 인용하면 같은 효과를 거둘 수 있습니다. 고품격 중국어를 구사하기 위해서 '熟语 shúyǔ'와 고문 등을 적절히 인용하는 것도 한 방법입니다.

중국어의 '熟语'는 '成语 chéngyǔ, 谚语 yànyǔ, 歇后语 xiēhòuyǔ, 惯用语 guànyòngyǔ' 등을 포함하며, 이들은 모두 정형화된 형식이 있습니다. '成语'는 형식이 간결하며 의미가 함축적입니다. 대부분의 '成语'는 '狐假虎威 hú jiǎ hǔ wēi(호가호위)', '四面楚歌 sì miàn chǔ gē(사면초가)' 처럼 네 글자로 구성되어 있지만 어떤 '成语'는 '醉翁之意不在酒 zuìwēng zhī yì bú zài jiǔ(본심은 다른 곳에 있다)'와 같이 네 글자 이상으로 구성되어 있기도 합니다. 成语는 대부분 역사 전고, 우화, 고문의 명언 등에서 비롯한 것입니다. 우리나라에서도 사자성어를 많이 사용하는데 어떤 成语는 그 의미와 형식이 중국어와 같기도 하지만 어떤 것은 전혀 다릅니다. 예를 들어 우리나라의 현모양처는 중국어로 '贤妻良母 xián qī liáng mǔ'라고 씁니다. 이렇게 다른 의미와 형식으로 사용되는 성어로 인해 자칫 실수하기 쉽기 때문에 성어를 대할 때마다 올바른 쓰임을 확인해두는 것이 좋습니다.

谚语는 오랜 시간에 걸쳐 구전되어 온 것으로 간단하고 쉽게 이치를 표현하는 수단입니다. 예를 들어 '这山望着那山高。Zhè shān wàngzhe nà shān gāo.(제 떡보다 남의 떡이 더 커 보인다)'는 '一山望着一山高。Yī shān wàngzhe yī shān gāo.'라고도 말할 수 있고, 성어로는 '见异思迁 jiàn yì sī qiān(색다른 것을 보면 마음이 변하다)'라고 표현할 수 있습니다. 谚语는 구어체에서 많이 사용되며 위에서 든 예문처럼 성어보다 형식이 자유롭고 생동감이 넘칩니다.

歇后语는 앞부분만 말하고 뒷부분은 상대방으로 하여금 유추하게 하는 말로, 뒷부분은 주로 谐音(해음: 발음이 같거나 비슷한 음) 등의 기법을 이용하여 정작 하고 싶은 말을 숨깁니다. 듣는 이는 마치 수수께끼를 푸는 것처럼 뒷부분의 말을 추측합니다. 자주 사용되는 歇后语가 아닌 이상 뒷부분을 정확하게 유추하기는 쉽지 않습니다. 이 때문에 歇后语는 상대방의 호기심을 유도하여 관심을 집중시킬 수 있다는 장점이 있습니다. 歇后语의 백미는 뒷부분이 표현해내는 풍자성과 해학성이 얼마나 뛰어난지에 있습니다. 예를 들어 '最近他怎么样?(그 사람 요즘 어떻게 지내요?)' 라는 물음에 '外甥打灯笼。Wàishēng dǎ dēnglóng.(조카가 등롱을 켜다)' 라고 대답하면 듣는 사람은 이때 '外甥打灯笼.' 뒤에 나올 말을 추측해야 합니다. 정답은 '照舅 zhào jiù(삼촌을 비추다)' 입니다. 선생님과 관계되는 사람은 학생이듯이 조카와 관계되는 사람은 삼촌이나 이모입니다. 그렇기 때문에 위의 歇后语에서 뒷말은 '(조카가 등롱을 켜서) 삼촌을 비추다' 가 됩니다. 그런데 이 歇后语가 정작 전달하려는 의미는 '照舅' 와 음이 같은 '照旧 zhào jiù(전과 다름없다)' 입니다. 즉, 어떻게 지내느냐는 인사에 歇后语를 이용하여 전과 똑같다고 대답하는 것이지요.

惯用语는 생활 속에서 축적된 경험이 진솔하게 반영되어 있어 상황을 형상적으로 묘사할 수 있으며 세 글자로 이루어진 것이 많습니다. 예를 들어 '穿小鞋 chuān xiǎoxié' 는 본래 '작은 신발을 신다' 라는 의미인데 '따끔한 맛을 보다' 라는 뜻으로 사용되고, '碰钉子 pèng dīngzi' 는 본래 '못에 부딪히다' 라는 의미인데 '난관에 부딪히다' 라는 뜻으로 사용됩니다. 실제 발에 맞지 않는 작은 신발을 신을 때의 고통과 못에 부딪힐 때의 난감함을 상황 묘사에 활용한 생동감 넘치는 표현들입니다.

위에서 소개한 '成语, 谚语, 歇后语, 惯用语' 외에도 중국인은 경서(经书)나 당시(唐诗) 등의 구문을 많이 사용합니다. 당시는 특히 운율감이 뛰어나서 유치원에서도 동요를 가르치듯이 당시를 가르칩니다. 대여섯 살 된 어린아이가 당시를 술술 낭송하는 것을 볼 때마다 그 어린이가 성인이 될 때까지 도대체 얼마나 많은 고전명구를 익히게 될까 하는 생각에, 외국인으로서는 도저히 따라잡을 수 없을 것 같은 아득함이 느껴지기도 합니다. 중국에는 고전명구, '成语, 谚语, 歇后语, 惯用语' 등과 관련된 사전과 녹음자료가 다양하게 출판되어 있습니다. 마음에 드는 자료를 장만하여 자주 접하는 것도 중국어에 익숙해지는 좋은 방법일 것입니다.

핵심포인트

▸▸ **北京有什么好去处?**
Běijīng yǒu shénme hǎo qùchù ?
베이징에서 갈 만한 곳은 어디인가요?

▸▸ **现在出发晚上肯定回不来。**
Xiànzài chūfā wǎnshang kěndìng huí bu lái.
지금 출발하면 저녁까지 돌아오기 어렵습니다.

▸▸ **趁这个机会好好儿参观一下。**
Chèn zhè ge jīhuì hǎohāor cānguān yíxià.
이번 기회에 제대로 한번 구경합시다.

第 6 课

名胜古迹

명승고적

会话 Huìhuà 회화 MP3, Track 06-1

▸▸ 준호와 미나는 베이징에서 어디를 먼저 방문할 것인지 자문을 구합니다. 천년고도인 베이징은 명승고적 또한 많은데요, 이들은 어디를 먼저 구경하게 될까요?

弥娜 北京有什么好去处？
Mínà Běijīng yǒu shénme hǎo qùchù ?

俊浩 北京是千年古都啊！去看看名胜古迹吧。
Jùnhào Běijīng shì qiān nián gǔdū a ! Qù kànkan míngshèng gǔjì ba.

文静 可不是吗？❶ 长城啦、故宫啦、颐和园啦、天坛等等任你们选。❷
Wénjìng Kěbushì ma ? Chángchéng la、Gùgōng la、Yíhéyuán la、Tiāntán děngděng rèn nǐmen xuǎn.

俊浩 去长城吧！不到长城非好汉，是吧？
Jùnhào Qù Chángchéng ba! Bú dào Chángchéng fēi hǎohàn, shì ba?

文静 去长城可以顺便去游览龙庆峡。
Wénjìng Qù Chángchéng kěyǐ shùnbiàn qù yóulǎn Lóngqìngxiá.

文中 现在出发晚上肯定回不来。❸ 还是明天包车去吧。
Wénzhōng Xiànzài chūfā wǎnshang kěndìng huí bu lái. Háishi míngtiān bāo chē qù ba.

弥娜 那我们去故宫吧！参观需要多长时间？
Mínà Nà wǒmen qù Gùgōng ba ! Cānguān xūyào duō cháng shíjiān ?

文中 如果走马观花似的参观只需两个小时。❹
Wénzhōng Rúguǒ zǒu mǎ guān huā shìde cānguān zhǐ xū liǎng ge xiǎoshí.

文静 说实话，我从来没有好好儿参观过故宫！
Wénjìng Shuō shíhuà, wǒ cónglái méiyǒu hǎohāor cānguānguo Gùgōng!

俊浩 就去故宫！趁这个机会好好儿参观一下。
Jùnhào Jiù qù Gùgōng ! Chèn zhè ge jīhuì hǎohāor cānguān yíxià.

弥娜 我举双手赞同。我都迫不及待了！
Mínà Wǒ jǔ shuāngshǒu zàntóng. Wǒ dōu pò bù jí dài le !

文中 走吧！开始我们的故宫之旅！
Wénzhōng Zǒu ba ! Kāishǐ wǒmen de Gùgōng zhī lǚ !

课文 Kèwén 본문 MP3, Track 06-2

北京是中国的首都，简称"京"，是全国政治和
Běijīng shì Zhōngguó de shǒudū, jiǎnchēng "Jīng", shì quánguó zhèngzhì hé
科学文化的中心，也是中国历史文化名城和古都之一。
kēxué wénhuà de zhōngxīn, yě shì Zhōngguó lìshǐ wénhuà míngchéng hé gǔdū zhī yī.
北京不仅有很多名胜古迹，周边地区也有不少风景秀丽
Běijīng bùjǐn yǒu hěn duō míngshèng gǔjì, zhōubiān dìqū yě yǒu bù shǎo fēngjǐng xiùlì
的旅游景点。所以，每年都会吸引大批游客前来旅游。
de lǚyóu jǐngdiǎn. Suǒyǐ, měinián dōu huì xīyǐn dà pī yóukè qián lái lǚyóu.
文中他们今天想要参观其中的一个名胜。
Wénzhōng tāmen jīntiān xiǎng yào cānguān qízhōng de yí ge míngshèng.
他们选择的是北京最有名的古迹也是中国十大世界文化
Tāmen xuǎnzé de shì Běijīng zuì yǒumíng de gǔjì yě shì Zhōngguó shídà shìjiè wénhuà
遗产之一的故宫。
yíchǎn zhī yī de Gùgōng.

生词 Shēngcí 새 단어 MP3, Track 06-3

01	名胜古迹	míngshèng gǔjì	명승고적
02	去处	qùchù	행선지/행방
03	古都	gǔdū	고도
04	可不是	kěbushì	그렇다/그렇고 말고
05	长城	Chángchéng	만리장성
06	故宫	Gùgōng	고궁
07	颐和园	Yíhéyuán	이화원
08	天坛	Tiāntán	천단
09	任	rèn	맡기다/마음대로 하게 하다
10	选	xuǎn	선택하다
11	非	fēi	~이 아니다
12	好汉	hǎohàn	사내대장부
13	游览	yóulǎn	유람하다
14	龙庆峡	Lóngqìngxiá	용경협
15	包车	bāo chē	차를 대절하다/전세차
16	参观	cānguān	참관하다
17	走马观花	zǒu mǎ guān huā	주마간산
18	似的	shìde	~와 같다
19	只	zhǐ	단지/다만/오직
20	实话	shíhuà	진실한 말/참말
21	从来	cónglái	지금까지/여태껏

22	趁	chèn	(때, 기회를) 타다
23	举	jǔ	들어올리다
24	双手	shuāngshǒu	두 손
25	赞同	zàntóng	찬성하다
26	迫不及待	pò bù jí dài	한시도 지체할 수 없다
27	旅	lǚ	여행

28	首都	shǒudū	수도
29	名城	míngchéng	유명한 도시
30	不仅	bùjǐn	~일 뿐만 아니라
31	周边	zhōubiān	주변/주위
32	风景	fēngjǐng	풍경
33	秀丽	xiùlì	수려하다
34	景点	jǐngdiǎn	경치 좋은 곳/명소
35	每年	měinián	매년
36	吸引	xīyǐn	흡인하다/끌어당기다
37	游客	yóukè	여행객
38	批	pī	(사람의) 집단을 나타내는 양사
39	选择	xuǎnzé	선택/선택하다
40	世界	shìjiè	세계
41	遗产	yíchǎn	유산

语法重点 Yǔfǎ zhòngdiǎn 포인트 설명

01 可不是吗？
Kěbushì ma?

'可不是' 혹은 '可不' 의 형태로 사용되며 상대방의 의견에 동의함을 나타냅니다.

A：考大学越来越难了！
Kǎo dàxué yuè lái yuè nán le!
대학 수능 시험이 갈수록 힘들어져.

B：可不是吗？(可不) 我的表妹也考了两次都没考上。
Kěbushì ma? (kěbù) Wǒ de biǎomèi yě kǎole liǎng cì dōu méi kǎoshàng.
누가 아니래? 내 사촌동생은 두 번이나 떨어졌어.

02 长城啦、故宫啦、颐和园啦、天坛等等任你们选。
Chángchéng la、Gùgōng la、 Yíhéyuán le、 Tiāntán děngděng rèn nǐmen xuǎn.

'啦' 는 보통 구어에서 열거를 나타내는 데 사용됩니다.

铅笔啦、纸啦、橡皮啦，都放在皮包里。
Qiānbǐ la、 zhǐ la、 xiàngpí la, dōu fàngzài píbāo lǐ.
연필, 종이, 지우개 모두 가방 안에 있다.

鱼啦、肉啦、蔬菜啦、水果啦，超市什么都有。
Yú la、 ròu la、 shūcài la、 shuǐguǒ la, chāoshì shénme dōu yǒu.
생선, 고기, 야채, 과일이 슈퍼에 모두 다 있다.

퀵테스트

1. 다음을 중국어로 옮겨보세요.

A：새로 생긴 뷔페식당(**自助餐厅**)에 바닷가재(**龙虾**), 열대과일(**热带水果**)등, 없는 게 없다면서요?

➡ ____________________

B：누가 아니래요? 항상 줄서서 기다리잖아요.

➡ ____________________

03 现在出发晚上肯定回不来。

Xiànzài chūfā wǎnshang kěndìng huí bu lái.

'回不来' 는 '돌아올 수 없다' 라는 뜻을 나타냅니다. 술어와 방향보어 사이에 '不' 혹은 '得' 를 넣으면 가능이나 불가능을 표현할 수 있는데, 이를 가능보어라고 부릅니다.

回 술어 + 得 / 不 + 来 방향보어 = 1. 回得来 돌아올 수 있다.
= 2. 回不来 돌아올 수 없다.

请再说一遍，我听不出来你是谁。
Qǐng zài shuō yíbiàn, wǒ tīng bu chūlái nǐ shì shéi.
다시 한 번 말씀해주세요. 누구신지 잘 모르겠네요.

第一次在台上讲话的时候，我一句话也说不出来。
Dì yī cì zài tái shàng jiǎnghuà de shíhou, wǒ yí jù huà yě shuō bu chūlái.
첫 번째 무대에서 연설할 때 나는 한마디도 하지 못했다.

04 如果走马观花似的参观只需两个小时。

Rúguǒ zǒu mǎ guān huā shìde cānguān zhǐ xū liǎng ge xiǎoshí.

'似的' 는 명사, 대명사, 동사의 뒤에 쓰여 어떤 종류의 사물이나 상황이 서로 유사함을 나타냅니다.

他走路走得像他爸爸似的。
Tā zǒu lù zǒu de xiàng tā bàba shìde.
그는 걸음걸이가 아버지를 닮았다.

他好像睡着了似的，一点儿动静都没有。
Tā hǎoxiàng shuìzháo le shìde, yìdiǎnr dòngjìng dōu méiyǒu.
그는 잠자는 것처럼 조금의 움직임도 없다.

퀵테스트

2. 괄호 안의 단어가 들어갈 알맞은 곳을 찾아보세요.

(1) 她的①皮肤(pífū, 피부)②像③雪④那么白。(似的)

(2) 好久没回家乡(jiāxiāng, 고향)，他①认②出③哪儿④是哪儿了。(不)

练习 Liànxí 연습문제

01 녹음을 듣고 질문에 맞는 답을 고르세요. MP3, Track 06-5

(1) ① 龙庆峡　　② 颐和园
　③ 长城　　④ 故宫

(2) ① 她从来没参观过。
　② 她虽然去过，可是没有好好儿参观过。
　③ 她不想去故宫。
　④ 虽然没去过，但是她知道故宫怎么走。

02 녹음을 잘 듣고 한자를 받아쓰세요. MP3, Track 06-5

(1) ________　(2) ________

(3) ________　(4) ________

03 한어병음을 보고 한자를 쓰세요.

(1) zhèngzhì □□　(2) kēxué □□　(3) kāishǐ □□

(4) fēngjǐng □□　(5) jīhuì □□　(6) chāoguò □□

04 아래 단어가 들어갈 위치를 찾으세요.

(1) 如果
A 走马观花似的 B 参观 C 只需两个小时 D。

(2) 不仅
A 北京 B 有很多名胜古迹，C 也有 D 不少风景秀丽的旅游景点。

(3) 一下

趁 A 这个机会 B 好好儿 C 参观 D。

05 아래 제시된 문장을 중국어 또는 한국어로 고치세요.

(1) 我都迫不及待了。

____

(2) 可不是吗？

____

(3) 지금 출발하면 저녁에 돌아올 수 없을 것입니다.

____

(4) 우리 내일 차를 대절해서 가는 것이 어떨까요?

____

06 한국어 해석을 참고하여 주어진 단어로 문장을 만들어보세요.

(1) 北京　之　去　开始　我们　看看　旅　的　名胜古迹　吧

베이징 여행을 시작합시다.

➡ ______________________________

베이징의 명성고적을 보러 갑시다.

➡ ______________________________

(2) 我们　想　机会　故宫　需要　这个　时间　多长　如果　参观　趁

이번 기회에 고궁을 참관하고 싶습니다.

➡ ______________________________

만약 고궁을 참관한다면 시간이 얼마나 걸릴까요?

➡ ______________________________

07 아래 문장을 큰 소리로 읽으세요.

北京是中国的首都，简称“京”，是全国政治和科学文化的中心，也是中国历史文化名城和古都之一。所以，每年都会吸引大批游客前来旅游。弥娜和俊浩想看看北京的名胜古迹。弥娜问：“北京有什么好去处？”文中说：“长城、故宫、颐和园、天坛等等任你们选。”俊浩想去长城。可时间太晚了，如果现在出发今天可能回不来。所以他们决定明天包车去长城。弥娜问：“参观故宫需要多长时间？”文静说：“如果走马观花似的参观只需要两个小时。”文中他们今天想要参观其中的一个名胜。他们选择的是北京最有名的古迹也是世界十大宫殿之一的故宫。

08 보기를 참고하여 아래 제시된 한자에 공통으로 들어가는 부수를 찾아 단어를 쓰세요.

보기

	(马) →	妈妈
(女)	(且) →	姐姐
	(未) →	妹妹

(1)

	(丁) →	(　　)
(　　)	(巴) →	(　　)
	(非) →	(　　)

(2)

	(成) →	(　　)
(　　)	(也) →	(　　)
	(厶) →	(　　)

(3)

	(马) →	(　　)
(　　)	(未) →	(　　)
	(乃) →	(　　)

(4)

	(告) →	(　　)
(　　)	(青) →	(　　)
	(主) →	(　　)

(5) （门）➡（　　）
（尔）➡（　　）
（　　）（主）➡（　　）
（介）➡（　　）
（故）➡（　　）

(6) （舌）➡（　　）
（十）➡（　　）
（　　）（人）➡（　　）
（己）➡（　　）
（只）➡（　　）

一网打尽 Yìwǎng dǎjìn 일망타진

유네스코 지정 중국 내 세계 유산 목록

명칭	
长城 Chángchéng	만리장성
明清皇宫(北京故宫、沈阳故宫) Míngqīng huánggōng (Běijīng Gùgōng、Shěnyáng Gùgōng)	명청황궁(북경고궁, 심양고궁)
陕西秦始皇陵及兵马俑 Shǎnxī Qínshǐhuánglíng jí Bīngmǎyǒng	진시황릉 및 병마용
甘肃敦煌莫高窟 Gānsù Dūnhuáng Mògāokū	돈황의 막고굴
北京周口店北京猿人遗址 Běijīng Zhōukǒudiàn Běijīngyuánrén yízhǐ	周口店의 베이징 원인 유적
山东泰山 Shāndōng Tàishān	산동 태산
安徽黄山 Ānhuī Huángshān	안휘 황산
湖南武陵源国家级名胜区 Húnán Wǔlíngyuán guójiājí míngshèngqū	호남 무릉원의 자연경관 및 역사지구
四川九寨沟国家级名胜区 Sìchuān Jiǔzhàigōu guójiājí míngshèngqū	사천 九寨沟 자연경관 및 역사지구
四川黄龙国家级名胜区 Sìchuān Huánglóng guójiājí míngshèngqū	사천 黄龙 자연경관 및 역사지구
西藏布达拉宫 Xīzàng Bùdálāgōng	티베트 포탈라 궁
河北承德避暑山庄及周围寺庙 Héběi Chéngdé Bìshǔshānzhuāng jí zhōuwéi sìmiào	하북 여름 피서 산장 및 주변 사원
山东曲阜的孔庙、孔府及孔林 Shāndōng Qūfǔ de Kǒngmiào、Kǒngfǔ jí Kǒnglín	산동 곡부의 공자 유적
湖北武当山古建筑群 Húběi Wǔdāngshān gǔjiànzhùqún	호북 武当山 고대 건축물군
江西庐山风景名胜区 Jiāngxī Lúshān fēngjǐng míngshèngqū	강서 노산 경관 및 역사지구
四川峨眉山—乐山风景名胜区 Sìchuān Éméishān - Lèshān fēngjǐng míngshèngqū	사천 아미산 – 낙산 경관 및 역사지구
北京颐和园 Běijīng Yíhéyuán	베이징 이화원
北京天坛 Běijīng Tiāntán	베이징 천단
四川青城山和都江堰 Sìchuān Qīngchéngshān hé Dūjiāngyàn	사천 青城山과 듀쟝안 용수로 시스템
河南洛阳龙门石窟 Hénán Luòyáng Lóngménshíkū	낙양 용문석굴

更上一层楼 Gèng shàng yī céng lóu 응용표현 MP3, Track 06-4

01

찬성을 표시할 때

A 听说龙庆峡很美丽。
Tīngshuō Lóngqìngxiá hěn měilì.
용경협이 매우 아름답다고 들었어요.

B 那还用说！
Nà hái yòng shuō!
두 말할 필요가 없지요.

A 故宫是不是世界上最大的宫殿？
Gùgōng shì bu shì shìjiè shàng zuì dà de gōngdiàn?
고궁은 세계 최대의 궁전이지요?

B 那当然了！(那是肯定的！)
Nà dāngrán le! (Nà shì kěndìng de!)
물론입니다.

A 天安门是不是故宫的一部分？
Tiān'ānmén shì bu shì Gùgōng de yíbùfen?
천안문은 고궁의 일부분이지요?

B 没错。(是这么回事。)
Méi cuò. (Shì zhème huí shì.)
그렇습니다.

A 故宫人多，我们早点去吧。
Gùgōng rén duō, wǒmen zǎo diǎn qù ba.
고궁은 관람객이 많으니 일찍 출발합시다.

B 说得有理。(我也那么想。)
Shuō de yǒu lǐ. (Wǒ yě nàme xiǎng.)
일리가 있네요.(저도 동감입니다)

A 如果刚才买通票就好了。不用再买什么票。
Rúguǒ gāngcái mǎi tōngpiào jiù hǎo le. Bú yòng zài mǎi shénme piào.
만약 방금 전에 자유이용권을 샀으면 좋았을 텐데요. 표를 다시 사지 않아도 되잖아요.

B 就是嘛！
Jiù shì ma!
그러게 말입니다.

韩中文化面面观 한중문화의 이모저모

客套话 kètàohuà

문화권에 따라 상대방의 칭찬에 대해 각기 다른 반응을 보입니다. 상대방이 좋은 성적에 대하여 칭찬을 하면 '감사합니다' 라고 대답하는 경우도 있고, '아닙니다. 아직 멀었습니다.' 라고 대답하는 경우도 있습니다. 대부분의 중국인은 겸손을 큰 미덕으로 생각하기 때문에 상대방의 칭찬에 고맙다며 으스댄다면 중국인의 눈에 자칫 교만하게 보일 수 있습니다.

중국인에게 칭찬을 던져보면 열에 아홉은 '哪里哪里 nǎlǐ nǎlǐ(무슨 말씀을요)', '过奖了 guòjiǎngle(과찬이십니다)' 등의 겸손한 반응을 보입니다. 이는 한국인의 정서와 비슷한 부분이기도 합니다만 중국인에게 있어서 '谦虛 qiānxū(겸허, 겸손)' 은 언어생활에서도 정형화된 틀을 찾을 수 있을 정도입니다. 예를 들어 회의석상에서 중국인의 보고를 듣는다면 거의 예외 없이 "本人能力不足 Běnrén nénglì bù zú, 请大家多多指教 qǐng dàjiā duō zhǐjiào(본인의 능력이 많이 부족합니다. 여러분의 많은 가르침을 바랍니다)" 라는 말이 되돌아옵니다. 성과에 대하여 찬사를 받더라도 대부분의 중국인은 "仍有许多改进的地方 Réng yǒu xǔduō gǎijìn de dìfang(개선해야 할 부분이 아직 많습니다)" 라고 말하며 우수한 면을 뽐내기보다는 부족한 부분에 대한 조언을 바랍니다.

중국인의 겸허의 미덕은 언어뿐만 아니라 다른 곳에서도 많이 나타납니다. 중국인은 손님을 초대할 때 거의 예외 없이 수많은 요리를 상에 올립니다. 상에 다 못 올라가면 접시 위에 접시를 쌓아놓을 정도로 많은 요리를 준비하는데요, 다 먹지도 못할 만큼의 진수성찬을 준비하고도 '家常便饭 jiācháng biànfàn(가정식 백반)' 이라고 말합니다. 또 아주 귀중한 선물을 하면서도 중국인들은 '小意思 xiǎo yìsi(작은 정성)' 라고 말합니다.

중국어에 '客套话 kètàohuà' 라는 말이 있는데 이는 인사치레로 하는 정형화된 표현을 뜻합니다. 客套话는 오랜 시간을 거쳐 형성된 것이므로 중국인의 사상을 들여다볼 수 있는 좋은 예 중 하나입니다. 또한 이런 이유로 상대방으로부터 의례 되돌아오는 客套话가 아닌 다른 반응이 되돌아올 경우 어색함 또는 같은 문화권 사람이 아니라는 이질감을 느낄 수도 있습니다.

중국어는 우리말처럼 경어체가 잘 발달된 언어가 아닙니다. 하지만 상대방을 높이거나 자신을 낮추기 위하여 客套话를 즐겨 사용합니다. 특히 사극이나 무협소설, 공

식석상에서 客套话가 많이 등장합니다. 客套话는 미리 숙지하지 않으면 뜻을 유추하기가 어렵기 때문에 학습자의 각별한 주의가 필요합니다. 다음은 일상생활에서 자주 접하는 客套话입니다. 미리 숙지하여 적시적소에서 사용한다면 한층 품격 있는 중국어를 구사할 수 있을 것입니다.

- **幸会** xìnghuì 만나 뵙게 되어 기쁩니다. 처음 만났을 때 사용하는 말.
- **久仰** jiǔyǎng 존함은 오래 전부터 들었습니다. 처음 만났을 때 사용하는 말.
- **告辞** gàocí 이제 가보겠습니다. 주인에게 작별을 고할 때 쓰는 말.
- **包涵** bāohán 너그럽게 양해해주십시오.
- **笑纳** xiàonà 웃으면서 받아주시기를 바랍니다. 남에게 선물할 때 쓰는 인사말.
- **节劳** jiéláo 이제 그만 쉬세요. 상대방에게 휴식을 권할 때 사용하는 말.
- **劳驾** láojià 죄송합니다. 부탁이나 양보를 청할 때 쓰는 겸손한 말.
- **借光** jièguāng 죄송합니다. 남에게 부탁하거나 물을 때 사용.
- **打扰** dǎrǎo 실례합니다. 불편을 끼칠 때 사용.
- **恭喜** gōngxǐ 축하합니다.
- **斧正** fǔzhèng, **雅正** yǎzhèng 가르침을 바랍니다. 자신의 글, 그림 등을 주면서 지도를 부탁할 때.
- **赐教** cìjiào 가르침을 주십시오. 가르침을 구할 때 사용하는 높임말.
- **拜托** bàituō 삼가 부탁합니다.
- **高见** gāojiàn 고견. 상대방의 의견에 대한 높임말.
- **奉陪** fèngpéi 함께 하겠습니다. 손님을 모실 때 사용하는 말.
- **失陪** shīpéi 먼저 실례하겠습니다. 중간에 먼저 자리를 뜰 때 사용하는 말.
- **恭候** gōnghòu 삼가 기다리겠습니다. 손님을 기다릴 때 사용하는 말.
- **留步** liúbù 나오지 마십시오. 주인이 손님을 전송할 때 손님이 하는 말.
- **光顾** guānggù 상인이 고객을 맞이할 때 쓰는 용어.
- **奉还** fènghuán 돌려드립니다. 물건을 주인에게 돌려줄 때 하는 말.
- **惠书** huìshū 상대방이 보내온 편지를 높여 부르는 말.
- **高寿** gāoshòu 연세. 연장자의 나이를 물을 때 사용하는 말.
- **令尊** lìngzūn 상대방의 부친을 높여 부르는 말.
- **令爱** lìng'ài 상대방의 딸을 높여 부르는 말.
- **公子** gōngzǐ 상대방의 아들을 높여 부르는 말.

핵심포인트

▸▸ 你不是有车吗？怎么不开车去？
Nǐ bú shì yǒu chē ma? Zěnme bù kāi chē qù?
자동차가 있지 않나요? 왜 가지고 가지 않나요?

▸▸ 其实世界主要城市都堵车。
Qíshí shìjiè zhǔyào chéngshì dōu dǔ chē.
사실 세계 주요도시는 모두 교통체증이 심합니다.

▸▸ 打算尽量少开车。
Dǎsuàn jǐnliàng shǎo kāi chē.
승용차는 최대한 자제하려고 해요.

第7课

堵车

길이 막히다

会话 Huìhuà 회화 MP3, Track 07-1

▶▶ 네 명은 관광지로 이동하기 위해 어떻게 갈 것인지를 상의하다가 베이징의 교통에 대하여 이야기를 나누게 되었습니다. 베이징의 교통상황은 어떨까요? 서울과 어떤 차이가 있을까요?

俊浩 Jùnhào
你不是有车吗？❶ 怎么不开车去？
Nǐ bú shì yǒu chē ma? Zěnme bù kāi chē qù?

文中 Wénzhōng
堵车太厉害了。特别是上下班高峰期。
Dǔ chē tài lìhai le. Tèbié shì shàngxiàbān gāofēngqī.

文静 Wénjìng
别提了。❷ 有时候堵车堵路更堵心！
Bié tí le. Yǒushíhou dǔ chē dǔ lù gèng dǔ xīn!

俊浩 Jùnhào
其实世界主要城市都堵车。首尔也不例外。
Qíshí shìjiè zhǔyào chéngshì dōu dǔ chē. Shǒu'ěr yě bú lìwài.

文静 Wénjìng
还是坐地铁、城铁出行比较方便。
Háishi zuò dìtiě、chéngtiě chūxíng bǐjiào fāngbiàn.

文中 Wénzhōng
不仅堵车，而且还很难停车。❸
Bùjǐn dǔ chē, érqiě hái hěn nán tíng chē.

弥娜 Mínà
难怪常常看到那么多车停在路边。❹
Nánguài chángcháng kàndào nàme duō chē tíngzài lùbiān.

文静 Wénjìng
因为违章停车，我哥常被贴条呢。
Yīnwèi wéizhāng tíng chē, wǒ gē cháng bèi tiē tiáo ne.

文中 Wénzhōng
我也无奈啊，一肚子苦水！
Wǒ yě wúnài a, yí dùzi kǔshuǐ!

俊浩 Jùnhào
还不如多利用公共交通呢。对环境也有好处。
Hái bùrú duō lìyòng gōnggòng jiāotōng ne. Duì huánjìng yě yǒu hǎochù.

文中 Wénzhōng
我也有同感。打算尽量少开车。
Wǒ yě yǒu tónggǎn. Dǎsuàn jǐnliàng shǎo kāi chē.

文静 Wénjìng
这样还可以省一大笔钱呢！何乐而不为呢！
Zhèyàng hái kěyǐ shěng yí dà bǐ qián ne! Hé lè ér bù wéi ne!

课文 Kèwén 본문 MP3, Track 07-2

堵车和停车难是北京交通的两大问题。堵车不仅
Dǔ chē hé tíngchēnán shì Běijīng jiāotōng de liǎng dà wèntí. Dǔ chē bùjǐn

浪费时间，而且还影响人的情绪。因为没有足够的
làngfèi shíjiān, érqiě hái yǐngxiǎng rén de qíngxù. Yīnwèi méiyǒu zúgòu de

停车场，人们只能把车停在不应该停放的地方。包括
tíngchēchǎng, rénmen zhǐ néng bǎ chē tíngzài bù yīnggāi tíngfàng de dìfang. Bāokuò

首尔在内的其他城市也存在同样的问题。这是很难避免
Shǒu'ěr zàinèi de qítā chéngshì yě cúnzài tóngyàng de wèntí. Zhè shì hěn nán bìmiǎn

的。如果大力发展公共交通，这些问题也会迎刃而解的。
de. Rúguǒ dàlì fāzhǎn gōnggòng jiāotōng, zhè xiē wèntí yě huì yíng rèn ér jiě de.

生词 Shēngcí 새 단어 MP3, Track 07-3

01	堵车	dǔ chē	차가 막히다
02	厉害	lìhai	심하다
03	高峰期	gāofēngqī	러시아워
04	堵心	dǔ xīn	불쾌하다/갑갑하다
05	其实	qíshí	사실은
06	例外	lìwài	예외/예외로 하다
07	城铁	chéngtiě	전철
08	出行	chūxíng	외출하다
09	而且	érqiě	게다가/또한
10	停车	tíng chē	차를 세우다/주차하다
11	难怪	nánguài	어떤지/당연하다
12	路边	lùbiān	노변/길가
13	违章	wéizhāng	법규를 위반하다
14	被	bèi	~에게 ~을 당하다
15	贴条	tiē tiáo	딱지를 붙이다
16	无奈	wúnài	어찌할 도리가 없다/부득이하다
17	肚子	dùzi	배
18	苦水	kǔshuǐ	괴로움/고통
19	利用	lìyòng	이용하다
20	公共交通	gōnggòng jiāotōng	대중교통

21	环境	huánjìng	환경
22	好处	hǎochù	장점
23	同感	tónggǎn	동감/공감하다
24	尽量	jǐnliàng	가능한한/되도록
25	省	shěng	절약하다
26	笔	bǐ	금액/금전에 사용하는 양사
27	何乐而不为	hé lè ér bù wéi	무엇 때문에 싫어하겠는가
28	问题	wèntí	문제
29	浪费	làngfèi	낭비하다
30	影响	yǐngxiǎng	영향(주다)
31	情绪	qíngxù	정서/기분
32	足够	zúgòu	충분하다/족하다
33	包括	bāokuò	포괄(포함)하다
34	难	nán	어렵다
35	避免	bìmiǎn	피하다/면하다
36	大力	dàlì	강력하게/힘껏
37	发展	fāzhǎn	발전(하다)
38	迎刃而解	yíng rèn ér jiě	문제가 순리적으로 해결되다

语法重点 Yǔfǎ zhòngdiǎn 포인트 설명

01 你不是有车吗？
Nǐ bú shì yǒu chē ma?

'不是 ~ 吗?' 는 반어문으로 강조의 어기를 표현합니다.

你不是一直爱她的吗？为何突然变心了呢？
Nǐ bú shì yìzhí ài tā de ma? Wèihé tūrán biàn xīn le ne?
당신은 그녀를 줄곧 사랑하지 않았나요? 왜 갑자기 마음이 바뀌었죠?

这不是刚换的新手机吗？又换了一个！
Zhè bú shì gāng huàn de xīn shǒujī ma? Yòu huànle yí ge!
이거 새로 장만한 휴대전화 아닌가요? 또 바꾸셨어요!

02 别提了。
Bié tí le.

본문에서는 정도가 심함을 나타내기 위해 '말도 마세요' 라는 뜻으로 사용되고 있습니다. 이 외에 다른 표현으로도 응용할 수 있습니다.

聚餐的时候，咱们就别提公事。
Jù cān de shíhou, zánmen jiù bié tí gōngshì.
밥 먹을 때는 공적인 일을 거론하지 마세요.

母亲听到女儿考上大学的消息，别提多高兴了！
Mǔqīn tīngdào nǚ'ér kǎoshàng dàxué de xiāoxi, bié tí duō gāoxìng le!
어머니가 딸의 대학합격 소식을 듣고 얼마나 좋아했는지 말도 마세요.

퀵테스트

1. 다음을 중국어로 옮겨보세요.

A : 집 맞은편에 세탁소(**洗衣店**)가 있잖아요? 왜 그곳은 가지 않아요?

➡ ______________________________

B : 말도 마세요. 지난번에 제 코트(**大衣**)가 엉망이 되었답니다(**洗坏**).

➡ ______________________________

03 不仅堵车，而且还很难停车。

Bùjǐn dǔ chē, érqiě hái hěn nán tíng chē.

'不仅' 과 '而且' 가 한 문장에서 쓰이면 서로 호응하여 '~일 뿐만 아니라 ~이기도 하다' 라는 의미를 나타냅니다.

锻炼身体不仅能增强人体的免疫功能，而且还能减肥。
Duànliàn shēntǐ bùjǐn néng zēngqiáng réntǐ de miǎnyì gōngnéng, érqiě hái néng jiǎnféi.
운동은 인체의 면역기능을 증강시킬 뿐 아니라 다이어트에도 좋다.

04 难怪常常看到那么多车停在路边。

Nánguài chángcháng kàndào nàme duō chē tíngzài lùbiān.

이 문장에서 '难怪' 는 '과연, 어쩐지' 의 뜻으로 사용되어 전체 문장을 꾸며주고 있습니다. '难怪' 는 '당연하다' 라는 뜻의 술어로도 사용될 수 있습니다.

难怪他这么高兴，原来是考试得了满分。
Nánguài tā zhème gāoxìng, yuánlái shì kǎoshì déle mǎnfēn.
어쩐지 그가 이렇게 기뻐하더라. 알고 보니 시험에서 만점을 받았네요.

他是北方人，也难怪不适应南方的气候。
Tā shì běifāngrén, yě nǎnguài bú shìying nánfāng de tiānqì.
그는 북방사람이다 보니 당연히 남방의 기후에 적응하지 못하는 겁니다.

퀵테스트

2. 다음을 중국어로 옮겨보세요.

(1) 이 요리는 저렴할 뿐 아니라 맛도 좋다.

➡ ______________________________

(2) 아직 어린데 노는 것을 좋아하는 것은 당연한 것입니다.

➡ ______________________________

练习 Liànxí 연습문제

01 녹음을 듣고 질문에 맞는 답을 고르세요. MP3, Track 07-6

(1) ① 他现在要下班。
② 他想开车，但不会开。
③ 现在是下班高峰期，会堵车。
④ 现在是下班高峰期，他想开车。

(2) ① 利用公共交通比个人开车对环境有好处。
② 公共交通还不如开车。
③ 他很想开车，但不会停车。
④ 开车对环境有好处。

(3) ① 女的打算以后常开车。
② 女的打算尽量少利用公共交通。
③ 多利用公共交通可以省钱。
④ 他们都很喜欢开车。

02 녹음을 잘 듣고 한자를 받아쓰세요. MP3, Track 07-6

(1) ＿＿＿＿＿＿　　(2) ＿＿＿＿＿＿

(3) ＿＿＿＿＿＿　　(4) ＿＿＿＿＿＿

03 보기와 같이 제시된 한자로 단어를 만들어보세요.

보기　车 ➡ (堵车) (开车)

(1) 实 ➡ (　　　) (　　　)

(2) 便 ➡ (　　　) (　　　)

(3) 交 ➡ (　　　) (　　　)

(4) 如 ➡ (　　　) (　　　)

04 문장이 바르게 배열된 것을 고르세요.

(1) ① 包括首尔在内的其他城市也存在同样的问题。
② 包括其他城市也存在同样的问题首尔在内的。
③ 首尔在内的其他城市也存在同样的问题包括。
④ 包括其他城市也首尔在内的存在同样的问题。

(2) ① 常常看到难怪那么多车停在路边。
② 难怪常常看到在路边那么多车停。
③ 难怪那么多车停在路边常常看到。
④ 难怪常常看到那么多车停在路边。

05 다음 보기에서 적당한 단어를 찾아 문장을 완성하세요.

보기 因为 而且 只能 如果 其实

(1) ______ 世界主要城市都堵车。

(2) ______ 违章停车，我常被贴条。

(3) ______ 大力发展公共交通，这些问题也会迎刃而解。

(4) 因为没有足够的停车场，人们 ______ 把车停在不应该停放的地方。

06 아래 문장의 한어병음을 쓴 후 한국어로 뜻을 쓰세요.

(1) 有时候堵车堵路更堵心!

➡ ______

➡ ______

(2) 我也无奈啊，一肚子苦水。

➡ ______

➡ ______

(3) 世界主要城市都堵得很厉害。这是不可避免的。

➡ ______________________________

➡ ______________________________

07 제시된 단어로 문장을 만들어보세요.

(1) 不仅 ~ 而且 ______________________________

(2) 难怪 ______________________________

(3) 不如 ______________________________

08 아래 문장을 큰 소리로 읽으세요.

堵车和停车难是北京交通的两大问题。首尔也不例外。包括首尔在内的其他城市也存在同样的问题。上下班高峰时堵车很厉害。因为停车场不够，文中常常违章停车，所以也经常被罚款(fá kuǎn 벌금을 내다)。堵车不仅浪费时间，而且还影响人的情绪。文中虽然有车，但是今天没有开车去。他们决定利用公共交通工具去酒店。

09 아래 주어진 단어들을 토대로 하여 50자 이상의 단문을 만들어보세요.

怎么　开车　不是　你　我　他　他们　不　堵车　太　了　厉害　有时侯
别　特别　是　时间　上下班　高峰期　其实　主要　都　世界　也　看到
难怪　因为　不仅　而且　还　难　那么　多　常　和　不如　存车场　北京
没有　足够　浪费　影响　情绪　人们　只能　问题　同样　城市　比较
首儿　打算　有　同感　被　停车　利用　环境　好处　公共交通　省　方便

一网打尽 Yìwǎng dǎjìn 일망타진 MP3, Track 07-4

교통 용어

红绿灯 (信号灯)	hónglǜdēng (xìnhàodēng)	신호등
单行道	dānxíngdào	일방통행로
步行	bùxíng	보행
斑马线	bānmǎxiàn	횡단보도
掉头	diào tóu	유턴
逆行	nìxíng	역행
地下通道	dìxià tōngdào	지하도
人行横道	rénxíng héngdào	횡단보도
过街天桥	guòjiē tiānqiáo	육교
胡同 (小巷)	hútòng (xiǎoxiàng)	골목
车道	chēdào	차도
人行道	rénxíngdào	인도
大街	dàjiē	큰길/번화가
马路	mǎlù	큰길/거리
十字路口	shízì lùkǒu	사거리
丁字路口	dīngzì lùkǒu	삼거리
道口	dàokǒu	건널목
自行车道	zìxíngchēdào	자전거 도로
交通岗亭	jiāotōng gǎngtíng	교통 초소
收费停车场	shōufèi tíngchēchǎng	유료 주차장
路牌	lùpái	도로표지판
路灯	lùdēng	가로등
霓虹灯	níhóngdēng	네온사인
驾驶证	jiàshǐzhèng	운전면허증
拥堵	yōngdǔ	막히다
畅通	chàngtōng	막힘없이 잘 소통되다
交通事故	jiāotōng shìgù	교통사고
交通警察	jiāotōng jǐngchá	교통경찰
超速	chāosù	과속

更上一层楼 Gèng shàng yī céng lóu 응용표현 MP3, Track 07-5

01

길을 물을 때

A 请问派出所怎么走？
Qǐng wèn pàichūsuǒ zěnme zǒu?
말씀 좀 여쭙겠습니다. 파출소를 찾아가려면 어떻게 가야합니까?

B 一直往东走，走到头再往南走，就能看见了。
Yìzhí wǎng dōng zǒu, zǒudào tóu zài wǎng nán zǒu, jiù néng kànjiàn le.
동쪽으로 끝까지 가다가 남쪽으로 가면 보일 것입니다.

A 请问附近有医院吗？ 근처에 병원이 있습니까?
Qǐng wèn fùjìn yǒu yīyuàn ma?

B 你在前面的路口左转，一直走下去，走到十字路口再左转就到了。
Nǐ zài qiánmiàn de lùkǒu zuǒ zhuǎn, yìzhí zǒu xiàqù, zǒudào shízì lùkǒu zài zuǒ zhuǎn jiù dào le.
앞에 보이는 길로 좌회전해서 곧장 내려가시면 사거리가 나옵니다. 사거리에서 좌회전하면 됩니다.

A 请问邮局在哪儿？ 우체국은 어디에 있습니까?
Qǐng wèn yóujú zài nǎr?

B 从这儿一直走过去，过了第二个红绿灯你就能看见了。
Cóng zhèr yìzhí zǒu guòqù, guòle dì èr ge hónglǜdēng nǐ jiù néng kànjiàn le.
곧장 가시다가 두 번째 신호등을 지나면 바로 보입니다.

A 怎么去大使馆最省钱？
Zěnme qù dàshǐguǎn zuì shěng qián?
대사관에 가려면 어떻게 가는 것이 가장 경제적일까요?

B 先坐一号地铁，然后再换乘环线地铁，东直门站下车后再打的。
Xiān zuò yī hào dìtiě, ránhòu zài huànchéng huánxiàn dìtiě, Dōngzhímén zhàn xià chē hòu zài dǎ dí.
지하철 1호선을 타고 순환선 지하철로 갈아타세요. 东直门역에 내려서 택시를 타는 것이 가장 경제적입니다.

담배와 술

'烟酒不分家 yānjiǔ bù fēn jiā' 라는 말이 있습니다. 이 말은 담배와 술은 내 것과 네 것을 따지지 않는다는 뜻입니다. 중국인들은 자신이 담배를 피우기에 앞서 먼저 상대방에게 권합니다. 상대방에게 불을 붙여주고 나서 자신의 담배에 불을 붙이는 것이 예의라고 생각하지요. 술도 마찬가지입니다. 상대방의 술잔이 조금이라도 비어 있으면 즉시 채워주는 것이 예의라고 생각합니다.

회식 자리에서는 담배를 아예 식탁 위에 올려두고 마치 공유물처럼 다루는 것을 쉽게 볼 수 있습니다. 담뱃값은 나중에 음식값과 함께 계산하는 경우가 많은데, 이는 우리와 다른 부분이기도 합니다.

중국에서는 상대방이 어떤 담배와 술을 선택하느냐에 따라 품위와 수준을 평가하기도 하므로 담배와 술은 일종의 신분의 상징이라고 볼 수 있습니다. 필자는 실제로 본인이 피우는 보통 담배와 대외용 고급 담배 이렇게 두 가지를 가지고 다니면서 상황에 맞게 사용하는 중국인을 보기도 했습니다. 담배와 술은 또 중요한 사교 수단으로 여겨지기도 합니다. 본인은 비흡연가이지만 상대방이 흡연가일 것에 대비하여 담배를 휴대하기도 하고, 중요한 자리를 위하여 고급 술을 준비하기도 합니다. 이 부분은 우리나라의 정서와 크게 다르지 않습니다.

중국의 담배와 술은 종류도 다양하고 가격대도 천차만별입니다. 수많은 종류 중 가장 유명한 것이 무엇인지를 알아보는 간단한 방법은 중국의 포털 사이트(www.sohu.com, www.baidu.com, www.chinaren.com 등)에서 '中国八大名烟 Zhōngguó bā dà míngyān(중국에서 가장 유명한 담배 8가지)' 혹은 '中国八大名酒 Zhōngguó bā dà míngjiǔ(중국에서 가장 유명한 술 8가지)' 를 검색하는 것입니다. '8' 이라는 숫자에 유별난 집착을 보이는 중국인이기 때문에 '中国八大 ~' 라고 입력하면 모래알같이 많은 정보 속에서 선 순위 8가지를 우선적으로 검색할 수 있으니, 짧은

시간 안에 개략적인 면모를 파악하고자 할 때 유용한 검색 방법이기도 합니다.

중국인들이 이토록 담배와 술을 즐기고 나누는 이유는 친분을 돈독하게 하고자 함에 있습니다. 회식자리를 예로 들자면 중국은 우리나라처럼 약속된 사람만 만나는 것이 아니라 약속된 사람이 대동하는 '불청객' 도 만나는 경우가 많습니다. 이런 상황에서의 '불청객' 은 '초대하지 않은 사람' 이 아니라 '意外的惊喜 yìwài de jīngxǐ(뜻밖의 기쁨)' 로 여기시는 것이 마땅합니다. 중국인은 회식자리에 참가할 때 그 자리에 어울릴 만한 지인을 대동하는 경우가 많은데, 이는 이때 대동하는 사람이 상대방에게 큰 힘이 될 수 있다고 여기기 때문입니다. 그렇기 때문에 어떤 지인을 대동하는지가 본인의 사회적 역량뿐만 아니라 상대방에 대한 태도를 나타내기도 합니다. 회식자리가 대체로 이런 분위기이기 때문에 중국의 회식자리에서는 생면부지의 사람을 자주 마주치게 됩니다. 처음 만나는 사람들끼리 의사소통을 매끄럽게 하는 데 있어서 담배와 술은 중요한 역할을 할 수밖에 없었겠지요. 상대방에게 담배를 권하고 불을 붙여주거나, 술잔을 채우고 잔을 부딪히는 행위를 통하여 사람들 간의 관계가 가까워지고 분위기가 고조되기 때문입니다. 중국인은 내가 권한 담배나 술을 상대방이 받는다는 것은 좋은 시작을 의미하는 것이고, 또 상대방이 나에게 담배나 술을 권한다는 것은 좋은 관계의 발전을 위한 적극적인 행동이라고 믿습니다.

최근에는 중국에서도 담배의 폐해가 공론화되면서 공공장소에서의 흡연을 금하는 등 적극적으로 금연 캠페인을 벌이고 있습니다. 이에 따라 담배를 청하는 문화에도 변화의 바람이 불기 시작했습니다. 요즘에는 중국인이 담배를 내밀 때 '谢谢，我不抽。Xièxie, wǒ bù chōu.(감사합니다만, 저는 담배를 피지 않습니다)' 라고 말해도 결례가 되지 않습니다. 만약에 술을 못하는 분이라면 '滴酒不沾 dī jiǔ bù zhān(술을 한 방울도 못 마신다)' 라는 표현을 익혀 두면 유용할 것입니다.

핵심포인트

▸▸ 故宫到底有多大呀？
Gùgōng dàodǐ yǒu duō dà ya?
고궁은 도대체 얼마나 큰가요?

▸▸ 你们找个地方歇一会儿，我去买点东西。
Nǐmen zhǎo ge dìfang xiē yíhuìr, wǒ qù mǎi diǎn dōngxi.
어디서 좀 쉬고 계세요. 제가 뭘 좀 사오겠습니다.

▸▸ 我们一起合个影吧。
Wǒmen yìqǐ hé ge yǐng ba.
단체 사진 한 장 찍읍시다.

第8课

故宫

고궁

会话 Huìhuà 회화 MP3, Track 08-1

▸▸ 드디어 고궁에 도착한 일행은 신이 나서 한참을 둘러봅니다. 미나는 고궁에서 흥미로운 광경을 목격했습니다.

弥娜 Mínà	故宫真是雄伟啊！ 为什么叫故宫呢？ Gùgōng zhēn shì xióngwěi a! Wèi shénme jiào Gùgōng ne?
文中 Wénzhōng	意思就是过去的皇宫，以前也叫紫禁城。 Yìsi jiù shì guòqù de huánggōng, yǐqián yě jiào Zǐjìnchéng.
俊浩 Jùnhào	故宫到底有多大呀？今天看得完吗？ ❶ Gùgōng dàodǐ yǒu duō dà ya? Jīntiān kàn de wán ma?
文静 Wénjìng	难说。这里总共有九千多间屋子呢。 Nán shuō. Zhèlǐ zǒnggòng yǒu jiǔqiān duō jiān wūzi ne.
弥娜 Mínà	天哪！ 这么多！ 我已经走不动了。 Tiān na! Zhème duō! Wǒ yǐjing zǒu bu dòng le.
文中 Wénzhōng	你们找个地方歇一会儿，我去买点东西。 Nǐmen zhǎo ge dìfang xiē yíhuìr, wǒ qù mǎi diǎn dōngxi.
俊浩 Jùnhào	我陪你去吧。顺便去一下洗手间。 ❷ Wǒ péi nǐ qù ba. Shùnbiàn qù yíxià xǐshǒujiān.
弥娜 Mínà	瞧那边，拍婚纱照的。真热闹啊！ Qiáo nàbiān, pāi hūnshāzhào de. Zhēn rènào a!
文静 Wénjìng	你是不是也想结婚了？ 看把你羡慕的。 ❸ Nǐ shì bu shì yě xiǎng jié hūn le? Kàn bǎ nǐ xiànmù de.
文中 Wénzhōng	在聊什么呢？ ❹ 这么开心？ Zài liáo shénme ne? Zhème kāixīn?
弥娜 Mínà	没什么。这儿角度不错，照张相吧。 Méi shénme. Zhèr jiǎodù búcuò, zhào zhāng xiàng ba.
文中 Wénzhōng	好啊！ 我们一起合个影吧。 Hǎo a! Wǒmen yìqǐ hé ge yǐng ba.
俊浩 Jùnhào	笑一笑，茄子。 Xiào yi xiào, qiézi.

课文 Kèwén 본문 MP3, Track 08-2

文中一行来到了故宫博物院。作为明清两代的
Wénzhōng yìxíng láidào le Gùgōng bówùyuàn. Zuòwéi Míngqīng liǎng dài de

皇宫，曾经有十四位明朝皇帝和十位清朝皇帝住在
huánggōng, céngjīng yǒu shísì wèi Míngcháo huángdì hé shí wèi Qīngcháo huángdì zhùzài

这里。今天可能是好日子。因为他们看到一对新人正
zhèlǐ. Jīntiān kěnéng shì hǎo rìzi. Yīnwèi tāmen kàndào yí duì xīnrén zhèng

在这里拍结婚照。故宫里值得拍照的地方很多。人们
zài zhèlǐ pāi jiéhūnzhào. Gùgōng lǐ zhídé pāi zhào de dìfang hěn duō. Rénmen

纷纷合影留念。照相时不要忘了喊一声‘茄子’。
fēnfēn hé yǐng liúniàn. Zhào xiàng shí bú yào wàngle hǎn yì shēng ‘qiézi’.

生词 Shēngcí 새 단어 MP3, Track 08-3

01	雄伟	xióngwěi	웅장하다
02	意思	yìsi	뜻/의미
03	过去	guòqù	과거/옛날
04	皇宫	huánggōng	황궁/궁전
05	以前	yǐqián	이전
06	到底	dàodǐ	도대체
07	总共	zǒnggòng	모두/도합
08	间	jiān	칸(방을 세는 양사)
09	屋子	wūzi	방
10	地方	dìfang	장소/곳
11	歇	xiē	쉬다
12	东西	dōngxi	물건
13	洗手间	xǐshǒujiān	화장실
14	瞧	qiáo	보다
15	拍照	pāi zhào	사진을 찍다
16	婚纱	hūnshā	웨딩드레스
17	热闹	rènào	왁자지껄하다/떠들썩하다
18	结婚	jié hūn	결혼하다
19	羡慕	xiànmù	부러워하다
20	角度	jiǎodù	각도

21	合影	hé yǐng	단체사진/함께 사진을 찍다
22	笑	xiào	웃다
23	茄子	qiézi	가지 (우리의 '김치'처럼 사진을 찍을 때 자주 사용하는 말)
24	博物院	bówùyuàn	박물관
25	曾经	céngjīng	일찍이/이전에
26	皇帝	huángdì	황제
27	对	duì	짝/쌍(짝을 이룬 것을 셀 때 쓰는 양사)
28	新人	xīnrén	신랑 신부
29	值得	zhídé	~할 만한 가치가 있다
30	纷纷	fēnfēn	계속하여/쉴 사이 없이
31	留念	liúniàn	기념으로 남기다
32	喊	hǎn	외치다/큰 소리로 부르다
33	声	shēng	(소리의 횟수를 세는 단위) 번/마디

语法重点 Yǔfǎ zhòngdiǎn 포인트 설명

01 今天看得完吗?
Jīntiān kàn de wán ma?

'看得完' 은 '다 볼 수 있다' 라는 뜻을 나타냅니다. 술어와 결과보어 사이에 '不' 혹은 '得' 를 넣으면 가능이나 불가능을 나타낼 수 있는데 이를 가능보어라고 합니다.

看 술어 + 得/不 + 完 결과보어 = 1. 看得完 다/끝까지 볼 수 있다.
= 2. 看不完 다/끝까지 볼 수 없다.

黑板上的字太小, 我看不清（楚）
Hēibǎn shàng de zì tài xiǎo, wǒ kàn bu qīng (chu).
흑판의 글씨가 너무 작아서 잘 안 보인다.

这块石头四个人是搬不动的。이 돌은 네 명이 옮기지 못한다.
Zhè kuài shítou sì ge rén shì bān bu dòng de.

02 顺便去一下洗手间。
Shùnbiàn qù yíxià xǐshǒujiān.

'顺便' 은 여기서 '~하는 김에' 라는 의미로 사용되고 있습니다. '顺(~하는 김에)' 은 또 다른 단어와 결합하여 다양한 의미를 만들기도 합니다.

这件事很容易, 我顺手给你做就行了。
Zhè jiàn shì hěn róngyì, wǒ shùnshǒu gěi nǐ zuò jiù xíng le.
이 일은 아주 간단하니, 내친 김에 내가 하면 돼.

我是顺路来拜访的。오늘 나선 김에 방문하는 것이다.
Wǒ shì shùn lù lái bàifǎng de.

퀵테스트

1. 주어진 단어를 이용하여 중국어로 옮겨보세요.

A : 저 지금 마트(**超市**)에 가는데 뭐 좀 사다드릴까요? (**顺便**)

➡ ______________________

B : 괜찮습니다. 냉장고(**冰箱**bīngxiāng)에 있는 것도 다 못 먹고 있는걸요.

➡ ______________________

03 看把你羡慕的。
Kàn bǎ nǐ xiànmù de.

'看(把)~的' 의 형식으로 상대방이나 제삼자의 현재 상태, 상황을 지적하여 깨우쳐주거나 배려를 표시합니다.

小孩儿出了点儿小事儿，看把父母吓的。
Xiǎoháir chūle diǎnr xiǎoshìr, kàn bǎ fùmǔ xià de.
아이가 작은 사고가 나서 부모를 놀라게 한다.

就这点小事儿，看把你急的。
Jiù zhè diǎn xiǎoshìr, kàn bǎ nǐ jí de.
이렇게 작은 일로 당신은 다급해하는군요.

04 在聊什么呢?
Zài liáo shénme ne?

'在' 가 술어 앞에서 부사로 쓰여 '지금 ~하고 있다' 를 나타내고 있습니다. 어기조사 '呢' 와 호응하여 사용되기도 합니다.

他在等谁呢?
Tā zài děng shéi ne?
그는 누구를 기다리고 있나요?

别相信他，他在做秀呢。
Bié xiāngxìn tā, tā zài zuò xiù ne.
그를 믿지 마세요, 연기(쇼)하고 있는 겁니다.

퀵테스트

2. 주어진 단어를 사용하여 중국어로 옮겨보세요.

A : 즐거워하는 것 좀 보세요. 저 사람들 무슨 얘기를 하는 건가요? **(看把, 在)**

➡ ______________________________

B : 글쎄요, 무슨 얘기를 하는지 잘 들리지 않네요.

➡ ______________________________

练习 Liànxí 연습문제

01 녹음을 듣고 질문에 맞는 답을 고르세요. MP3, Track 08-6

(1) ① 他们今天肯定能看完。　② 他们今天肯定看不完。
③ 他们今天有可能看完。　④ 他们不知道故宫有多少间屋子。

(2) ① 女的走得很累。　② 女的想去洗手间。
③ 男的想休息。　④ 男的肚子饿了。

(3) ① 女的很想结婚。　② 他们在故宫看到了结婚的人。
③ 男的很羡慕他们。　④ 他们在故宫看到了拍结婚照的人。

02 녹음을 잘 듣고 한자를 받아쓰세요. MP3, Track 08-6

(1)　(2)

(3)　(4)

03 아래 제시된 단어가 들어갈 곳을 찾으세요.

(1) 曾经
A 作为明清两代的皇宫 B，C 有十四个明朝皇帝和 D 十个清朝皇帝住在这里。

(2) 值得
A 故宫里 B 拍照的地方 C 很多 D 。

(3) 一对
他们 A 看到 B 新人正在这里 C 拍结婚照 D 。

04 아래의 빈칸에 알맞은 말을 써넣고 큰 소리로 읽어보세요.

文中一行来(　　　)了故宫博物院。他们觉得故宫真是雄(　　　)。弥娜问："为什么叫故宫呢?"文中说："(　　　)思就是过去的皇宫，(　　　)前也叫紫禁城。"今天可能是好日子。
因(　　　)他们看到正在拍婚(　　　)照。人们纷纷合影留(　　　)。
照相时不要忘了喊一声'茄子'。

05 보기를 참고하여 제시된 결과보어를 '得' '不'를 이용하여 가능보어로 만들어보세요.

보기 看见
- 긍정 看得见
- 부정 看不见
- 의문문 看得见看不见?

(1) 买到
- 긍정 ____________
- 부정 ____________
- 의문문 ____________

(2) 走动
- 긍정 ____________
- 부정 ____________
- 의문문 ____________

06 (　　) 안의 단어를 참고하여 아래 문장을 가능보어 형태로 써보세요.

(1) 정말 죄송합니다. 이번 주말에는 갈 수 없습니다. (了)

____

(2) 나는 오늘 너무 피곤해서 걸을 수 없다. (动)

____

07 제시된 문장의 (　　) 안에 보어 '一会儿' '一下' '一点儿' 를 알맞게 써넣으세요.

(1) 我很累。我们找个地方歇 (　　　　　)，好吗?

(2) 我很饿，我们买 (　　　　　) 东西吃吧。

(3) 我陪你去吧。顺便去 (　　　　　) 洗手间。

(4) 趁这个机会我们好好儿参观 (　　　　　)。

(5) 这儿的水果比那边贵 (　　　　　)。

08 아래 대화를 완성하세요.

A: 瞧那边，拍婚纱照的。 1) Zhēn rènào a !

B: 你是不是也想结婚了？ 2) 부러운 가 보구나!

C: 你们在聊什么？这么开心。

B: 3) 아무것도 아니야. 这儿角度不错， 4) Zhào zhāng xiàng ba.

A: 好啊！ 5) Wǒmen yìqǐ hé ge yǐng ba.

C: 笑一笑，茄子。

(1) ______________　(2) ______________

(3) ______________　(4) ______________

(5) ______________

09 아래 제시된 것 외에 더 많은 단어들을 쓰고 읽어보세요.

(1) 难说　　难听　　(　　　　　) (　　　　　)

(2) 常常去　　常常看　　(　　　　　) (　　　　　)

(3) 回得来　　回不来　　(　　　　　) (　　　　　)

(4) 真漂亮　　　真热闹　　(　　　　　　)　(　　　　　　)

(5) 笑一笑　　　听一听　　(　　　　　　)　(　　　　　　)

(6) 好好儿休息　好好儿努力　(　　　　　　)　(　　　　　　)

(7) 请您数一下　请您看一下　(　　　　　　)　(　　　　　　)

一网打尽 Yìwǎng dǎjìn 일망타진 MP3, Track 08-4

명승지에서 볼 수 있는 주의 표시

油漆未干	yóuqī wèi gān	페인트 주의
违者罚款	wéizhě fákuǎn	위반자는 벌금
禁止吐痰	jìnzhǐ tǔtán	침 뱉는 것 금지
请勿随地吐痰	qǐng wù suídì tǔtán	아무 데나 침을 뱉지 마세요.
请勿动手	qǐng wù dòngshǒu	손으로 만지지 마세요.
禁止拍照	jìnzhǐ pāizhào	사진촬영 금지
禁止入内	jìnzhǐ rùnèi	출입금지
游人止步	yóurén zhǐbù	여행객 출입금지

사진과 관련된 표현들

上相	shàng xiàng	사진이 잘 받다
(按)快门	(àn) kuàimén	(누르다)셔터
(装)胶卷儿	(zhuāng) jiāojuǎnr	(넣다)필름
冲洗	chōngxǐ	현상하다
放大	fàngdà	확대하다
尺寸 / 大小	chǐcun / dàxiǎo	사이즈
半身照片	bànshēn zhàopiàn	상반신 사진
全身照片	quánshēn zhàopiàn	전신 사진
一次性相机	yícìxìng xiàngjī	일회용 카메라
摄像机	shèxiàngjī	비디오카메라
宝丽来	bǎolìlái	폴라로이드
闪光灯	shǎnguāngdēng	플래시
三脚架	sānjiǎojià	삼각대
证件照	zhèngjiànzhào	증명사진
合影留念	héyǐng liúniàn	기념단체사진
相册	xiàngcè	앨범
印相纸	yìnxiàngzhǐ	인화지

更上一层楼 Gèng shàng yī céng lóu 응용표현 MP3, Track 08-5

01

상대방의 질문에 확실한 답을 주지 못할 때 쓰는 표현

A 你觉得这场比赛哪个队会赢？ 이번 시합은 어느 팀이 이길까요?
Nǐ juéde zhè cháng bǐsài nǎ ge duì huì yíng?

B 难说。 글쎄요.
Nán shuō.

위의 상황에서 '不好说 Bù hǎo shuō'로 대답할 경우 '글쎄요'의 뜻으로 '**难说**'와 같은 답이 됩니다.

A 你觉得他们俩能结婚吗？ 저 두 사람이 결혼할 수 있을 것 같아요?
Nǐ juéde tāmen liǎ néng jié hūn ma?

B 难说。 안 될 것 같은데.
Nán shuō.

이 상황에서 '不好说 Bù hǎo shuō'로 대답할 경우 '잘 모르겠다'의 뜻으로 '**难说**'와는 의미상 차이가 조금 있습니다.

A 你到底喜不喜欢她？ 도대체 그녀를 좋아합니까, 아닙니까?
Nǐ dàodǐ xǐ bu xǐhuan tā?

B 我说不清楚。 확실하게 말할 수 없습니다.
Wǒ shuō bu qīngchu.

A 你能不能解释一下？ 해명을 좀 해주십시오.
Nǐ néng bu néng jiěshì yíxià?

B 我说不明白。 확실히 말하기가 힘듭니다.
Wǒ shuō bu míngbai.

A 请你说一下你的看法。 당신의 견해를 말씀해보시기 바랍니다.
Qǐng nǐ shuō yíxià nǐ de kànfǎ.

B 我不知道该怎么说。 어떻게 말해야 할지 모르겠습니다.
Wǒ bù zhīdào gāi zěnme shuō.

A 你对这个问题怎么想？ 이 문제를 어떻게 생각하십니까?
Nǐ duì zhè ge wèntí zěnme xiǎng?

B 怎么说呢……。 어떻게 말씀 드려야 할지…….
Zěnme shuō ne.

韩中文化面面观

한중문화의 이모저모

찜질방과 발 마사지

한국에서 찜질방은 예전의 목욕탕에서 변모하여 하나의 휴식공간으로 자리를 잡아가고 있습니다. 한국 드라마를 통해 찜질방 문화를 접한 중국인은 수건으로 양머리를 만들고, 구운 달걀을 먹으며 오순도순 이야기를 나누는 모습이 무척 신선하게 느껴지는 모양인지 한국에 관광 온 중국인들은 찜질방을 체험하여 한국을 더욱 가깝게 느끼고 싶어합니다.

중국은 대중목욕탕이 한국처럼 발달되어 있지 않습니다. 〈洗澡 xǐzǎo〉라는 중국영화를 보면 물이 귀한 어떤 지역에서 결혼식에 사용할 물을 곡식과 맞바꾸는 장면이 나옵니다. 한 바가지의 곡식으로 한 바가지의 물을 얻어 모으고 모아서 목욕물로 사용하는 장면인데, 이 장면을 보고 중국에서 목욕 문화가 한국만큼 발달하지 않은 이유를 짐작할 수 있었습니다. 중국은 유명 온천이 있는 곳에서나 우리나라의 찜질방에 비견할 만한 시설을 찾아볼 수 있습니다. 만약 중국에서 온천을 하고 싶으면 '泡温泉 pào wēnquán(온천욕을 하다)' 라는 표현을 응용하면 됩니다. 중국에서도 온천욕을 즐기는 인구가 점점 늘어나고 있습니다. 유명한 온천 주변에는 크고 작은 '度假村 dùjiàcūn(휴양지)' 이 형성되어 있어서 회사나 가족 단위 방문객이 많다고 합니다. 또 한국인이 경영하는 찜질방도 간혹 눈에 띄는데 찜질방은 사우나의 음역인 '桑拿浴 sāngnáyù' 라고 합니다.

중국에서 찜질방의 역할을 해주는 것으로 발 마사지를 들 수 있습니다. 한국에서도 대체의학의 일환으로 발 마사지가 각광을 받고 있는데요, 중국을 여행하다 보면 발 모양이 크게 그려진 간판이나 '足底按摩 zúdǐ ànmó' 라는 글자가 새겨진 간판을 자주 볼 수 있습니다. 발 마사지 숍이라는 뜻입니다. 중국에서 이곳은 대중화된 휴식공간으로 여겨지고 있습니다. 여행 도중 간간이 발 마사지를 받으면 느긋하게 피로를 풀 수 있을 뿐만 아니라 중국어로 대화를 나누면서 중국에 관한 이런저런 정보도 얻

을 수 있습니다. 중국에 장기간 체류했던 한국인들이 한국에 돌아와서 아쉬워하는 것 중의 하나가 바로 이 발 마사지입니다. 중국의 발 마사지는 대부분 중의와 결합된 시술을 제공하기 때문에 치료 목적으로도 활용됩니다. 그들은 발을 제2의 심장으로 간주하여 발바닥에 분포된 60여 개의 경혈점과 인체의 각 부위가 대응하는 반사구를 정해 놓고 치료 부위와 목적에 따라 찾아 특정 반사구를 자극하여 보건 및 치료효과를 거둡니다. 가격대는 시설과 시술 수준에 따라 매우 다양하지만, 가격과 시술 수준이 반드시 정비례하지는 않으므로 시술을 받기 전에 현지에 거주하는 한국인에게 먼저 조언을 구하는 것이 좋습니다.

중국의 마사지 숍에서는 종종 우리에게는 생소한 '刮痧 guāshā'를 권유하기도 합니다. 刮痧는 동전, 사기, 숟가락 등을 이용하여 혈에 자극을 주어 독소를 빼내고, 혈액순환을 원활하게 하는 등의 효능을 지닌 중국 전통의 민간요법입니다. 치료 목적과 미용 목적 등으로 활용되는데 찜질방에서 온열 치료를 즐기시는 분은 한 번쯤 체험해도 좋을 것입니다. 우리나라 사람들은 대부분 찜질방 문화에 익숙하기 때문에 보통 강한 자극을 주문하는 편입니다. 그렇지만 너무 강한 자극을 주면 등, 팔, 다리 부위에 멍이 들 수 있으므로 이 점에 유의해야 합니다.

핵심포인트

▸▸ 韩国人喜欢什么运动?
Hánguórén xǐhuan shénme yùndòng?
한국 사람은 무슨 운동을 좋아합니까?

▸▸ 人们茶余饭后都去看体育比赛吗?
Rénmen chá yú fàn hòu dōu qù kàn tǐyù bǐsài ma?
일반 사람들은 여가 시간에 운동경기를 보러 갑니까?

▸▸ 多做运动对身体有好处。
Duō zuò yùndòng duì shēntǐ yǒu hǎochù.
운동을 자주 하는 것은 건강에 유익합니다.

第9课

茶余饭后

휴식시간

会话 Huìhuà 회화 MP3, Track 09-1

▸▸ 원쭝과 준호가 잠깐 이야기를 나누게 되었습니다. 둘은 아직도 서로의 나라에 대하여 알고 싶은 것이 많은 모양입니다.

文中 Wénzhōng	韩国人喜欢什么运动？ Hánguórén xǐhuan shénme yùndòng?
俊浩 Jùnhào	大部分喜欢棒球、足球什么的。 Dàbùfen xǐhuan bàngqiú、zúqiú shénmede.
文中 Wénzhōng	我们比较喜欢篮球、乒乓球等等。 Wǒmen bǐjiào xǐhuan lánqiú、pīngpāngqiú děngděng.
俊浩 Jùnhào	那人们茶余饭后都去看体育比赛吗？❶ Nà rénmen chá yú fàn hòu dōu qù kàn tǐyù bǐsài ma?
文中 Wénzhōng	那倒不是。❷ 也有很多人去做运动。 Nà dào bú shì. Yě yǒu hěn duō rén qù zuò yùndòng.
俊浩 Jùnhào	哦。比如说呢？ Ò. Bǐrú shuō ne?
文中 Wénzhōng	周末一帮朋友一起踢踢球或打打羽毛球。 Zhōumò yì bāng péngyou yìqǐ tīti qiú huò dǎda yǔmáoqiú.
俊浩 Jùnhào	我们一般会去健身房锻炼身体。 Wǒmen yìbān huì qù jiànshēnfáng duànliàn shēntǐ.
文中 Wénzhōng	听说弥娜常去练瑜珈？ Tīngshuō Mínà cháng qù liàn yújiā?
俊浩 Jùnhào	是啊！最近很多女孩子都去练瑜珈。 Shì a! Zuìjìn hěn duō nǚháizi dōu qù liàn yújiā.
文中 Wénzhōng	瑜珈在中国也很流行。 Yújiā zài Zhōngguó yě hěn liúxíng.
俊浩 Jùnhào	原来如此啊！❸ 多做运动对身体有好处。❹ Yuánlái rúcǐ a! Duō zuò yùndòng duì shēntǐ yǒu hǎochù.
文中 Wénzhōng	这就叫人人关心体育，体育造福人人。 Zhè jiù jiào rénrén guānxīn tǐyù, tǐyù zàofú rénrén.

课文 Kèwén 본문 MP3, Track 09-2

人们不仅喜欢看体育节目，还喜欢做体育运动。
Rénmen bùjǐn xǐhuan kàn tǐyù jiémù, hái xǐhuan zuò tǐyù yùndòng.

像韩国人喜欢足球一样，中国人也很喜欢足球。文中
xiàng Hánguórén xǐhuan zúqiú yíyàng, Zhōngguórén yě hěn xǐhuan zúqiú. Wénzhōng

周末常常约朋友一起打球。而俊浩的选择是健身房。
zhōumò chángcháng yuē péngyou yìqǐ dǎ qiú. Ér Jùnhào de xuǎnzé shì jiànshēnfáng.

文静和弥娜则对瑜珈情有独钟。不管做什么运动，只要
Wénjìng hé mínà zé duì yújiā qíng yǒu dú zhōng. Bùguǎn zuò shénme yùndòng, zhǐyào

能锻炼身体就行。因为生命在于运动。
néng duànliàn shēntǐ jiù xíng. Yīnwèi shēngmìng zàiyú yùndòng.

生词 Shēngcí 새 단어 MP3, Track 09-3

01	茶余饭后	chá yú fàn hòu	차를 마시거나 밥 먹은 후의 휴식시간
02	运动	yùndòng	운동
03	大部分	dàbùfen	대부분
04	棒球	bàngqiú	야구
05	足球	zúqiú	축구
06	篮球	lánqiú	농구
07	乒乓球	pīngpāngqiú	탁구
08	体育	tǐyù	스포츠/체육
09	比赛	bǐsài	시합/경기
10	倒	dào	오히려/도리어
11	比如	bǐrú	예를들면
12	帮	bāng	무리(여럿이 모여서 한 동아리를 이룬 사람들에 대해 쓰이는 양사)
13	踢球	tī qiú	축구를 하다/공을 차다
14	羽毛球	yǔmáoqiú	배드민턴
15	锻炼	duànliàn	단련하다
16	炼	liàn	연습하다
17	瑜伽	yújiā	요가
18	流行	liúxíng	유행하다
19	原来如此	yuánlái rúcǐ	알고 보니 그렇다/과연 그렇다

20	关心	guānxīn	관심
21	造福	zàofú	행복을 가져오다

22	节目	jiémù	프로그램
23	像	xiàng	마치 ~와 같다
24	一样	yíyàng	같다/동일하다
25	打球	dǎ qiú	공을 치다
26	则	zé	즉/그런데
27	情有独钟	qíng yǒu dú zhōng	몹시 좋아하다
28	不管	bùguǎn	~을 막론하고/~이건 간에
29	只要	zhǐyào	~하기만 하면
30	生命	shēngmìng	생명
31	在于	zàiyú	~에 달려 있다/~에 있다

语法重点 Yǔfǎ zhòngdiǎn 포인트 설명

01 那人们茶余饭后都去看体育比赛吗?

Nà rénmen chá yú fàn hòu dōu qù kàn tǐyù bǐsài ma?

'都' 는 앞의 사람이나 사물을 말하거나, 뒤의 의문대명사에 나타난 사람이나 사물을 총칭합니다.

游客都到齐了, 可以发车。
Yóukè dōu dàoqí le, kěyǐ fā chē.
여행객이 모두 모였으니 발차해도 되겠습니다.

家里都有什么? 有什么就吃什么吧。
Jiā lǐ dōu yǒu shénme? Yǒu shénme jiù chī shénme ba.
집에 뭐가 있나요? 있으면 뭐든지 드세요.

02 那倒不是。

Nà dào bú shì.

'倒' 는 이 문장에서 역접관계를 나타내고 있습니다. 예상과 어긋나는 것을 말할 때도 사용할 수 있습니다.

我倒不是反对他的意见, 只是觉得需要大家的认可。
Wǒ dào bú shì fǎnduì tā de yìjiàn, zhǐshì juéde xūyào dàjiā de rènkě.
나는 그의 의견에 반대하는 것이 아닙니다. 다만 모두의 인가가 필요하다고 생각합니다.

因为种种原因, 最近都市人倒愿意移居到小城市。
Yīnwèi zhǒngzhǒng yuányīn, zuìjìn dūshìrén dào yuànyì yíjū dào xiǎochéngshì.
여러 가지 이유로 최근 대도시 사람들이 오히려 작은 도시로 이주하기를 원합니다.

03 原来如此啊!

Yuánlái rúcǐ a!

'原来' 는 실제 상황을 알아냈음을 나타내고 있습니다. 그 밖에 '본래, 원래' 의 의미도 있습니다.

我说夜里怎么这么亮, 原来是月光啊!
Wǒ shuō yè lǐ zěnme zhème liàng, yuánlái shì yuèguāng a!
한 밤이 어쩜 이렇게 밝은가 했더니, 알고 보니 달빛이네요!

A: 你还在原来的单位工作吗？
Nǐ hái zài yuánlái de dānwèi gōngzuò ma?
아직도 원래(처음) 직장에서 일합니까?

B: 哪儿啊，我早不在原来的单位工作了。
Nǎr a, wǒ zǎo bú zài yuánlái de dānwèi gōngzuò le.
아니요, 그 직장을 그만둔 지 한참 됐어요..

04 多做运动对身体有好处。

Duō zuò yùndòng duì shēntǐ yǒu hǎochù.

'对'는 '~에 대하여'라는 의미를 나타내는 개사로서 사태의 설명이 연관되어 있는 대상을 가리킵니다.

他对民间艺术有很大的兴趣。
Tā duì mínjiān yìshù yǒu hěn dà de xìngqù.
그는 민간예술에 아주 많은 흥미를 가지고 있다.

喝酒和吸烟对健康一点儿好处都没有。
Hē jiǔ hé xī yān duì jiànkāng yìdiǎnr hǎochù dōu méiyǒu.
음주와 흡연은 건강에 전혀 이롭지 않다.

퀵테스트

1. 다음을 중국어로 옮겨보세요.

A : 중국어를 잘하시네요. 중국어 전공(专业 zhuānyè)하셨어요?

➡ ______________________________

B : 그건 아니고, 취미로 조금 배웠습니다. (**倒, 茶余饭后**)

➡ ______________________________

A : 그러셨군요. 저도 중국문화에 관심이 많습니다. (**原来, 对 ~ 有兴趣**)

➡ ______________________________

练习 Liànxí 연습문제

01 녹음을 듣고 질문에 맞는 답을 고르세요. MP3, Track 09-6

(1) ① 韩国人都喜欢运动。
② 韩国人大部分不喜欢运动。
③ 很多韩国人喜欢棒球和足球。
④ 韩国人都不喜欢棒球和足球。

(2) ① 中国人茶余饭后都去看体育比赛。
② 很多中国人周末喜欢去锻炼身体。
③ 中国人都喜欢踢足球或打羽毛球。
④ 中国人周末没有时间。

(3) ① 多做运动对身体有好处。
② 多做运动对身体不好。
③ 人们很关心运动。
④ 人们常常去做运动。

02 녹음을 잘 듣고 한자를 받아쓰세요. MP3, Track 09-6

(1) (2)

(3) (4)

03 밑줄 친 것과 뜻이 비슷한 단어를 찾으세요.

(1) 大部分中国人喜欢足球和乒乓球什么的。

① 怎么 ② 同样的
③ 等等 ④ 应该的

(2) 瞧一瞧。到底是谁呀？

① 听一听 ② 看一看
③ 说一说 ④ 找一找

(3) 请稍等。这是您的飞机票。

① 请等一会儿　② 请慢慢儿等
③ 请少等　④ 请小心

04 한어병음을 보고 알맞은 한자를 써넣으세요.

(1) zuìjìn　(2) duànliàn　(3) xuǎnzé

(4) bùguǎn　(5) hǎochù　(6) yìbān

05 아래 단어를 바르게 나열하고 우리말로 번역하세요.

(1) 周末　我　一起　打球　常常　约　朋友

➡

➡

(2) 做　很多人　喜欢　运动　茶余饭后　去

➡

➡

(3) 你　去　常　瑜珈　听说　练

➡

➡

06 아래 문장에 알맞은 부사를 찾아 써넣으세요.

보기 就 更 比较 可 再 有点儿 太 才

(1) 比起韩国人爱看棒球，中国人可能 __________ 爱看足球。(2개)

(2) __________ 过两个小时，我们 __________ 到中国了。

(3) 你们 __________ 出来了！ 怎么现在 __________ 出来？

(4) 公交很慢，我们还是坐地铁 __________ 方便。(2개)

(5) 最近工作很忙，我 __________ 累。

(6) 堵车 __________ 厉害了。(2개)

07 아래 문장을 중국어로 옮기세요.

(1) 무슨 운동을 하든지 몸을 단련할 수 있으면 된다. (不管 ~ 只要)

____

(2) 나는 주말에 친구들과 함께 야구도 하고 탁구도 친다.

____

08 아래 문장을 큰 소리로 읽으세요.

人们不仅喜欢看体育节目，还喜欢做体育运动。大部分韩国人喜欢棒球、足球等等。中国人比较喜欢篮球、乒乓球等等。人们茶余饭后去看体育比赛或者去做运动。文中周末常约朋友一起打球。而俊浩的选择是健身房。文静和弥娜则对瑜珈情有独钟。我们应该好好儿锻炼身体。因为生命在于运动。

09 아래의 지시에 따라 50자 이상 글을 써보세요.

- 운동을 좋아한다 / 싫어한다(왜?)
- 언제부터 운동을 시작했는지?
- 누구랑 언제 주로 함께 하는지?
- 가족들은 어떤 운동을 좋아하는지?
- 자신이 하고 있는 운동은 어떤 장점이 있는지?

一网打尽 Yìwǎng dǎjìn 일망타진 MP3, Track 09-4

스포츠 명칭

壁球	bìqiú	스쿼시
排球	páiqiú	배구
网球	wǎngqiú	테니스
保龄球	bǎolíngqiú	볼링
游泳	yóuyǒng	수영
健美操	jiànměicāo	에어로빅
健美运动	jiànměi yùndòng	보디빌딩
高尔夫球	gāo'ěrfūqiú	골프
轮滑	lúnhuá	인라인스케이트
旱冰	hànbīng	롤러스케이팅
滑雪板	huáxuěbǎn	스노보드
滑雪	huáxuě	스키
滑冰	huábīng	스케이팅
花样滑冰	huāyàng huábīng	피겨스케이팅
跳冰	tiàoshuǐ	다이빙
蹦极跳	bèngjítiào	번지점프
跑步	pǎobù	달리기
门球	ménqiú	게이트볼
橄榄球	gǎnlǎnqiú	럭비
曲棍球	qūgùnqiú	하키
水球	shuǐqiú	수구
手球	shǒuqiú	핸드볼
马拉松	mǎlāsōng	마라톤
拳击	quánjī	복싱
体操	tǐcāo	체조

更上一层楼 Gèng shàng yī céng lóu 응용표현 MP3, Track 09-5

01

건강과 관련된 속담

A 你是不是每天都坚持运动啊？
Nǐ shì bu shì měitiān dōu jiānchí yùndòng a?
매일 꾸준히 운동하시지요?

B 是啊。俗话说饭后百步走，活到九十九嘛。
Shì a. Súhuà shuō fàn hòu bǎi bù zǒu, huódào jiǔshíjiǔ ma.
예. 식후에 백보를 걸으면 아흔아홉까지 산다는 말이 있잖아요.

A 你应该注意饮食啊。
Nǐ yīnggāi zhùyì yǐnshí a.
음식에 유의하셔야 합니다.

B 我知道。俗话说晚饭少吃，活到九十嘛。
Wǒ zhīdào. Súhuà shuō wǎnfàn shǎo chī, huódào jiǔshí ma.
알고 있습니다. 저녁밥을 적게 먹으면 아흔까지 산다는 말이 있잖아요.

A 这么多年，从来没看见你生过病。
Zhème duō nián, cónglái méi kànjiàn nǐ shēngguo bìng.
몇 해 동안 당신이 아픈 것을 본 적이 없습니다.

B 那当然。俗话说冬吃萝卜夏吃姜，不找医生开药方嘛。
Nà dāngrán. Súhuà shuō dōng chī luóbo xià chī jiāng, bù zhǎo yīshēng kāi yàofāng ma.
당연합니다. 겨울에 무를 먹고 여름에 생강을 먹으면 의사를 찾아가서 처방전 쓸 일이 없다고 하잖습니까.

02

原来如此와 같은 의미로 쓰이는 다른 표현들

A 因为他从小就开始练习书法，所以才写得这么好。
Yīnwèi tā cóng xiǎo jiù kāishǐ liànxí shūfǎ, suǒyǐ cái xiě de zhème hǎo.
그는 어려서부터 서예를 연습했기 때문에 이렇게 잘 쓰는 것입니다.

B 原来是这样啊。
Yuánlái shì zhèyàng a.
그렇군요.

A 因为很多中国女孩子喜欢做瑜珈，所以我猜她也肯定喜欢做。
Yīnwèi hěn duō Zhōngguó nǚháizi xǐhuan zuò yújiā, suǒyǐ wǒ cāi tā yě kěndìng xǐhuan zuò.
중국 여성들이 요가를 좋아하기 때문에 그녀도 틀림없이 좋아할 것이라고 생각했습니다.

B 原来是这么回事儿啊。
Yiánlái shì zhème huí shìr a.
그렇군요.

韩中文化面面观

한중문화의 이모저모

내가 네 할아버지다!?

중국 소설 중 가장 위대한 작품으로 손꼽히는 청대의 소설 '红楼梦 Hónglóumèng'을 보면 소설 속의 여자 주인공인 '林黛玉 Lín Dàiyù'가 가씨 문중에 발을 들여놓게 된 첫날 외할머니와 자매들에게 인사를 드리는데 '王熙凤 Wáng Xīfèng'이 중간에 들어옵니다. 이때 林黛玉은 王熙凤을 뭐라고 불러야 될지 몰라서 인사를 못하고 안절부절못하는 장면이 나옵니다. 여기서 중국인의 인사문화를 엿볼 수 있는데요, 林黛玉이 인사를 하지 못한 이유는 王熙凤과 자신의 관계를 규정짓는 친족호칭을 몰랐기 때문입니다. 옆에 있는 자매들이 '这是琏嫂子。Zhè shì Liǎn sǎozi.(이분은 가련오라버님 댁이니 올케라고 부르면 돼요)'라고 귀띔을 해줍니다. 林黛玉은 그제야 얼굴에 미소를 띠고 예를 갖추어 王熙凤을 향해 '嫂 sǎo(올케)'라고 부르며 인사를 합니다. 그저 호칭을 한마디 건네는 게 인사라는 사실이 신선하기도 하지만, 호칭이 모호한 경우 인사를 하지 못한다는 것은 신선함을 넘어서 그 이유가 궁금해질 것입니다.

중국인들은 혈연관계가 아닌 사람에게 '伯父 bófù(큰아버지), 伯母 bómǔ(큰어머니), 大妈 dàmā(큰어머니), 阿姨 āyí(이모), 舅舅 jiùjiu(외삼촌), 叔叔 shūshu(아저씨), 大哥 dàgē(형), 大姐 dàjiě(누나)' 등 친족호칭을 즐겨 사용합니다. 집에 손님이 방문하면 우리나라 어린이들은 보통 "안녕하세요!"라고 인사하는데 중국의 어린이들은 부모가 귀띔해 주는 친족호칭으로 인사합니다. 부모가 아이에게 '快叫阿姨。Kuài jiào āyí.(어서 이모라고 부르렴.)' 혹은 '快叫叔叔。Kuài jiào shūshu.(어서 아저씨라고 부르렴.)' 하고 말하면 아이는 곧 '阿姨好! Āyí hǎo! (이모, 안녕하세요!)', '叔叔好! Shūshu hǎo! (아저씨 안녕하세요!)'라고 인사합니다. 낯선 방문객일지라도 '阿姨' 혹은 '叔叔'라고 불리는 순간 서열이 정해지면서 가족이라는 테두리 안으로 영입되는 것이지요. 이 과정에서 서열에 관한 유쾌한 실랑이를 벌이는 것도 중국인들의 독특한 문화 중 하나입니다. 서로 높은 항렬을 차지하려고 자리다툼을 하는 것이지요.

이런 호칭을 교묘하게 사용하여 상대방으로 하여금 모욕감을 느끼게 할 수도 있습니다. 사실관계가 할아버지와 손자가 아닌 경우에 '我是你爷爷! Wǒ shì nǐ yéye! (내가 네 할아버지다)', '你是我孙子! Nǐ shì wǒ sūnzi! (너는 내 손자다).'라는 말을 사용한다

면 상대방은 심한 모욕감을 느낍니다. 왜냐하면 중국의 전통적인 가족관계에서 있어서 할아버지와 손자는 수직관계였기 때문에 손자는 할아버지에게 무조건적으로 순종을 해야 했습니다. 그러니 누군가 '我是你爷爷。' 하고 말한다면 이 말을 들은 사람은 본인의 혈족관계가 왜곡되고, 아무런 근거 없이 상대방보다 서열이 낮아지는 것에 대해 불쾌감을 느낄 수밖에 없습니다. 우리가 경어체를 적절히 구분해서 사용하는 것처럼 중국에서도 상황에 맞게 합당한 호칭을 사용하는 것입니다.

한국을 방문하는 중국인은 한국은 등급을 중시하는 사회라는데 이 말이 사실인지를 묻습니다. 어떤 자료를 근거한 것인지는 알 수 없지만 곰곰이 생각해 보면 그렇게 비칠 소지가 아주 없는 것도 아닙니다. 낯선 사람을 만났을 때 우선 나이를 파악해서 연륜에 대한 상하순서를 잡아두어야 다음 수순으로 넘어가는 경우가 중국에서는 흔한 일이 아니기 때문입니다. 학창시절을 떠올려보면 나이가 두어 살 많은 동급생은 상급생과의 관계가 매끄럽지 못한 경우가 많았는데, 이는 우리가 나이를 중시하기 때문일 것입니다. 그렇다고 해서 중국 사회가 수평적이라고는 말할 수 없습니다. 어느 나라나 관심을 기울이는 영역이 다르기 마련이니까요. 우리나라가 나이에 관심이 많다면 중국은 직위에 치중하는 편입니다. 중국 학생들과 공부할 때 동급생 중에 담당교수와 연배가 비슷한 한국 학생이 있었는데, 중국 학생들은 아무런 거리낌 없이 일반 동급생과 똑같이 이름을 불렀습니다. 그러다 나중에 그 한국 학생이 조교의 신분으로 함께 실습을 나가게 되자 중국 학생들은 그때부터 성 뒤에 꼬박꼬박 '老师 lǎoshī' 라는 호칭을 붙이는 것이었습니다. 이후에도 유사한 상황이 몇 번 더 있었는데 공통적으로 중국인에게 있어서 나이는 그저 숫자일 뿐이라고 느껴지는 사례였습니다.

그렇다면 중국인 상대방의 연령이 궁금할 때 어떻게 하면 좋을까요? 직접 나이를 묻는 것도 괜찮지만 무슨 띠인지를 물으면서 자연스럽게 대화를 진행시키는 것도 좋은 방법일 것입니다. 무슨 띠인지를 물을 때는 '您属什么? Nín shǔ shénme?' 라고 하면 되고, 만약에 돼지띠일 경우에는 '我属猪。 Wǒ shǔ zhū.' 라고 대답하면 됩니다. 다음은 12가지 띠를 중국어로 부르는 명칭입니다.

鼠 shǔ **牛** niú **虎** hǔ **兔** tù **龙** lóng (**大龙** dàlóng) **蛇** shé (**小龙** xiǎolóng)
马 mǎ **羊** yáng **猴** hóu **鸡** jī **狗** gǒu **猪** zhū

핵심포인트

▸▸ 我们买点什么礼物好呢？
Wǒmen mǎi diǎn shénme lǐwù hǎo ne?
우리 어떤 선물을 살까요?

▸▸ 听说送礼物一般会送两个，这叫好事成双。
Tīngshuō sòng lǐwù yìbān huì sòng liǎng ge, zhè jiào hǎoshì chéng shuāng.
선물을 할 때는 두 개를 하는데, 이는 '겹경사 나십시요' 하는 의미이다.

▸▸ 送礼送得多不如送得好。
Sòng lǐ sòng de duō bùrú sòng de hǎo.
많이 선물하는 것보다 잘 선물하는 것이 좋은 법이지요.

第10课

礼尚往来

오는 정이 있으면 가는 정도 있다

会话 Huìhuà 회화 MP3, Track 10-1

▸▸ 준호와 미나는 원쭝의 집으로 초대를 받았습니다. 처음으로 방문하는 중국친구의 집에 어떤 선물을 사가지고 가야할지 이런저런 상의를 해봅니다.

弥娜 Mínà	我们去看望伯父、伯母，买点什么礼物好呢？ Wǒmen qù kànwàng bófù、bómǔ, mǎi diǎn shénme lǐwù hǎo ne?
俊浩 Jùnhào	反正最好不要买梨和钟表。❶ Fǎnzhèng zuìhǎo bú yào mǎi lí hé zhōngbiǎo.
弥娜 Mínà	你怎么知道？为什么呀？ Nǐ zěnme zhīdào? Wèi shénme ya?
文静 Wénjìng	他说得对极了。因为'梨'和'离'是谐音，不吉利。 Tā shuō de duìjí le. Yīnwèi 'lí' hé 'lí' shì xiéyīn, bù jílì.
文中 Wénzhōng	'送钟'和'送终'也是谐音，更不吉利。 'Sòng zhōng' hé 'sòng zhōng' yě shì xiéyīn, gèng bù jílì.
弥娜 Mínà	那就买瓶好酒吧！ Nà jiù mǎi píng hǎo jiǔ ba!
俊浩 Jùnhào	听说送礼物一般会送两个，这叫好事成双。 Tīngshuō sòng lǐwù yìbān huì sòng liǎng ge, zhè jiào hǎoshì chéng shuāng.
文静 Wénjìng	你对中国的文化还真了解呀。 Nǐ duì Zhōngguó de wénhuà hái zhēn liǎojiě ya.
文中 Wénzhōng	你们的心意我领了。就不要破费了。 Nǐmen de xīnyì wǒ lǐng le. Jiù bú yào pòfèi le.
弥娜 Mínà	总不能让我们空手去拜访吧？❷ Zǒng bù néng ràng wǒmen kōng shǒu qù bàifǎng ba?
文静 Wénzhōng	实在想买，表示一下心意就可以了。 Shízài xiǎng mǎi, biǎoshì yíxià xīnyì jiù kěyǐ le.
俊浩 Jùnhào	送礼送得多不如送得好。❸ Sòng lǐ sòng de duō bùrú sòng de hǎo.
弥娜 Mínà	就是嘛！你们就别操心了。我们看着买吧。❹ Jiù shì ma! Nǐmen jiù bié cāoxīn le. Wǒmen kànzhe mǎi ba.

课文 Kèwén 본문 MP3, Track 10-2

送礼物并不简单，因为有一些禁忌。比如‘梨’和
Sòng lǐwù bìng bù jiǎndān, yīnwèi yǒu yìxiē jìnjì. Bǐrú ‘lí’ hé

“离婚”的“离”是谐音，一般不能送给夫妻或情人。俊浩
‘lí hūn’ de ‘lí’ shì xiéyīn, yìbān bù néng sònggěi fūqī huò qíngrén. Jùnhào

对这些方面比较了解。而现在有些禁忌悄悄发生了变化
duì zhèxiē fāngmiàn bǐjiào liǎojiě. Ér xiànzài yǒuxiē jìnjì qiāoqiāo fāshēng le biànhuà

或消失了。比如白酒可以只送一瓶。文中很客气，劝俊浩
huò xiāoshī le. Bǐrú báijiǔ kěyǐ zhǐ sòng yì píng. Wénzhōng hěn kèqi, quàn Jùnhào

他们不要买礼物。可是俊浩和弥娜不仅坚持要买礼品，
tāmen bú yào mǎi lǐwù. Kěshì Jùnhào hé Mínà bùjǐn jiānchí yào mǎi lǐpǐn,

而且还要买好礼物。
érqiě hái yào mǎi hǎo lǐwù.

生词 Shēngcí 새 단어 MP3, Track 10-3

01	礼尚往来	lǐ shàng wǎng lái	오는 정이 있으면 가는 정도 있다
02	看望	kànwàng	방문하다
03	伯父	bófù	큰아버지/아저씨
04	伯母	bómǔ	큰어머니/아주머니
05	最好	zuìhǎo	가장 바람직한 것은/제일 좋기는
06	梨	lí	배
07	钟表	zhōngbiǎo	시계
08	对	duì	맞다/옳다
09	离	lí	헤어지다
10	谐音	xiéyīn	음이 같거나 비슷한 것/동류음
11	吉利	jílì	길하다
12	送	sòng	선물하다/전송하다
13	送终	sòng zhōng	임종을 지키다
14	瓶	píng	병(양사)
15	好事成双	hǎoshì chéng shuāng	좋은 일이 쌍을 이루다/겹경사나다
16	了解	liǎojiě	알다/이해하다
17	心意	xīnyì	마음/성의
18	领	lǐng	받아들이다
19	破费	pòfèi	돈을 쓰다
20	空手	kōngshǒu	빈손

21	拜访	bàifǎng	예방하다
22	实在	shízài	확실히/진정
23	表示	biǎoshì	표시하다
24	不如	bùrú	~만 못하다/~하는 편이 낫다
25	操心	cāo xīn	마음을 쓰다(졸이다)

26	简单	jiǎndān	간단하다
27	禁忌	jìnjì	금기/기피하다
28	离婚	lí hūn	이혼하다
29	夫妻	fūqī	부부
30	情人	qíngrén	연인
31	而	ér	그러나(역접)
32	悄悄	qiāoqiāo	조용하다
33	发生	fāshēng	발생(하다)
34	变化	biànhuà	변화(하다)
35	消失	xiāoshī	사라지다
36	白酒	báijiǔ	백주
37	客气	kèqi	예의바르다/겸손하다
38	劝	quàn	권하다
39	礼品	lǐpǐn	선물

语法重点 Yǔfǎ zhòngdiǎn 포인트 설명

01 反正最好不要买梨和钟表。
Fǎnzhèng zuìhǎo bú yào mǎi lí hé zhōngbiǎo.

'反正'은 '어차피, 어쨌든'이라는 의미로 어떤 상황에서도 결과가 달라지지 않음을 나타냅니다. 주로 '无论' 혹은 '不管' 등과 호응하여 사용됩니다.

不管你怎么说，反正事情很难办。
Bùguǎn nǐ zěnme shuō, fǎnzhèng shìqíng hěn nán bàn.
당신이 어떻게 말하든지 간에 일은 처리하기가 어렵다.

상황이나 원인을 나타낼 때 '이미 이렇게 된 바에야'의 의미로 사용되어 다소 강한 어기를 나타내기도 합니다.

反正你不是外人，我也就不客气了。
Fǎnzhèng nǐ bú shì wàirén, wǒ yě jiù bú kèqi le.
당신이 남이 아닌 이상 전 사양하지 않겠습니다.

02 总不能让我们空手去拜访吧？
Zǒng bù néng ràng wǒmen kōng shǒu qù bàifǎng ba?

'总'은 이 문장에서 '어쨌든, 좌우지간'의 의미로 사용되고 있습니다.

这件事总得先向上级请示一下。
Zhè jiàn shì zǒng děi xiān xiàng shàngjí qǐngshì yíxià.
어쨌든 이 일은 상급자에게 여쭤 보아야 한다.

그 밖에 '줄곧, 대체로' 등의 뜻으로도 사용될 수 있습니다.

晚饭后他总是到湖边散步。
Wǎnfàn hòu tā zǒng shì dào hú biān sànbù.
저녁식사 후 그는 늘 호숫가를 산책한다.

퀵테스트

1. 다음 문장의 밑줄 친 부분 중 다른 의미로 사용된 것을 고르세요.

(1) 中秋的月亮①总是那么明亮。

(2) 上课的时候他的注意力②总是分散的。

(3) 事实③总是事实，他们④总不能歪曲事实。

03 送礼送得多不如送得好。
Sòng lǐ sòng de duō bùrú sòng de hǎo.

'A不如B' 의 형태로 'A는 B만 못하다' 라는 의미를 나타냅니다. '不如' 의 전후에 같은 구조의 명사, 동사, 단문 등이 올 수 있습니다.

家境一年不如一年。 해가 갈수록 가정형편이 나빠진다.
Jiājìng yì nián bùrú yì nián.

走路不如骑车。 걷기보다 자전거를 타는 것이 낫다.
Zǒu lù bùrú qí chē.

두 사물을 비교하면서 구체적으로 비교되는 내용을 설명할 수도 있습니다.

这个体育馆不如那个体育馆大。 이 체육관은 저 체육관보다 크지 않다.
Zhè ge tǐyùguǎn bùrú nà ge tǐyùguǎn dà.

我们厂不如他们厂工人多。 우리 공장은 그들 공장의 근로자 보다 많지 않다.
Wǒmen chǎng bùrú tāmen chǎng gōngrén duō.

04 我们看着买吧。
Wǒmen kànzhe mǎi ba.

'看着' 는 아직 결정되지 않은 상태에서 상황의 추이를 지켜보자는 의미를 전달할 때 자주 사용되는 표현입니다.

还需要准备什么，我们就看着办吧。
Hái xūyào zhǔnbèi shénme, wǒmen jiù kànzhe bàn ba.
또 뭐가 필요한지 지켜보면서 처리합시다.

这事儿就交给你了，你看着处理吧。
Zhè shìr jiù jiāogěi nǐ le, nǐ kànzhe chǔlǐ ba.
이 일은 당신에게 넘기니 알아서 처리하세요.

퀵테스트

2. 주어진 단어를 이용하여 중국어로 옮겨보세요.

(1) 겨울에는 여름만큼 여행객(**游客**)이 많지 않습니다. (**不如**)

➡ ______________________________

(2) 아직 뭘 사야할지 모르니 보이기며 삽시다. (**看着**)

➡ ______________________________

练习 Liànxí 연습문제

01 녹음을 듣고 질문에 맞는 답을 고르세요. MP3, Track 10-5

(1) ① 给中国人送礼物的不吉利的。
② 中国人不喜欢送礼物。
③ 中国人喜欢送钟和梨。
④ 给中国人送礼物时应该注意送什么礼物。

(2) ① 不要买太贵重的礼物。 ② 女的很想买礼物。
③ 买什么礼物都可以了。 ④ 男的不让女的买礼物。

(3) ① 女的知道男的心意。 ② 女的一定要买礼物。
③ 女的要空手去拜访他们。 ④ 男的让女的买礼物。

02 녹음을 잘 듣고 한자를 받아쓰세요. MP3, Track 10-5

(1) (2)

(3) (4)

03 아래 제시된 단어와 의미가 반대 되는 한자, 뜻, 병음을 모두 쓰세요.

(1) 快 kuài 빠르다 ➡ ________ ________ ________

(2) 错 cuò 틀리다 ➡ ________ ________ ________

(3) 闲 xián 한가하다 ➡ ________ ________ ________

(4) 贵 guì 비싸다 ➡ ________ ________ ________

(5) 容易 róngyi 쉽다 ➡ ________ ________ ________

(6) 买 mǎi 사다 ➡ ________ ________ ________

(7) 丑 chǒu 못생기다 ➡ ________ ________ ________

(8) 伤心 shāngxīn 슬프다 ➡ ________ ________ ________

04 다음 병음에 해당하는 중국어를 쓰세요.

(1) Nǐ shuō de duìjí le. ➡ ____________________

(2) Nǐmen jiù bié cāo xīn le. ➡ ____________________

(3) Nǐ bú yào pò fèi le. ➡ ____________________

05 다음 문장을 해석하세요.

(1) 送礼物并不简单，因为有不少禁忌。

➡ ____________________

(2) 现在有些禁忌悄悄发生了变化或消失了。

➡ ____________________

(3) 总不能让我们空手去拜访吧？

➡ ____________________

06 보기에서 알맞은 단어를 찾아 쓰세요.

보기　**还　因为　听说　极　不如　最好**

(1) 反正（　　　）不要买梨和钟表。

(2) 他说得对（　　　）了。'梨'和'离'是谐音，不吉利。

(3) 送礼送得多（　　　）送得好。

(4)（　　　）送礼物一般会送两个，这叫好事成双。

(5) 你对中国的文化（　　　）真了解呀。

07 주어진 구문을 이용하여 중국어로 써보세요.

(1) 내 생각에 이 휴대폰이 저 휴대폰보다 예쁘지 않은 것 같다.

(不如)

➡ ____________________

(2) 그가 가든 안 가든 나는 어차피 가야 한다.

(反正)

➡ ____________________

(3) 나는 공부하고 싶을 뿐 아니라, 일도 하고 싶다.

(不仅 ~ 而且)

➡ ____________________

08 아래 문장을 큰 소리로 읽으세요.

俊浩和弥娜要拜访文中兄妹的父母。可还没决定买什么礼物。俊浩对中国的文化还真了解。他说: “最好不要买钟表和梨，因为‘梨’和‘离’是谐音，‘送钟’和‘送终’也是谐音，都是不吉利。” 俊浩和弥娜觉得给中国人送礼物并不简单。而现在有些禁忌正在发生变化或已经消失了。文中很客气，劝俊浩他们不要买礼物。但是俊浩和弥娜不仅坚持要买礼品，而且还要买好的礼物。

09 아래 단어를 이용해 빙고게임을 해보세요.

为什么	吉利	就	怎么	了解	让
因为	不仅 ~而且	一般	会	听说	别
更	还	对	不如	想	操心
心意	一点	去	反正	绝对	着
总	礼物	也	知道	给	真
送	实在	表示	一下	破费	领

蝙蝠词 Biānfúcí 박쥐말

* 礼物 예물

중국어의 '礼物 lǐwù'는 존경 또는 축하의 뜻을 표할 때 선사하는 물건을 총칭하는 단어이지만, 우리말의 '예물'은 주로 신랑 신부가 혼례에서 주고받는 기념품, 신부의 첫인사를 받은 시부모가 답례로 주는 물품 등을 이르는 말입니다.

这是给你的礼物。Zhè shì gěi nǐ de lǐwù.

A : 이것을 당신에게 주는 선물입니다. (O)

B : 이것은 당신에게 주는 예물입니다. (X)

* 伯父 백부

중국어에서 '伯父 bófù'는 아버지의 형님이나 아버지보다 연세가 많은 남자를 뜻하지만 우리말의 백부는 큰아버지를 뜻합니다. 즉 중국어 '伯父'의 의미가 우리말의 '백부'보다 더 포괄적입니다.

* 操心 조심

중국어의 '操心 cāoxīn'은 '걱정하다, 노심하다, 애태우다'라는 뜻이지만 우리말의 조심은 잘못이나 실수가 없도록 말이나 행동에 마음을 쓴다는 뜻입니다. 따라서 중국어와 한국어의 의미는 완전히 다르다고 할 수 있습니다.

你们就别操心了。Nǐmen jiù bié cāo xīn le.

A : 당신들은 걱정하지 마세요. (O)

B : 당신들은 조심하지 마세요. (X)

* 客气 객기

중국어에서 '客气 kèqi'는 '체면을 차리거나 겸양하다'라는 뜻이지만 우리말의 '객기'는 '객쩍게 부리는 혈기(血氣)나 용기'를 뜻합니다.

你太客气了。Nǐ tài kèqi le.

A : 너무 겸손하시네요./너무 신경을 쓰시네요. (O)

B : 너무 객기 부리시네요. (X)

更上一层楼 Gèng shàng yī céng lóu 응용표현 MP3, Track 10-4

01

다른 사람의 집에 초대되어 갔을 때 할 수 있는 표현들입니다.

房间真宽敞啊！
Fángjiān zhēn kuānchǎng a!
방이 정말 넓찍하네요!

孩子的房间布置得真好。
Háizi de fángjiān bùzhì de zhēn hǎo.
애 방을 잘 꾸미셨네요.

屋子布置得真不错。
Wūzi bùzhì de zhēn búcuò.
방을 잘 배치하셨네요.

客厅采光真好，很明亮。
Kètīng cǎiguāng zhēn hǎo, hěn míngliàng.
객실은 채광이 좋아서 환하네요.

나를 위해 준비해준 음식이 맛있을 때 하는 표현입니다.

饭菜很合口。
Fàncài hěn hékǒu.
음식이 모두 입에 맞습니다.

你的厨艺不错啊。
Nǐ de chúyì búcuò a.
요리 솜씨가 뛰어나십니다.

你做菜的手艺真不错。
Nǐ zuò cài de shǒuyì zhēn búcuò.
요리 솜씨가 뛰어나십니다.

대접을 잘 받았을 때 하는 인사말입니다.

非常感谢你的热情招待。
Fēicháng gǎnxiè nǐ de rèqíng zhāodài.
잘 대접해주셔서 감사합니다.

谢谢你的盛情款待。
Xièxie nǐ de shèngqíng kuǎndài.
융숭한 대접을 해주셔서 감사합니다.

韩中文化面面观

한중문화의 이모저모

나? 우리!

중국어에 '枪打出头鸟。Qiāng dǎ chū tóu niǎo.(첫 번째 새가 총을 맞는다)', '人怕出名猪怕壮。Rén pà chūmíng zhū pà zhuàng.(사람은 이름 나는 것을 경계하고, 돼지는 살 오르는 것을 두려워한다)' 라는 말이 있는데요, 이는 혼자만 지나치게 튀는 것을 경계하는 중국인의 신중한 태도를 나타내는 말입니다.

중국인은 공로를 논할 때 '我们' 을 내세우고 귀책 사유를 논할 때는 주로 '我' 를 내세우는 것을 미덕으로 여깁니다. 좋은 일은 모두 함께 향유하고, 나쁜 일은 혼자 책임지는 전체주의와 연관이 있습니다. 훌륭한 성과를 거두었을 때 중국인은 대부분 '这是我们的功劳。Zhè shì wǒmen de gōngláo. (이것은 우리의 공로입니다)' 라고 말합니다. 개인의 공로를 전체로 돌리는 겸손의 표현입니다.

중국에 진출한 한국 기업체에 근무하는 어느 지인에 따르면 회사에서 매월 투표로 우수사원을 선정하여 상여금을 지급하는데, 가만히 살펴보니 서로 번갈아가며 우수사원을 선정하더랍니다. 회사가 자금난에 봉착할 때도 구조조정을 통한 인원감축보다는 회사의 자금 사정을 이해시키고, 전 직원의 급여를 일정 비율로 삭감하고 극복해야 할 공동의 목표를 제시하여 노력과 진작을 호소하는 것이 업무 효율에 긍정적인 영향을 미친다고 합니다. 전체를 우선시하는 중국인의 의식에서 그 원인을 찾을 수 있습니다.

중국에는 맞벌이 부부가 많기 때문에 탁아시설이 잘 발달되어 있습니다. 부모가 원한다면 초등학생도 학교 안에 마련된 기숙사에서 생활을 하며 일주일 혹은 더 오랜 기간 머물기도 합니다. 대학생들은 대부분 교내 기숙사에서 생활을 하는데 학교뿐만 아니라 회사에서도 기숙사를 제공하는 곳이 많습니다. 기숙사는 보통 여러 명이 한 개의 방을 사용하는데 그렇다 보니 중국인들은 어려서부터 공동체 생활에 익숙해질 기회가 많은 편입니다.

세계의 유학생 가운데 중국 유학생은 현지 적응력이 상대적으로 뛰어나다는 평가를 받습니다. 56개의 다민족 문화를 배경으로 어려서부터 공동생활을 경험한 탓에 이질적인 문화에 대해 포용적이고 개방적이기 때문입니다. 게다가 풍부한 재료와 다양한 조리법을 자랑하는 세계 4대 요리 중 하나로 손꼽히는 중국요리로 무장한 중국인은 어느 나라에서든 환대를 받습니다. 환하게 웃으며 두 팔을 걷어붙이고 맛난 요리를 척척 만들어내는 사람을 싫어할 이유가 없기 때문입니다.

요즘은 글로벌 인재를 양성하기 위한 교육이 중시되고 있습니다. 외국어를 구사하는 것만이 글로벌화의 척도는 아닐 것입니다. 문화란 인간이 사회의 구성원으로서 획득한 능력 또는 습관의 총체로서 그 범주는 철학, 종교, 예술, 과학 등 모든 것을 포함합니다. 글로벌 문화에 대한 올바른 이해와 운용 능력을 가진 인재가 바로 글로벌 인재일 것입니다. 타인과 조화롭게 살아가는 방법을 깨우치는 데 있어서 중국인은 환경적으로 좋은 조건을 가지고 있습니다. 2008년 올림픽 개막식에 '和'라는 글씨가 경기장 중앙에 크게 새겨지고 그 주변에서 다채로운 공연이 펼쳐졌습니다. 어디나 마찬가지로 중국 사회도 급변하고 있지만 '和谐 héxié(조화)'를 중시하는 중국인의 의식은 공자가 살았던 2,000년 전이나 지금이나 변함이 없으며 앞으로도 지속될 것입니다.

핵심포인트

▸▸ **晚上大家聚一下怎样?**
Wǎnshang dàjiā jù yíxià zěnyàng?
저녁에 모여서 다같이 식사하는 게 어때요?

▸▸ **那就恭敬不如从命了。**
Nà jiù gōngjìng bùrú cóngmìng le.
말씀대로 따르겠습니다!

▸▸ **心动不如行动，快带路吧。**
Xīn dòng bùrú xíngdòng, kuài dài lù ba.
생각은 행동만 못한 법, 어서 길을 안내하세요.

第 11 课

聚餐

회식하다

会话 Huìhuà 회화 MP3, Track 11-1

▸▸ 관광을 마치고 온 일행은 몹시 피곤한 모양입니다. 피로를 푸는 데 좋은 음식만한 것도 없는데요, 이들은 오늘 어떤 메뉴를 선택할까요?

文静 Wénjìng	今天真累啊！走了那么多路！ Jīntiān zhēn lèi a! Zǒule nàme duō lù!
文中 Wénzhōng	晚上大家聚一下怎样？ Wǎnshang dàjiā jù yíxià zěnyàng?
俊浩 Jùnhào	去吃大餐吧。今天我做东。 Qù chī dàcān ba. Jīntiān wǒ zuò dōng.
文中 Wénzhōng	别啊！我还没有尽地主之谊呢！❶ Bié a! Wǒ hái méiyǒu jìn dìzhǔ zhī yì ne!
弥娜 Mínà	别浪费大家宝贵的时间了。赶紧定下来。 Bié làngfèi dàjiā bǎoguì de shíjiān le. Gǎnjǐn dìng xiàlái.
文静 Wénjìng	到了北京怎么也得尝一尝正宗的烤鸭吧？ Dàole Běijīng zěnme yě děi cháng yi cháng zhèngzōng de kǎoyā ba?
文中 Wénzhōng	有句话叫做不到长城非好汉，不吃烤鸭真遗憾。 Yǒu jù huà jiào zuò bu dào Chángchéng fēi hǎohàn, bù chī kǎoyā zhēn yíhàn.
俊浩 Jùnhào	那就恭敬不如从命了。❷ Nà jiù gōngjìng bùrú cóngmìng le.
文静 Wénjìng	鸭肉嫩嫩的、脆脆的，想起来就流口水。❸ Yāròu nènnèn de、 cuìcuì de, xiǎng qǐlái jiù liú kǒushuǐ.
弥娜 Mínà	快别说了，馋死我了。 Kuài bié shuō le, chánsǐ wǒ le.
俊浩 Jùnhào	心动不如行动，快带路吧。 Xīn dòng bùrú xíngdòng, kuài dài lù ba.
文静 Wénjìng	人多了，是不是得拿号等啊？ Rén duō le, shì bu shì děi ná hào děng a?
文中 Wénzhōng	我还是先打电话预定一下吧。❹ Wǒ háishi xiān dǎ diànhuà yùdìng yíxià ba.

课文 Kèwén 본문 MP3, Track 11-2

每个城市都有自己的特色菜肴。比如，北京的
Měi ge chéngshì dōu yǒu zìjǐ de tèsè càiyáo. Bǐrú, Běijīng de

烤鸭、重庆的火锅等等。文中他们计划晚上去吃烤鸭。
kǎoyā、Chóngqìng de huǒguō děngděng. Wénzhōng tāmen jìhuà wǎnshang qù chī kǎoyā.

好吃的餐厅一般去的人也比较多，常常得排队等候。
Hǎochī de cāntīng yìbān qù de rén yě bǐjiào duō, chángcháng děi pái duì děnghòu.

所以文静提醒文中最好提前预定座位。弥娜恨不得
Suǒyǐ Wénjìng tíxǐng Wénzhōng zuìhǎo tíqián yùdìng zuòwèi. Mínà hènbudé

马上就能吃上烤鸭。他们高高兴兴地出发了。
mǎshàng jiù néng chīshàng kǎoyā. Tāmen gāogao xìngxìng de chūfā le.

生词 Shēngcí 새 단어 MP3, Track 11-3

01	聚餐	jùcān	회식/회식하다
02	路	lù	길
03	聚	jù	모이다
04	大餐	dàcān	성찬
05	做东	zuò dōng	한턱 내다
06	地主之谊	dìzhǔ zhī yì	어떤 지역의 토박이로서의 도리
07	宝贵	bǎoguì	귀중하다
08	赶紧	gǎnjǐn	서둘러/급히
09	正宗	zhèngzōng	정통
10	烤鸭	kǎoyā	오리구이
11	遗憾	yíhàn	유감이다
12	恭敬	gōngjìng	예의가 바르다
13	从命	cóngmìng	분부에 따르다
14	鸭肉	yāròu	오리고기
15	嫩	nèn	연하다
16	脆	cuì	아삭아삭하다
17	流	liú	흐르다
18	口水	kǒushuǐ	침
19	馋	chán	먹고 싶어하다/군침 흘리다

20	心动	xīn dòng	마음이 움직이다
21	行动	xíngdòng	행동하다
22	带路	dài lù	길을 안내하다

23	城市	chéngshì	도시
24	特色	tèsè	특색있다
25	菜肴	càiyáo	요리
26	重庆	Chóngqìng	중경
27	火锅	huǒguō	중국식 전골
28	计划	jìhuà	계획/계획하다
29	等候	děnghòu	기다리다
30	提醒	tíxǐng	일깨우다
31	座位	zuòwèi	자리/좌석
32	恨不得	hènbudé	몹시 ~하고 싶다
33	马上	mǎshàng	곧/즉시

语法重点 Yǔfǎ zhòngdiǎn 포인트 설명

01 别啊！我还没有尽地主之谊呢！
Bié a! Wǒ hái méiyǒu jìn dìzhǔ zhī yì ne!

'还没/不~呢' 의 형식으로 '아직 ~지 않다' 라는 표현을 만들 수 있습니다. 이 문장에서 '呢' 는 서술문의 끝에서 사실을 확인하는 어기를 나타내고 있습니다.

什么时候举行颁奖典礼，我还不知道呢！
Shénme shíhou jǔxíng bān jiǎng diǎnlǐ, wǒ hái bù zhīdào ne!
언제 시상식을 거행하는지 나는 아직 모릅니다.

找班长有什么事儿？班长还没到呢！
Zhǎo bānzhǎng yǒu shénme shìr? Bānzhǎng hái méi dào ne!
무슨 일이 있어서 반장을 찾나요? 아직 오지 않았습니다.

02 那就恭敬不如从命了。
Nà jiù gōngjìng bùrú cóngmìng le.

'恭敬' 은 '예의 바르다' 라는 의미이고, '从命' 은 '분부에 따르다' 라는 의미입니다. 예의 때문에 서로 실랑이를 하느니 상대방의 제안에 따르는 것이 더 낫다는 표현인데, 상대방의 제의에 못 이기는 척하고 따를 때 관용적으로 사용할 수 있습니다.

恭敬不如从命，受训莫如从顺。
Gōngjìng bùrú cóngmìng, shòu xùn mò rú cóngshùn
분부대로 하겠습니다. 훈계를 받는 것이 순종하는 것보다 못하니까요.

恭敬不如从命，那就不客气了。
Gōngjìng bùrú cóngmìng, nà jiù bú kèqi le.
말씀대로 따르겠습니다. 그럼 사양하지 않겠습니다.

퀵테스트

1. 주어진 단어를 이용하여 다음 문장을 중국어로 옮겨보세요.

(1) 숙제도 다 하지 못했는데 어떻게 영화를 볼 수 있겠어요. (还没~呢)

➡ ____________________

(2) 이곳은 제 관할구역이 아니니 당신 뜻에 따르겠습니다. (地方)

➡ ____________________

03 鸭肉嫩嫩的、脆脆的，想起来就流口水。

Yāròu nènnèn de、 cuìcuì de, xiǎng qǐlái jiù liú kǒushuǐ.

'嫩嫩的、脆脆的' 는 단음절 형용사가 중첩되어 사용된 것으로 이 문장에서는 술어로 사용되고 있습니다. 중첩된 형용사는 문장에서 일반적으로 관형어, 술어, 부사어 역할을 합니다. 관형어와 술어로 사용될 때는 뒤에 '的' 를 붙여서 사용합니다.

他找的对象个子高高的，头发长长的，非常美丽。
Tā zhǎo de duìxiàng gèzi gāogāo de, tóufa chángcháng de, fēicháng měilì.
그가 찾는 결혼상대자는 키가 크고, 머리카락이 길고, 아주 아름다운 사람이다.

很多书整整齐齐地摆放在书架上。
Hěn duō zhěngzhěng qíqí de bǎi fàngzài shūjià shàng.
많은 책들이 책꽂이에 잘 정돈되어 있다.

04 我还是先打电话预定一下吧。

Wǒ háishi xiān dǎ diànhuà yùdìng yíxià ba.

'还是~吧' 는 '~하는 편이 더 낫다' 라는 의미로 비교를 통해 선택했음을 나타내고 있습니다.

天气凉了，还是多穿点儿吧。
Tiānqì liáng le, háishi duō chuān diǎnr ba.
날씨가 쌀쌀해졌으니 옷을 많이 입는 게 낫다.

还是这些老歌最动听吧。
Háishi zhè xiē lǎogē zuì dòngtīng ba.
그래도 이 옛날 노래들이 가장 감동적이다.

퀵테스트

2. 다음을 중국어로 옮겨보세요.

(1) 떡볶이(**炒年糕**)는 매콤하고 달콤해서 많은 한국 여성들이 좋아하는 분식입니다. (**辣、甜、小吃**)

➡ ______________________________

(2) 시내에 갈 때는(**进城**) 대중교통을 이용하는 편이 더 낫습니다. (**还是**)

➡ ______________________________

练习 Liànxí 연습문제

01 녹음을 듣고 질문에 맞는 답을 고르세요. MP3, Track 11-6

(1) ① 他要请别人吃饭。 ② 他今天要做饭。
③ 他今天想作客。 ④ 他今天想去东边。

(2) ① 我不听你的。 ② 好，你听我的。
③ 我不同意。 ④ 好，我听你的。

(3) ① 女的在流口水。 ② 他们都喜欢吃烤鸭。
③ 男的不让女的说话。 ④ 男的快要死了。

02 녹음을 잘 듣고 한자를 받아쓰세요. MP3, Track 11-6

(1) (2)

(3) (4)

03 아래 밑줄 친 단어의 용법이 나머지 셋과 다른 것을 고르세요.

(1) ① 人多了，是不是得拿号等啊？ ② 我得尝一尝正宗的烤鸭吧！
③ 他说得对极了。 ④ 我得走了。

(2) ① 请问，地铁站怎么走？ ② 你怎么不开车去？
③ 你怎么还不走？ ④ 他今天怎么不来学校？

(3) ① 今天下午他到北京了。 ② 从这儿到机场需要几个小时？
③ 他们到了没有？ ④ 飞机快要到了。

04 아래 제시된 단어가 들어갈 곳을 찾으세요.

(1) 恨不得

A 她 B 马上就 C 能吃上 D 烤鸭 。

(2) 一下

A 我还是 B 先打电话 C 预定 D 吧。

05 다음 문장의 잘못된 부분을 바르게 고쳐 쓰고 해석하세요.

(1) 他们高兴高兴地出发了。

➡ ______________________

➡ ______________________

(2) 快别说了，馋我死了。

➡ ______________________

➡ ______________________

(3) 晚上大家聚一下什么样?

➡ ______________________

➡ ______________________

06 ( ) 안에 '的、地、得'을 골라 써넣은 후 병음을 쓰세요.

(1) 她昨天买(   )手机弄丢了。

➡ ______________________

(2) 他快快乐乐(   )走了。

➡ ______________________

(3) 你说汉语说(   )很好。

➡ ______________________

(4) 我们还有时间。你慢慢(   )吃吧。

➡ ______________________

07 아래 밑줄 친 단어의 뜻을 쓰세요.

(1) 鸭肉嫩嫩的、脆脆的，想起来就流口水。

➡ ______________________________

(2) 恭敬不如从命了。

➡ ______________________________

(3) 今天我做东。

➡ ______________________________

(4) 赶紧定下来。

➡ ______________________________

08 아래 단어를 바르게 나열한 후 한어병음과 뜻을 쓰세요.

(1) 大家　浪费　的　时间　宝贵　了　别

➡ ______________________________

➡ ______________________________

➡ ______________________________

(2) 特色　都　有　自己　城市　的　每个　菜肴

➡ ______________________________

➡ ______________________________

➡ ______________________________

(3) 她　最好　座位　提醒　我　提前　预定

➡ ______________________________

➡ ______________________________

➡ ______________________________

09 아래 제시된 것들 외에 다른 내용을 추가한 후 큰 소리로 읽어보세요.

尝尝	看看	吃吃	想想	做做
动一动	等一等	打一打	说一说	走一走
休息休息	研究研究	努力努力		
嫩嫩	脆脆			
高高兴兴				

一网打尽 Yìwǎng dǎjìn 일망타진 MP3, Track 11-4

맛의 표현

酸	suān	시다	甜	tián	달다
苦	kǔ	쓰다	辣	là	맵다
咸	xián	짜다	淡	dàn	싱겁다
清淡	qīngdàn	담백하다	油腻	yóunì	느끼하다
腥	xīng	비리다	涩	sè	떫다
香	xiāng	향기롭다	臭	chòu	악취가 나다
浓	nóng	진하다	酸辣	suānlà	시고 맵다
酸甜	suāntián	새콤달콤하다	硬	yìng	딱딱하다
软	ruǎn	부드럽다			

다양한 조리 방법

炒	chǎo	볶다	爆	bào	끓는 물 또는 기름에 살짝 데치다
熘	liū	볶다(녹말가루 갠 것을 부어 다시 볶는 것을 말함)	炸	zhá	튀기다
烹	pēng	볶다(끓는 기름에 재료와 조미료를 넣어 빨리 휘저어 만드는 것을 말함)	煎	jiān	(전을) 부치다
溻	tā	튀김옷을 입혀 튀긴 후 양념을 하여 약한 불로 익히는 조리법	贴	tiē	한 쪽만 굽는 조리법
熏	xūn	훈제하다	烧	shāo	기름에 튀기거나 볶은 후에 국물을 붓고 다시 볶는 조리 법
焖	mèn	뜸들이다	煨	wēi	뭉근한 불에 오래 삶다
烩	huì	볶은 후에 소량의 물과 전분을 넣어 만드는 요리법	烤	kǎo	불에 굽다
泥烤	níkǎo	진흙구이	汆 / 涮	cuān/shuàn	데치다
熬	áo	달이다	煮	zhǔ	끓이다
炖	dùn	고다	蒸	zhēng	찌다

更上一层楼 Gèng shàng yī céng lóu 응용표현 MP3, Track 11-5

01

함께 밥 먹으러 가자는 표현을 이렇게 합니다.

A 今晚咱们撮一顿怎么样？
Jīnwǎn zánmen cuō yí dùn zěnmeyàng?
우리 오늘 저녁에 식사합시다. 어때요?

B 今晚去腐败一下吧。
Jīnwǎn qù fǔbài yíxià ba.
오늘 저녁에 거하게 먹어봅시다.

02

음식 값을 계산할 때 쓰는 다양한 표현입니다.

这顿我请了。
Zhè dùn wǒ qǐng le.
오늘은 제가 사겠습니다.

我去结帐。
Wǒ qù jié zhàng.
제가 계산하겠습니다.

今天我来买单(埋单)。
Jīntiān wǒ lái mǎi dān. (mái dān)
오늘은 제가 내겠습니다.

不能让你(一个人)掏腰包啊。
Bù néng ràng nǐ (yí ge rén) tāo yāobāo a.
혼자서 계산하게 할 수는 없습니다.

不能让你一个人破费呀。
Bù néng ràng nǐ yí ge rén pòfèi ya.
혼자서 돈을 쓰게 할 수는 없습니다.

咱们还是 AA 吧。
Zánmen háishi AA ba.
더치페이 합시다.

咱们各付各的吧。
Zánmen gè fù gè de ba.
각자 냅시다.

韩中文化面面观
한중문화의 이모저모

与世无争 yǔ shì wú zhēng

중국어에 '大事化小, 小事化了。Dàshì huà xiǎo xiǎo shì huà liǎo. (큰 문제는 작은 것으로 만들고, 사소한 문제는 없는 것으로 만든다)' 라는 말이 있습니다. 이는 '与世无争 yǔ shì wú zhēng (남과 싸우지 않는다)' 라는 말과도 맥을 같이 하는 것으로 문제를 일으키는 것을 꺼려 하는 중국인의 특성을 잘 나타내고 있습니다.

중국인은 어지간한 일이 아니면 상대방과 정면으로 대응하려 하지 않습니다. 시간이 오래 걸리더라도 여러 가지 방도를 모색하는 것이 중국인의 방식입니다. 중국인과 계약을 체결하는 데 긴 시간이 걸리는 경우가 많습니다. 여기에는 물론 여러 가지 이유가 있을 수 있겠지만 대부분은 내부의 의견 조율을 통해 우회적인 해결 방안을 모색하는 데 많은 시간을 사용하기 때문이랍니다.

중국인이 정면 충돌을 꺼리는 것은 '面子 miànzi(체면)' 를 중시하는 것과 연관이 있습니다. 체면은 자신과 상대방의 인격과 자존심을 뜻합니다. 중국인은 생활 전반에 걸쳐 본인뿐만 아니라 타인의 체면을 위한 배려를 많이 합니다. 중국어에 '树要皮, 人要脸。Shù yào pí, rén yào liǎn. (나무는 껍질이 있어야 하고 사람은 체면이 서야 한다.)' 라는 말이 있습니다. 중국인의 의식 속에서 체면이 얼마나 중요한지를 단적으로 드러내는 말입니다. 이런 이유로 중국인은 거절이나 반대 등 부정적인 태도를 표명해야 하는 경우에도 완곡한 표현을 사용하여 최소한의 체면은 지켜주는 것이 예의라고 생각합니다.

중국인은 문제가 발생할 경우 정면으로 돌파하는 대신 '关系 guānxi (관계)' 를 통해 문제를 해결해 갑니다. 关系를 통하면 껄끄러운 문제를 부드럽게 풀어갈 수 있어서 본인의 체면과 상대방의 체면을 동시에 살릴 수 있는 좋은 방식이기 때문입니다.

중국인이 '不 bù' 라는 말을 직설적으로 하지 않는 이유도 나의 체면뿐만 아니라 상대방의 체면도 배려하는 '面子法则 miànzi fǎzé (체면에 관한 원칙)' 때문입니다. 그렇

다면 중국인들은 'No'라고 말하고 싶을 때 어떻게 표현할까요? 상황에 따라 달라지겠지만 '琢磨琢磨。Zhuómo zhuómo. (생각 좀 해보겠습니다)', '以后再说吧。Yǐhòu zài shuō ba. (다음에 다시 논의합시다).' 등과 같이 완곡한 표현을 사용합니다. 중국인의 위와 같은 반응을 액면 그대로 받아들이면 나중에 오해를 불러일으킬 수 있으므로 각별히 유의해야 할 것입니다. 중국인이 어려운 부탁을 해오더라도 면전에서 거절하지 말고 그들의 체면을 세워주도록 처신해야 합니다.

중국에서 기차를 타고 여행을 하다 보면 여러 지방의 중국인을 만날 수 있습니다. 수십 시간 동안 같은 기차를 타고 가다 보면 주변 사람들과 이야기도 하고 서로 먹을 것을 나누기도 하는데, 한국에서 가져간 부식품을 꺼내 놓으면 대부분 호기심 어린 표정으로 주시합니다. 이 시선을 의식해서 맛보라고 건네주면 한사코 받지를 않습니다. 알록달록한 사탕이나 껌의 유혹을 떨쳐버리기에는 아직 너무 어린 꼬맹이들조차 냉큼 받아들지 않고 부모 뒤로 숨는 경우가 많습니다. 처음에는 우리 부식품에 무슨 문제가 있나 하고 생각했었는데, 재차 삼차 권하니 그제서야 받아 드는 중국인을 보고 남들 앞에서 자신의 부족함을 보이지 않으려 하는 체면의식이 발동한 것이라는 데 생각이 미쳤습니다. 이뿐 아니라 선물을 건네거나 식사를 초대할 때도 마찬가지로 여러 번 권해야 응하는 경우가 많았습니다. 그래서 나중에는 반대로 중국인들이 먹고 있는 부식품에 관심을 보이며 맛을 봐도 되겠느냐고 물었더니 호기롭게 봉지째 건네주는 것이었습니다. 조금이라도 더 저렴하게 구입하려고 이 상점 저 상점을 돌아다니며 구입했을 부식품인데 말입니다. 먼저 제 것을 내놓은 중국인은 우리 것을 권할 때 한층 유연한 자세를 보였습니다. 이쪽에서 스스럼없이 손을 내미니 저쪽에서도 여유를 찾은 것입니다. 중국인과 교류할 때 응용해볼 수 있는 방식입니다. 상대방의 감정을 존중하여 조화로운 관계를 지켜나가는 것이 중국인들에게는 묵계이자 행동지침이라는 것을 명심한다면 여러 가지 상황에서도 일관된 해법을 찾을 수 있을 것입니다.

핵심포인트

▸▸ **咱俩还没一起喝过酒吧？**
Zán liǎ hái méi yìqǐ hēguo jiǔ ba?
우리 아직 같이 술 한잔 마신 적 없지요?

▸▸ **择日不如撞日，今天去小酌一番如何？**
Zé rì bùrú zhuàng rì, jīntiān qù xiǎozhuó yì fān rúhé?
따로 약속을 잡느니 말 나온 김에 오늘 조촐하게 한잔 어때요?

▸▸ **为我们的健康干一杯！**
Wèi wǒmen de jiànkāng gān yì bēi !
우리의 건강을 위해 건배합시다!

第12课

小酌一番

술 한잔 어때요?

会话 Huìhuà 회화 MP3, Track 12-1

▸▸ 저녁을 먹고 왔는데도 원쭝은 뭔가 아쉬운 모양입니다. 원쭝은 준호에게 즐거운 제안을 하나 합니다. 준호는 원쭝의 제안을 받아들일까요?

文中 Wénzhōng
俊浩，咱俩还没一起喝过酒吧？
Jùnhào, zán liǎ hái méi yìqǐ hēguo jiǔ ba?

俊浩 Jùnhào
说得也是。还真没一起喝过。
Shuō de yě shì. Hái zhēn méi yìqǐ hēguo.

文中 Wénzhōng
择日不如撞日，今天去小酌一番如何？❶
Zé rì bùrú zhuàng rì, jīntiān qù xiǎozhuó yì fān rúhé?

俊浩 Jùnhào
行，但是有一条，这次不许你掏腰包。
Xíng, dànshì yǒu yì tiáo, zhè cì bùxǔ nǐ tāo yāobāo.

文中 Wénzhōng
怎么好意思让你破费呢！❷
Zěnme hǎoyìsi ràng nǐ pòfèi ne!

俊浩 Jùnhào
你就不要跟我争了。给我点面子嘛！
Nǐ jiù bú yào gēn wǒ zhēng le. Gěi wǒ diǎn miànzi ma!

文中 Wénzhōng
那我就勉为其难接受你的一番好意吧。
Nà wǒ jiù miǎn wéi qí nán jiēshòu nǐ de yì fān hǎoyì ba.

俊浩 Jùnhào
好！痛快！现在去叫弥哪和文静。
Hǎo! Tòngkuài! Xiànzài qù jiào Mínà hé Wénjìng.

……

俊浩 Jùnhào
来，我先敬你一杯。
Lái, wǒ xiān jìng nǐ yì bēi.

文中 Wénzhōng
给两位女生也满上吧。❸
Gěi liǎng wèi nǚshēng yě mǎnshàng ba.

俊浩 Jùnhào
为我们的健康干一杯！❹
Wèi wǒmen de jiànkāng gān yì bēi!

文中 Wénzhōng
也为我们的友谊干杯！
Yě wèi wǒmen de yǒuyì gān bēi!

俊浩 Jùnhào
今晚大家一定要尽兴而归啊！
Jīnwǎn dàjiā yídìng yào jìnxìng ér guī a!

课文 Kèwén 본문 MP3, Track 12-2

俊浩连日来受到文中的照顾，一直想找个机会
Jùnhào liánrì lái shòudào Wénzhōng de zhàogù, yìzhí xiǎng zhǎo ge jīhuì

表达一下感激之情。于是，当文中说要出去喝酒的时候，
biǎodá yíxià gǎnjī zhī qíng. Yúshì, dāng Wénzhōng shuō yào chūqù hē jiǔ de shíhou,

俊浩就迫不及待地提出自己要请客。刚开始文中觉得
Jùnhào jiù pò bù jí dài de tíchū zìjǐ yào qǐng kè. Gāng kāishǐ Wénzhōng juéde

不好意思，没有答应，但后来还是接受了好意。
bù hǎo yìsi, méiyǒu dāying, dàn hòulái háishi jiēshòu le hǎoyì.

在酒吧他们兴致都很高，聊得也很开心。这个夜晚
Zài jiǔbā tāmen xìngzhì dōu hěn gāo, liáo de yě hěn kāixīn. Zhè ge yèwǎn

无疑是个美妙的夜晚。
wúyí shì ge měimiào de yèwǎn.

生词 Shēngcí 새 단어 MP3, Track 12-3

01	小酌	xiǎozhuó	가볍게 한잔 하다
02	番	fān	번/차례/바탕
03	择	zé	택하다
04	撞	zhuàng	뜻하지 않게 만나다/부딪히다
05	如何	rúhé	어떠한가
06	条	tiáo	항목/조목
07	不许	bùxǔ	불허하다/~할 수 없다
08	掏	tāo	꺼내다
09	腰包	yāobāo	지갑/허리춤에 차는 돈주머니
10	争	zhēng	다투다
11	面子	miànzi	체면
12	勉为其难	miǎn wéi qí nán	어려운 일을 참고 해내다
13	接受	jiēshòu	받아들이다
14	好意	hǎoyì	호의
15	痛快	tòngkuài	통쾌하다/시원시원하다
16	女生	nǚshēng	여학생
17	敬	jìng	(음식이나 물건을) 공손히 드리다/바치다/올리다
18	满	mǎn	가득하다/가득차게 하다
19	健康	jiànkāng	건강

20	友谊	yǒuyì	우정
21	尽兴	jìnxìng	마음껏 즐기다

22	连日	liánrì	연일
23	机会	jīhuì	기회
24	表达	biǎodá	표현하다
25	感激	gǎnjī	감사하다/감격하다
26	于是	yúshì	그래서
27	开始	kāishǐ	시작하다
28	酒吧	jiǔbā	술집
29	兴致	xìngzhì	흥취
30	对于	duìyú	～에 대하여
31	夜晚	yèwǎn	밤
32	无疑	wúyí	틀림없다
33	美妙	měimiào	아름답다

语法重点 Yǔfǎ zhòngdiǎn 포인트 설명

01 择日不如撞日，今天去小酌一番如何？

Zé rì bùrú zhuàng rì, jīntiān qù xiǎozhuó yì fān rúhé?

'如何' 는 '어떠한가' 라는 의미로서 상대방의 의견을 묻거나, 상황 또는 상태가 어떠한지를 물을 때 사용할 수 있습니다. 이 밖에 '怎么样' 또는 '怎样' 을 사용할 수도 있습니다. '如何' 는 상대적으로 문어적인 표현입니다.

新上市的手机质量到底怎么样？
Xīn shàng shì de shǒujī zhìliàng dàodǐ zěnmeyàng?
새로 출시된 휴대전화 품질이 도대체 어떤가요?

今天去尝一尝怎样？ 오늘 맛보러 가는 게 어때요?
Jīntiān qù cháng yi cháng zěnyàng?

02 怎么好意思让你破费呢！

Zěnme hǎoyìsi ràng nǐ pò fèi ne!

'怎么 ~ 呢!' 는 이 문장에서 반문을 나타냅니다.

平常不用功，怎么能考及格呢？
Píngcháng bú yònggōng, zěnme néng kǎo jí gé ne?
평소에 열심히 하지 않는데 어떻게 시험에 합격하겠는가?

这么重的行李，怎么让孩子拿呢？
Zhème zhòng de xíngli, zěnme ràng háizi ná ne?
이렇게 무거운 짐을 어떻게 아이한테 가져가라 하겠는가?

'怎么' 는 그 밖에 다른 여러가지 뜻을 나타내기도 합니다.

快放假了，你打算怎么过？
Kuài fàng jià le, nǐ dǎsuàn zěnme guò?
곧 방학인데 당신을 어떻게 보낼 계획인가요?

퀵테스트

1. 다음 문장에서 '怎么' 에 유의하여 해석해보세요.

(1) 我不知道我该怎么办。

➡ ______________________________

(2) 这么黑，怎么能让你一个人回家。

➡ ______________________________

03 给两位女生也满上吧。

Gěi liǎng wèi nǚshēng yě mǎnshàng ba.

'上' 은 이 문장에서 방향보어로 사용되었습니다. 방향보어는 구체적인 의미로 사용되어 높은 곳으로 향함을 나타냅니다.

汽车顺着公路开上山了。 자동차는 도로를 따라 산으로 올라갔다.
Qìchē shùnzhe gōnglù kāi shàng shān le.

把行李搬上车吧。 짐을 자동차로 옮기세요.
Bǎ xíngli bānshàng chē ba.

또한 추상적인 의미로 사용되어 분리에서 결합 혹은 부착, 목적의 실현이나 가능, 동작의 시작과 지속, 첨가, 일정한 수량에 도달함 등을 나타낼 수 있습니다.

请您闭上眼睛。 눈을 감으세요.
Qǐng nín bìshàng yǎnjing

蛋糕再放上花就完成了。 케이크에 꽃만 올려놓으면 완성된다.
Dàngāo zài fàngshàng huā jiù wánchéng le.

04 为我们的健康干一杯!

Wèi wǒmen de jiànkāng gān yì bēi!

'为' 는 '~을 위하여' 라는 뜻을 나타냅니다. 발음을 'wèi' 라고 하는 것에 유의하세요.

为大多数人谋利益。 대다수 사람들을 위한 이익을 모색한다.
Wèi dàduōshù rén móu lìyì.

让我们为实现共同目标作出努力。
Ràng wǒmen wèi shíxiàn gòngtóng mùbiāo zuòchū nǔlì.
우리들은 공동목표를 실현하기 위하여 노력해야 한다.

퀵테스트

2. 주어진 단어를 이용하여 다음을 중국어로 옮겨보세요.

(1) 뭐가 마음에 드십니까? (**看上**)

➡ ______________________________

(2) 우리의 우정을 위하여 건배합시다. (**为**)

➡ ______________________________

练习 Liànxí 연습문제

01 녹음을 듣고 질문에 맞는 답을 고르세요. MP3, Track 12-6

(1) ① 他们还没决定什么时候喝。　② 今天他们要去喝酒。
③ 他们决定了改天再喝。　④ 他们不想喝酒。

(2) ① 今天他没有钱请她吃饭。　② 他有一条腰包。
③ 今天他要做东。　④ 他让她请客。

(3) ① 她向他要面子。
② 他很高兴地接受她的好意。
③ 他很愿意接受她的好意。
④ 他接受了她的好意，但很不好意思。

02 녹음을 잘 듣고 한자를 받아쓰세요. MP3, Track 12-6

(1) ＿＿＿＿　(2) ＿＿＿＿

(3) ＿＿＿＿　(4) ＿＿＿＿

03 한어병음을 보고 알맞은 한자를 써넣으세요.

(1) rúhé　(2) pòfèi　(3) miànzi

(4) biǎodá　(5) zhàogù　(6) gǎnjī

04 (　　)안에 들어갈 양사를 써 넣으세요.

(1) 来，我敬你一(　　　　)。

(2) 故宫总共有九千多(　　　　)屋子呢。

(3) 北京出租车的起价都是十 (　　　　　)。

(4) 我们可以省一大 (　　　　　) 钱呢。

(5) 我就接受你的一 (　　　　　) 好意吧。

05 주어진 구문을 이용하여 중국어로 써보세요.

(1) 그는 잠시도 지체하지 않고 공항으로 달려갔다.
(迫不及待)

➡ ______________________________

(2) 오늘 우리가 먹은 것은 모두 각자 계산해야 한다.
(掏腰包)

➡ ______________________________

(3) 내가 무슨 면목으로 선생님을 뵙겠나.
(好意思)

➡ ______________________________

06 (　　)에 들어갈 단어를 보기에서 골라 써넣고 해석하세요.

보기　别　两　着　尽兴而归　满　勉为其难　给　酌　俩　过

(1) 你就 (　　　　　) 跟我争了

➡ ______________________________

(2) 给两位女士也 (　　　　　) 上吧。

➡ ______________________________

(3) 今晚大家一定要 (　　　　　) 啊!

➡ ______________________________

(4) 咱 (　　　　　　) 还没一起喝 (　　　　　　) 酒吧?

➡ ______________________

07 주어진 문장으로 의문문을 만든 후 긍정과 부정으로 대답해보세요.

(1) 今天去小酌一番。

- 의문문 ______________________
- 긍정 ______________________
- 부정 ______________________

(2) 你吃过中国菜。

- 의문문 ______________________
- 긍정 ______________________
- 부정 ______________________

08 아래 문장을 큰 소리로 읽으세요.

俊浩和文中以前没有一起喝过酒。择日不如撞日，他们决定了今天晚上去小酌一番。俊浩连日来受到文中的照顾，一直想找个机会表达一下感激之情。于是，当文中说要出去喝酒的时候，俊浩就迫不及待地提出自己要请客。文中接受了俊浩的好意。他们带着文静和弥娜去了酒吧。在酒吧他们喝得很高兴，聊得也很开心。

09 아래 단어들을 이용해 빙고 게임을 해보세요.

不如　如何　破费　让　但是　说　痛快　好意思　接受
勉为其难　掏腰包　面子　给　不许　不要　满　为　大家
尽兴而归　干杯　敬　友谊　健康　照顾　表达　喝酒
迫不及待　开始　刚　觉得　答应　后来　开心　美妙
大方　提出　对于　真　还　过　就　争　叫　杯　先
受到　一直

一网打尽 Yìwǎng dǎjìn 일망타진 MP3, Track 12-4

먹는 것과 관계되는 양사

一顿饭	yí dùn fàn	밥 한 끼
一碗饭	yì wǎn fàn	밥 한 그릇
一杯水	yì bēi shuǐ	물 한 컵
一瓶水	yì píng shuǐ	물 한 병
一碗汤	yì wǎn tāng	국 한 그릇
一盘菜	yì pán cài	요리 한 접시
一道菜	yí dào cài	요리 한 가지
一块肉	yí kuài ròu	고기 한 점
一双筷子	yì shuāng kuàizi	젓가락 한 쌍
一个勺	yí ge sháo	한 국자
一套餐具	yí tào cānjù	일습의 식기
一张桌子	yì zhāng zhuōzi	식탁 한 개
一把椅子	yì bǎ yǐzi	의자 한 개

대표적인 중국술

红星二锅头	Hóngxīng èrguōtóu	베이징 특산, 56도
老北京	Lǎo Běijīng	베이징 특산, 45도
京酒	Jīngjiǔ	베이징 특산, 38도
茅台酒	Máotáijiǔ	귀주성 마오타이진 특산, 40-50도
汾酒	Fénjiǔ	산시성 특산, 35-65도
西凤酒	Xīfèngjiǔ	산시성 특산
五粮酒	Wǔliángjiǔ	쓰촨성 특산, 38도
古井贡酒	Gǔjǐnggòngjiǔ	안후이성 특산, 60도

更上一层楼 Gèng shàng yī céng lóu 응용표현 MP3, Track 12-5

01

술을 마실 때 쓰는 표현입니다

A 今天晚上我约了王先生喝酒。
Jīntiān wǎnshang wǒ yuēle Wáng xiānsheng hē jiǔ.
오늘 저녁에 미스터 왕과 술 한잔 하기로 약속했습니다.

B 虽说酒逢知己千杯少，但不能贪杯哦。
Suī shuō jiǔ féng zhī jǐ qiān bēi shǎo, dàn bù néng tān bēi o.
술이 지기를 만나면 천 잔도 모자란다지만 너무 과하면 안 돼요.

A 你怎么不喝酒啊？
Nǐ zěnme bù hē jiǔ a?
왜 술을 마시지 않습니까?

B 我不会喝酒。
Wǒ bú huì hē jiǔ.
저는 술을 못합니다.

C 他本来就滴酒不沾。
Tā běnlái jiù dī jiǔ bù zhān.
저 사람은 술을 한 방울도 못 마십니다.

A 你的脸怎么这么红啊？
Nǐ de liǎn zěnme zhème hóng a?
얼굴이 왜 이렇게 붉어졌어요?

B 我一喝酒就上脸。
Wǒ yì hē jiǔ jiù shàng liǎn.
저는 술만 마시면 얼굴이 붉어집니다.

A 今天我们一醉方休，不醉无归！
Jīntiān wǒmen yí zuì fāng xiū, bú zuì wú guī!
우리 오늘 끝까지 마십시다. 취하지 않으면 집에 못갑니다.

B 不好意思，我今天开车来的。
Bù hǎo yìsi, wǒ jīntiān kāi chē lái de.
죄송합니다. 오늘 제가 차를 가지고 왔습니다.

A 你以前给我的印象就是喝酒海量。
Nǐ yǐqián gěi wǒ de yìnxiàng jiù shì hē jiǔ hǎiliàng.
전에 당신은 주량이 대단했던 걸로 기억하는데요.

B 好汉不提当年勇啊。而且我戒酒了。
Hǎohàn bù tí dāngnián yǒng a. Érqiě wǒ jiè jiǔ le.
사내대장부는 왕년의 무용담을 들먹이지 않는 법이지요. 게다가 저는 지금 술을 끊었습니다.

韩中文化面面观
한중문화의 이모저모

'빨리빨리'와 '만만디'

중국인은 협상에 임할 때 장기적인 상호신뢰와 관계유지를 강조합니다. 그들은 협상 초기에 협상에 대해 이야기하지 않습니다. 차를 마시고 한담을 나누고 취미활동을 함께 즐기면서 분위기가 무르익었다고 판단될 때 천천히 실타래를 풀기 시작합니다. '빨리빨리'를 구가하는 한국인의 특성과 대비되는 중국인의 '慢慢地 mànmān di (천천히)' 때문에 중국인과의 협상이 가장 힘들다며 난색을 표하는 한국 사람들이 많습니다. 중국은 전체를 중시하는 사회입니다. 전체의 의견이 일치할 때까지 의견을 조율하는 과정에서 많은 시간이 투여되기 때문에 중국인과의 협상은 대부분 긴 시간을 필요로 합니다. 쌍방의 의견이 일치하지 않을 때, 조급해하거나 상대방의 의견에 무조건 동의하거나, 심지어 협상을 포기하는 경우도 발생하는데 중국인의 '慢慢地' 특성을 파악한다면 적절한 대응방법을 찾을 수도 있을 것입니다.

중국어에 '买卖不成情义在。Mǎimài bù chéng qíngyì zài. (거래가 성사되지 않더라도 우정은 남는 법)' 라는 말이 있습니다. 거래보다도 교분에 더 큰 가치를 두는 중국인의 면모를 보여주는 말입니다. 한 중국인이 미국과 합자기업을 설립하기 위해 미국 측 파트너를 물색하고 있었습니다. 이 사실을 안 미국 화교는 2년 여의 시간을 들여 미국 측 파트너를 물색하는 등 만반의 준비를 했습니다. 회의에 참가하기 위해 미국에 온 중국 측 대표는 미국 측 파트너가 이미 계약서와 변호사를 준비해 두고 서명만을 기다리고 있는 것을 보고는 불쾌하게 여기며 그냥 돌아갔습니다. 또 이런 예도 있습니다. 중국인과 거래를 트기 위해 천신만고 끝에 자리를 마련했는데 여러 번의 회식을 가지면서도 업무과 관련된 이야기는 일체 꺼내지도 않더라는 것입니다. 수차례에 걸쳐 서로를 방문하고 대화를 나누고 명승지를 유람하면서 상대방에 대해 충분히 파악하고 믿음이 쌓이게 되자 그때 거래에 대해 이야기를 하더랍니다. 이는 일을 처리하는 데 있어서 중국인의 행동 양상을 보여주는 좋은 예입니다. 중국인은 결과를

만들어내기보다는 상호간의 이해를 통한 교분을 구축하는 데 중점을 둔다는 것입니다. 이러한 교분은 시간이 많이 들기 때문에 한국인들은 중국인의 상술이 '慢慢地'와 깊은 관련이 있다고 말합니다.

'慢慢地' 정신, 즉 '느림의 철학'으로 규정되는 중국인의 행동양식을 그저 느린 것으로만 해석하면 설명되지 않는 부분이 적지 않습니다. 길게는 하루 전 짧게는 몇 시간 전부터 기차역에 나가서 기차를 기다리는 중국인을 보거나, 미국 유수 대학의 장학금을 거의 독식하다시피 하는 중국 석학들을 볼 때 '느림의 철학'과 결부시켜서는 후련한 해설이 나오기 어렵습니다. 어릴 적 어항에 남생이를 키웠는데, 느린 줄만 알았던 남생이가 눈깜짝할 사이에 부유하던 먹이를 향해 돌진해서 포획하는 것을 본 적이 있었습니다. 중국인의 생활을 관찰해 보면 이와 비슷한 부분을 발견할 수 있습니다. 중국인은 일을 처리함에 있어서 충분한 여유를 두고 일찌감치 시작하기 때문에 종종걸음을 칠 필요가 없는 것입니다.

기록에 의하면 만리장성은 일시에 축조한 것이 아니라 전국시대 이래로 20여 제후국과 봉건왕조들이 방어를 목적으로 쌓은 것을 진나라가 연결한 것이라고 합니다. 여러 나라에 걸쳐 축조된 만리장성은 오늘날까지 인류 건축사상의 기적으로 추앙되며 중국의 상징으로 자리잡고 있습니다. 중국의 '느림의 철학'은 만리장성을 쌓아 올렸습니다. 중국인의 '慢慢地' 정신을 다른 각도에서 바라본다면 지금까지 가려졌던 많은 부분을 새롭게 발견할 수 있을 것입니다.

핵심포인트

▸▸ **我们是不是得挂急诊啊?**
Wǒmen shì bu shì děi guà jízhěn a ?
응급실에 접수해야 하는 것 아닌가요?

▸▸ **你怎么不舒服?**
Nǐ zěnme bù shūfu?
어떻게 불편하세요?

▸▸ **一定要按说明书吃药。**
Yídìng yào àn shuōmíngshū chī yào.
반드시 설명서대로 약을 먹으세요.

第13课

水土不服

기후 풍토가 맞지 않다

会话 Huìhuà 회화 MP3, Track 13-1

▶▶ 연일 계속되는 강행군에 미나가 그만 병이 났습니다. 준호, 원쭝, 원찡은 미나를 데리고 병원에 갔습니다. 어찌할 바를 모르는 준호와 미나 옆에서 원쭝과 원찡은 세심한 배려를 아끼지 않습니다.

俊浩 Jùnhào	我们是不是得挂急诊啊？ Wǒmen shì bu shì děi guà jízhěn a?
文中 Wénzhōng	不用。晚上或周末才挂急诊。❶ 平时挂门诊就可以。 Bú yòng. Wǎnshang huò zhōumò cái guà jízhěn. Píngshí guà ménzhěn jiù kěyǐ.
文静 Wénjìng	哥，我们挂专家号吧。贵不了多少。 Gē, wǒmen guà zhuānjiā hào ba. Guì bu liǎo duōshao.
医生 yīshēng	你怎么不舒服？说说看。 Nǐ zěnme bù shūfu? Shuōshuo kàn.
弥娜 Mínà	我嗓子疼、没胃口、口干舌燥、全身乏力。 Wǒ sǎngzi téng、méi wèikǒu、kǒu gān shé zào、quánshēn fálì.
医生 yīshēng	来，张开嘴让我看看。再量一下体温。 Lái, zhāngkāi zuǐ ràng wǒ kànkan. Zài liáng yíxià tǐwēn.
文中 Wénzhōng	大夫，要不要紧？严重吗？ Dàifu, yào bu yào jǐn? Yánzhòng ma?
医生 yīshēng	只是有点儿上火，吃点儿药就行。 Zhǐshì yǒu diǎnr shàng huǒ, chī diǎnr yào jiù xíng.
弥娜 Mínà	不用打针吧？我最怕打针了。 Bú yòng dǎ zhēn ba? Wǒ zuì pà dǎ zhēn le.
医生 yīshēng	不用。拿着这个处方去取药吧。 Bú yòng. Názhe zhè ge chǔfāng qù qǔ yào ba.
文中 Wénzhōng	多谢大夫。这下放心了。 Duō xiè dàifu. Zhè xià fàng xīn le.
医生 yīshēng	一定要按说明书吃药。❷ 注意休息。 Yídìng yào àn shuōmíngshū chī yào. Zhùyì xiūxi.
俊浩 Jùnhào	你可能是水土不服吧？ Nǐ kěnéng shì shuǐ tǔ bù fú ba?
弥娜 Mínà	可能是吧！❸ 谢谢大家的关心。祝我早日康复吧！ Kěnéng shì ba! Xièxie dàjiā de guānxīn. Zhù wǒ zǎorì kāngfù ba!

课文 Kèwén 본문 MP3, Track 13-2

弥娜好像病了。大家很着急，马上陪她去了医院。
Mínà hǎoxiàng bìng le. Dàjiā hěn zháo jí, mǎshàng péi tā qù le yīyuàn.

做完检查后医生说弥娜只是吃东西上火，没什么大碍。
Zuòwán jiǎnchá hòu yīshēng shuō Mínà zhǐshì chī dōngxi shàng huǒ, méi shénme dà'ài.

他们这才松了一口气。❹ 引起'上火'的原因很多，有时
Tāmen zhè cái sōngle yì kǒuqì. Yǐnqǐ 'shàng huǒ' de yuányīn hěn duō, yǒushí

吃辛辣的食物也能上火。吃点去火药或者自我调节一下
chī xīnlà de shíwù yě néng shàng huǒ. Chī diǎn qùhuǒyào huòzhě zì wǒ tiáojié yíxià

就可以。平时充分保障睡眠、多吃蔬菜和清淡的食物
jiù kěyǐ. Píngshí chōngfèn bǎozhàng shuìmián, duō chī shūcài hé qīngdàn de shíwù

也能起到预防 '上火' 的作用。
yě néng qǐdào yùfáng 'shàng huǒ' de zuòyòng.

生词 Shēngcí 새 단어 MP3, Track 13-3

01	水土不服	shuǐ tǔ bù fú	기후 풍토가 맞지 않다
02	挂(号)	guà (hào)	접수하다
03	急诊	jízhěn	응급진료
04	平时	píngshí	평소
05	门诊	ménzhěn	외래진료
06	专家	zhuānjiā	전문의
07	舒服	shūfu	편안하다
08	嗓子	sǎngzi	목
09	疼	téng	아프다
10	胃口	wèikǒu	입맛
11	口干舌燥	kǒu gān shé zào	입이 마르다
12	全身	quánshēn	전신
13	乏力	fálì	힘이 없다
14	张开	zhāngkāi	열다/벌리다
15	嘴	zuǐ	입
16	量	liáng	재다/측량하다
17	体温	tǐwēn	체온
18	要紧	yàojǐn	중하다/심하다
19	严重	yánzhòng	위독하다/엄중하다
20	上火	shàng huǒ	열이 나다
21	打针	dǎ zhēn	주사를 맞다
22	怕	pà	무서워하다
23	处方	chǔfāng	처방
24	取药	qǔ yào	약을 타다
25	大夫	dàifu	의사
26	放心	fàng xīn	안심하다

27	按	àn	～에 따라서/～에 의해서
28	说明书	shuōmíngshū	설명서
29	休息	xiūxi	휴식(하다)
30	早日	zǎorì	조속한 시일
31	康复	kāngfù	건강을 회복하다
32	病	bìng	병/병이 나다
33	着急	zháo jí	조급해하다/초조해하다
34	医院	yīyuàn	병원
35	检查	jiǎnchá	검사하다
36	碍	ài	방해하다/해가 되다
37	松	sōng	긴장이 풀리다
38	一口气	yì kǒu qì	한숨/한 호흡
39	原因	yuányīn	원인
40	辛辣	xīnlà	맵다
41	食物	shíwù	음식
42	去火	qù huǒ	열을 식히다
43	自我	zìwǒ	스스로
44	调节	tiáojié	조절하다
45	充分	chōngfèn	충분하다
46	保障	bǎozhàng	보장하다
47	睡眠	shuìmián	수면
48	蔬菜	shūcài	야채/채소
49	清淡	qīngdàn	담백하다
50	预防	yùfáng	예방하다
51	作用	zuòyòng	작용/역할

语法重点 Yǔfǎ zhòngdiǎn 포인트 설명

01 晚上或周末才挂急诊。
Wǎnshang huò zhōumò cái guà jízhěn.

'才' 는 '~에야 비로소' 라는 의미로 어느 시점에 이르러서 비로소 동작 혹은 작용이 발생하는 것을 나타냅니다.

电影七点才开演，现在去保证不会晚。
Diànyǐng qī diǎn cái kāi yǎn, xiànzài qù bǎozhèng bú huì wǎn.
영화가 7시에 상영하니 지금 가도 확실히 늦지 않을 것이다.

他说星期三动身，到星期五才走。
Tā shuō xīngqīsān dòng shēn, dào xīngqīwǔ cái zǒu.
그는 수요일에 출발한다고 했는데 금요일이 되어서야 갔다.

그 밖에 '才' 는 '이제 막, 겨우' 등의 뜻으로도 사용될 수 있습니다.

比赛才开始了。 시합이 이제 막 시작되었다.
Bǐsài cái kāishǐ le.

他参加战斗的时候才十四岁。
Tā cānjiā zhàndòu de shíhou cái shísì suì.
그가 전쟁에 참가했을 때는 겨우 14살이었다.

老师给我讲了半天，我才明白了。
Lǎoshī gěi wǒ jiǎng le bàntiān, wǒ cái míngbái le.
선생님이 한참을 말씀하시고서야 나는 겨우 이해했다.

02 一定要按说明书吃药。
Yídìng yào àn shuōmíngshū chī yào.

이 문장에서 '按' 은 '~에 따라서, ~에 의거하여' 라는 뜻입니다.

工程一定要按蓝图进行。
Gōngchéng yídìng yào àn lántú jìnxíng.
공사는 설계도에 의거하여 진행해야 한다.

퀵테스트

1. 괄호 안에 알맞은 단어를 넣어 문장을 완성시키세요.

( )旅游计划，今天该到上海。可是因为旅游路线发生了变更，明天下午( )能到上海。请大家原谅。

03 可能是吧！
Kěnéng shì ba!

'可能' 은 이 문장에서 부사어로 사용되어 '아마 ~일지도 모른다.' 라는 의미를 나타내고 있습니다. '吧' 역시 문미에 쓰여 추측의 어기를 더해주고 있습니다.

刚买的笔记本电脑怎么可能出现故障呢！可能操作有误吧！
Gāng mǎi de bǐjìběn diànnǎo zěnme kěnéng chūxiàn gùzhàng ne! Kěnéng cāozuò yǒu wù ba!
방근 산 노트북 컴퓨터가 어떻게 고장날 수 있나요! 아마 작동 오류일겁니다!

这倒是一个有创意的想法，不过可能众口难调吧！
Zhè dào shì yí ge yǒu chuàngyì de xiǎngfǎ, búguò kěnéng zhòng kǒu nán tiáo ba!
이건 창의적인 생각이기는 하지만 많은 사람들의 의견을 일치시키기는 어렵다.

04 他们这才松了一口气。
Tāmen zhè cái sōngle yì kǒuqì.

'松气' 는 '긴장을 풀다, 노력을 그치다' 라는 뜻인데, 본문에서는 '松一口气' 로 쓰여 '한시름 놓다' 라는 의미로 사용되고 있습니다.

比赛结束了，大家松了口气。
Bǐsài jiéshù le, dàjiā sōngle kǒuqì.
시합이 끝나고서야 모두들 한시름 놓았다.

工作到了最后阶段，我们绝不能松气。
Gōngzuò dàole zuìhòu jiēduàn, wǒmen jué bù néng sōngle kǒuqì.
일이 마지막 단계까지 왔지만 우리는 절대 긴장을 풀어서는 안 된다.

퀵테스트

2. '可能~吧'를 이용하여 다음 문장을 중국어로 옮겨보세요.

(1) 가벼운 감기(感冒)입니다. 아마 이삼일이면 쾌유될 것입니다.

➡ ______________________________

(2) 그는 아마도 내가 오늘 오는 것을 모를 것입니다.

➡ ______________________________

练习 Liànxí 연습문제

01 녹음을 듣고 질문에 맞는 답을 고르세요. MP3, Track 13-6

(1) ① 医院　　② 学校
③ 机场　　④ 银行

(2) ① 他不喜欢水和土。　　② 他没有吃水和土。
③ 他不太适应中国的饮食。　　④ 他很适应现在的生活。

02 녹음을 잘 듣고 한자를 받아쓰세요. MP3, Track 13-6

(1) 　　(2)

(3) 　　(4)

03 문장이 바르게 배열된 것을 고르세요.

(1) ① 弥娜好像病了。大家很着急，马上陪她去了医院。
② 弥娜好像病了。大家陪她去了医院，很马上着急。
③ 弥娜好像病了。马上大家很着急，陪她去了医院。
④ 弥娜好像病了。大家很着急，马上陪医院她去了。

(2) ① 医生说做完检查后弥娜只是吃东西上火，没什么大碍。
② 医生说做完检查后，没什么大碍。弥娜只是吃东西上火。
③ 做完检查后医生说弥娜只是吃东西上火，没什么大碍。
④ 弥娜只是吃东西上火，医生说没什么大碍做完检查后。

04 아래 문장에서 틀린 곳을 찾아 바르게 쓴 후 해석해보세요.

(1) 一点儿上火，吃有点儿药就行。

➡

➡

(2) 来，张嘴开让我看看。在量一下体温。

➡ ____________________

➡ ____________________

(3) 拿过这个处方去取药。

➡ ____________________

➡ ____________________

05 아래 문장을 우리말 또는 중국어로 번역해보세요.

(1) 我们是不是得挂急诊啊?

➡ ____________________

(2) 我们挂专家号吧。贵不了多少。

➡ ____________________

(3) 저녁이나 주말은 응급진료로 접수하고 평일에는 외래진료로 접수하면 된다.

➡ ____________________

(4) 목이 아프고, 입맛도 없고, 입이 마르고, 혀도 아프고, 온몸에 힘이 없다.

➡ ____________________

06 아래 병음에 해당하는 중국어를 써보세요.

(1) Tāmen zhè cái sōngle yì kǒuqì

➡ ____________________

(2) Zhāngkāi zuǐ ràng wǒ kàn yíxià

➡ ____________________

(3) Dàifu, yào bu yào jǐn? Yánzhòng ma?

➡ ____________________

07 아래 제시한 단어의 뜻 또는 발음이 잘못 연결된 것을 고르세요.

(1) ① 上火 – 불이 나다 ② 没胃口 – 입맛이 없다
③ 着急 – 조급하다 ④ 挂 – 등록하다

(2) ① 打针 – 주사를 맞다 ② 取药 – 약을 먹다
③ 放心 – 마음을 놓다 ④ 东西 – 물건

(3) ① 调节 – tiáojiě ② 大夫 – dàifu
③ 大碍 – dàdé ④ 贵不了 – guìbuliǎo

(4) ① 蔬菜 – sūcài ② 清淡 – qīngdàn
③ 保障 – bǎozhàng ④ 充分 – chōngfèn

08 아래 문장을 큰 소리로 읽으세요.

弥娜来中国以后好象病了。大家很着急。他们陪弥娜去了医院。他们挂专家号，因为比挂普通号(pǔtōng hào일반진료)贵不了多少。检查时，医生说:“只是吃东西有点儿上火，没什么大碍，吃点药就行。”弥娜最怕打针，可大夫说不需要打针。他们就下放心了。医生说:“上火”的原因很多，有时吃辛辣的食物也能上火。吃点去火药或者自我调节一下就可以。平时充分保障睡眠、多吃蔬菜和清淡的食物也能起到预防‘上火’的作用。弥娜可能是水土不服。

09 아래 빈칸에 들어갈 한자를 써넣은 후 짝을 지어 대화해보세요.

A：你怎么不（　　）服？说说看。

B：我嗓子疼、没胃口、口干舌燥、全（　　）乏力。

A：来，（　　）开嘴让我看看。再（　　）一下体温。

C：大（　　），要不要紧？（　　）重吗？

A：只是有点儿（　　　）火，吃点药就行。

B：不用打针吧？我最（　　　）打针了。

A：不用。拿着这个处方去（　　　）药吧。

C：多谢大（　　　）。这下放（　　　）了。

A：一定药按说明书吃药。注意休（　　　）。

D：你可能是水土不（　　　）吧？

B：可能是吧！谢谢大家的（　　　）心。祝我早日（　　　）复吧！

신체부위

头	tóu	머리	头发	tóufa	머리카락
脸	liǎn	얼굴	眼睛	yǎnjing	눈
耳朵	ěr(duo)	귀	鼻(子)	bí(zi)	코
嘴	zuǐ	입	牙(齿)	yá(chǐ)	이
咽喉 / 嗓子	yānhóu/sǎngzi	인후	颈 / 脖子	jǐng/bózi	목
肩(膀)	jiān(bǎng)	어깨	胸(口)	xiōng(kǒu)	가슴
肚(子)	dù(zi)	배	背	bèi	등
腰	yāo	허리	胳膊	gēbo	팔
手	shǒu	손	腿	tuǐ	다리
脚	jiǎo	발	关节	guānjié	관절
大脑	dànǎo	뇌	心脏	xīnzàng	심장
胃	wèi	위	肺	fèi	폐
肝	gān	간	胆	dǎn	담
生殖器	shēngzhíqì	생식기	皮肤	pífū	피부
血管	xuèguǎn	혈관	血	xiě	피
手指	shǒuzhǐ	손가락	脚趾	jiǎozhǐ	발가락
手指甲	shǒuzhǐjiā	손톱	脚趾甲	jiǎozhǐjiā	발톱
额	é	이마	眉毛	méimáo	눈썹
睫毛	jiémáo	속눈썹	颚	è	턱
面颊	miànjiá	뺨	屁股	pìgu	엉덩이
脚腕子	jiǎowànzi	발목	手腕子	shǒuwànzi	손목
肛门	gāngmén	항문			

更上一层楼 Gèng shàng yī céng lóu 응용표현 MP3, Track 13-5

01

약을 먹을 때 사용하는 다양한 표현입니다.

患者 医生，这药怎么吃啊？
Yīshēng, zhè yào zěnme chī a?
선생님, 이 약은 어떻게 복용합니까?

医生 口服，一次三丸，一日2～3次。
Kǒufú, yí cì sān wán, yí rì liǎng sān cì.
한번에 3알씩 하루에 2~3번 복용하세요.

患者 大夫，这药得什么时候吃啊？
dàifu, zhè yào děi shénme shíhou chī a?
선생님, 이 약은 언제 먹어야 합니까?

医生 饭前饭后都可以。如果是饭后，过半小时再吃。
Fàn qián fàn hòu dōu kěyǐ. Rúguǒ shì fàn hòu, guò bàn xiǎoshí zài chī.
식전 식후 다 됩니다. 만약에 식후에 복용하실 거라면 식후 30분에 드세요.

患者 医生，这药得吃多长时间啊？
Yīshēng, zhè yào děi chī duō cháng shíjiān a?
선생님, 이 약은 얼마동안 복용해야 합니까?

医生 得吃一个月，一个月为一个疗程。
Děi chī yí ge yuè, yí ge yuè wéi yí ge liáochéng.
1달 동안 복용하셔야 합니다. 1달이 치료과정입니다.

得吃三盒，一盒为一个疗程。
Děi chī sān hé, yì hé wéi yí ge liáochéng.
세 곽을 드셔야 합니다. 한 곽이 첫 번째 치료과정입니다.

患者 大夫，这药有没有副作用？
Dàifu, zhè yào yǒu méiyǒu fùzuòyòng?
선생님, 이 약은 부작용이 있습니까?

医生 这是中草药，无毒副作用。
Zhè shì zhōngcǎoyào, wú dú fùzuòyòng.
이 약은 한방성분이라 부작용이 없습니다.

患者 护士，吃这药应该注意什么？
Hùshi, chī zhè yào yīnggāi zhùyì shénme?
간호사님, 이 약을 먹을 때 유의해야 할 것은 무엇입니까?

护士 忌烟酒、辛辣、鱼腥食物。还有孕妇慎用。
Jì yānjiǔ、 xīnlà、 yúxīng shíwù. Hái yǒu yùnfù shènyòng.
술과 담배, 매운 것, 비린 음식을 피해야 합니다. 그리고 임부도 신중하게 복용해야 합니다.

韩中文化面面观

한중문화의 이모저모

색상

최근 외부 세계와의 활발한 접촉으로 중국인의 의식도 급속도로 변하고 있습니다. 색상과 관련된 중국인의 의식 또한 같은 속도로 변해가고 있습니다. 하지만 어느 나라 또는 어느 민족이나 선호하는 색상과 기피하는 색상이 있기 마련입니다. 이번에는 색깔과 그에 대한 중국인의 의식을 살펴보겠습니다.

중국인들은 '红色 hóngsè (빨간색)' 을 무척 좋아합니다. 많은 인구를 자랑하는 중국은 세계의 거의 모든 나라에 크고 작은 '唐人街 tángrénjiē (차이나타운)' 를 형성하고 있는데요, '唐人街' 하면 떠오르는 색깔도 역시 '红色' 입니다. 중국인에게 '红色' 은 행운을 뜻합니다. 결혼식날 신부는 머리부터 발끝까지 온통 빨간색으로 치장을 하고, 첫날 밤을 보내는 신방도, 하객들이 전달하는 축의금 봉투와 선물도 빨간색 일색입니다. 설을 쇨 때 붉은 종이를 사용해서 '春联 chūnlián (신년에 문이나 기둥 등에 써 붙이는 대련)' 을 만들고, 회사를 개업할 때는 붉은 리본을 자릅니다. 기쁨이 있는 곳에 빠지지 않는 색깔이 바로 '红色' 입니다. 중국어에 '生意红火 shēngyì hónghuǒ' 라는 말이 있습니다. 이 말은 '사업이 불길처럼 번창하다' 라는 뜻으로 여기에서 '红' 은 '번창하다' 라는 뜻입니다.

한번은 대만에 연수를 갔다가 거리 풍경을 사진에 담아와 지인들에게 보여주었습니다. 지인 중 눈썰미가 뛰어난 한 분이 대뜸 중국은 간판이 온통 빨간색인데 대만은 덜 그렇다고 했습니다. 그분은 중국여행을 갔을 때 거리에 넘쳐나는 빨간색에 무척 강렬한 인상을 받았던 모양입니다. 교내 혹은 사내에 행사가 있을 때 사용하는 현수막은 대부분 빨강 바탕에 흰색 혹은 노란색 글씨입니다. 그 이유를 물었더니 행사를 주관하는 담당자가 본인도 색상의 다양화가 필요하다고 느끼긴 하지만 빨간색을 대체할 만한 마땅한 색깔이 없다는 변론이었습니다. 빨간색 외에 다른 마땅한 색상이 떠오르지 않을 정도라니 중국인들의 빨간색에 대한 선호가 어느 정도인지를 추측할 수 있습니다.

'黄色 huángsè (황색)' 은 본래 황제의 색깔입니다. 이전에 황제가 입는 옷을 '黄袍 huángpáo' 라고 부르고, 황제의 조서를 '黄榜 huángbǎng' 이라고 불렀습니다. 이와 같이 황색은 숭고와 존엄을 나타냈습니다. 현대 중국어에서 황색은 또 다른 의미를 가지고 있습니다. 예를 들어 '黄色电影 huángsè diànyǐng(색정적인 영화)', '这本书太黄了。Zhè běn shū tài huáng le. (이 책은 너무 퇴폐적이다)', '这门亲事就黄了。Zhè mén qīnshì jiù huáng le. (이번 혼사는 허사가 되었다), '这笔买卖黄了。Zhè bǐ mǎimài huáng le. (이번 장사는 실패했다)' 등에서 알 수 있듯이 황색은 '퇴폐적이다', '실패하다' 등의 부정적인 의미를 나타냅니다.

'黑色 hēisè(검은색)' 은 엄숙함과 정중함을 나타냅니다. 그래서 제복은 검은색이나 검은색에 가까운 짙은 푸른색이 대부분입니다. 검은색은 또 일상 생활에서 좋지 않은 뜻을 표현하기도 합니다. '心很黑。Xīn hěn hēi. (속이 시커멓다)', '黑市 hēishì (암시장)', '黑车 hēichē (불법 택시)' 등에서 검은색은 '음흉하다', '불법' 등을 표현하는 색채로 사용되고 있습니다.

한국에서는 축의금, 조의금, 금일봉 등을 모두 흰 봉투에 담아서 건넵니다. 하지만 중국에서는 조의금만 흰 봉투를 사용합니다. 중국에서 '白色 báisè (흰색)' 은 슬픔, 불길함 등을 나타냅니다. 중국의 전통 혼례 시 신랑과 신부는 붉은색의 예복을 입었지만 요즘에는 순백색의 '婚纱 hūnshā (웨딩드레스)' 도 결혼사진 촬영용으로 많이 입습니다. 하지만 피로연에서는 여전히 붉은색 계열의 의복이 대세입니다.

대자연을 상징하는 녹색은 생명을 나타냅니다. 중국어에서 '绿色 lǜsè (녹색)' 은 또 다른 의미를 가지고 있습니다. 중국에서 녹색 모자는 거의 볼 수 없습니다. '녹색 모자' 가 유쾌하지 않은 뜻을 내포하고 있기 때문입니다. '戴绿帽子。Dài lǜ màozi.' 는 '녹색 모자를 쓰다' 라는 뜻인데요, 이 말은 아내에게 애인이 있다는 것을 뜻합니다. 녹색 모자를 꺼리는 것은 당연지사일 것입니다.

핵심포인트

▸▸ 你这么漂亮，难道就没有男孩儿追你？
Nǐ zhème piàoliang,　nándào jiù méiyǒu nánháir zhuī nǐ ?
이렇게 예쁜데 설마 쫓아다니는 남자가 없겠어요?

▸▸ 我这么大大咧咧，谁会喜欢上我呀？
Wǒ zhème dàdaliēliē,　shéi huì xǐhuan shàng wǒ ya?
이렇게 덜렁대는데 누가 저를 좋아하겠어요?

▸▸ 你还等天上掉馅饼吗？
Nǐ hái děng tiānshàng diào xiànbǐng ma?
나무에서 감이 저절로 떨어지기를 기다리세요?

第14课

缘分

인연

会话 Huìhuà 회화 MP3, Track 14-1

▸▸ 미나와 원찡은 둘만 있게 되자 자연스럽게 남자친구에 대하여 이야기를 나눕니다. 이들은 남자친구에 대해 어떤 생각을 하고 있을까요?

弥娜 Mínà
你有男朋友吗？
Nǐ yǒu nánpéngyou ma?

文静 Wénjìng
还没有。怎么突然问起这个来了？
Hái méiyǒu. Zěnme tūrán wènqǐ zhè ge lái le?

弥娜 Mínà
你这么漂亮，难道就没有男孩儿追你？
Nǐ zhème piàoliang, nándào jiù méiyǒu nánháir zhuī nǐ?

文静 Wénjìng
不是没有。是我对他们根本不来电。
Bú shì méiyǒu. Shì wǒ duì tāmen gēnběn bù lái diàn.

弥娜 Mínà
怪不得你有那么多时间陪我。
Guàibudé nǐ yǒu nàme duō shíjiān péi wǒ.

文静 Wénjìng
得了便宜还卖乖啊！❶ 那你呢？
Déle piányi hái mài guāi a! Nà nǐ ne?

弥娜 Mínà
我这么大大咧咧，谁会喜欢上我呀？
Wǒ zhème dàdaliēliē, shéi huì xǐhuan shàng wǒ ya?

文静 Wénjìng
萝卜白菜各有所爱。❷
Luóbo báicài gè yǒu suǒ ài.
我哥就喜欢你这样落落大方的女孩儿。
Wǒ gē jiù xǐhuan nǐ zhèyàng luòluo dàfāng de nǚháir.

弥娜 Mínà
你就别挖苦我了！我相信缘分。
Nǐ jiù bié wākǔ wǒ le! Wǒ xiāngxìn yuánfèn.

文静 Wénjìng
缘分也要争取！你还等天上掉馅饼吗？❸
Yuánfèn yě yào zhēngqǔ! Nǐ hái děng tiānshàng diào xiànbǐng ma?

弥娜 Mínà
你说得也有道理。可我对爱情就是没信心。
Nǐ shuō de yě yǒu dàolǐ. Kě wǒ duì àiqíng jiùshì méi xìnxīn.

文静 Wénjìng
你就别气我了。都围着你转呢，还不满足？
Nǐ jiù bié qì wǒ le. Dōu wéizhe nǐ zhuàn ne, hái bù mǎnzú?

弥娜 Mínà
你说的都是谁啊？
Nǐ shuō de dōu shì shéi a?

文静 Wénjìng
别装了。大家心知肚明！哈哈！
Bié zhuāng le. Dàjiā xīn zhī dù míng! Hāhā!

课文 Kèwén 본문 MP3, Track 14-2

爱情是年轻人永恒的主题，也是女孩子们最喜欢谈论的话题。很多女孩儿相信一见钟情和缘分。弥娜就是其中之一。文静觉得即使是缘分也要靠自己的努力争取才行。文中比较喜欢弥娜这种类型的女孩儿。弥娜也对文中有好感，可是她很害羞，也不自信。而文静早就知道弥娜的想法了。

Àiqíng shì niánqīngrén yǒnghéng de zhǔtí, yě shì nǚháizimen zuì xǐhuan tánlùn de huàtí. Hěn duō nǚháir xiāngxìn yí jiàn zhōngqíng hé yuánfèn. Mínà jiù shì qízhōng zhī yī. Wénjìng juéde jíshǐ shì yuánfèn yě yào kào zìjǐ de nǔlì zhēngqǔ cái xíng. Wénzhōng bǐjiào xǐhuan Mínà zhè zhǒng lèixíng de nǚháir. Mínà yě duì Wénzhōng yǒu hǎogǎn, kěshì tā hěn hàixiū, yě bú zìxìn. Ér Wénjìng zǎojiù zhīdào Mínà de xiǎngfǎ le.

生词 Shēngcí 새 단어 MP3, Track 14-3

01	缘分	yuánfèn	인연
02	男朋友	nánpéngyou	남자친구/애인
03	突然	tūrán	갑자기
04	难道	nándào	설마
05	追	zhuī	따라다니다
06	根本	gēnběn	도무지
07	来电	lái diàn	느낌이 오다
08	怪不得	guàibudé	그러기에/어쩐지
09	卖乖	mài guāi	잘난 체하다
10	大大咧咧	dàdaliēliē	덜렁거리다
11	萝卜	luóbo	무
12	白菜	báicài	배추
13	各有所爱	gè yǒu suǒ ài	각자 좋아하는 것이 있다
14	落落大方	luòluo dàfāng	솔직담백하고 대범하다
15	挖苦	wākǔ	놀리다
16	相信	xiāngxìn	믿다
17	争取	zhēngqǔ	노력하여 목적을 달성하다
18	天上	tiānshàng	하늘/천상
19	掉	diào	떨어지다
20	馅饼	xiànbǐng	속을 넣어 굽거나 튀긴 둥글넓적한 떡
21	道理	dàolǐ	일리
22	爱情	àiqíng	애정/사랑

23	信心	xìnxīn	자신감
24	气	qì	화나게 하다
25	围	wéi	둘러싸다/에워싸다
26	转	zhuàn	돌다
27	满足	mǎnzú	만족하다
28	装	zhuāng	가장하다
29	心知肚明	xīn zhī dù míng	잘 알고 있다

30	年轻人	niánqīngrén	젊은사람
31	永恒	yǒnghéng	영원하다
32	主题	zhǔtí	주제/테마
33	谈论	tánlùn	논의하다
34	话题	huàtí	화제
35	一见钟情	yí jiàn zhōngqíng	첫눈에 반하다
36	其中	qízhōng	그 중
37	即使	jíshǐ	설령 ~일지라도
38	类型	lèixíng	유형
39	好感	hǎogǎn	호감
40	害羞	hàixiū	부끄러워하다
41	自信	zìxìn	자신하다
42	想法	xiǎngfǎ	생각

语法重点 Yǔfǎ zhòngdiǎn 포인트 설명

01 得了便宜还卖乖啊！

Déle piányi hái mài guāi a!

'便宜' 는 '저렴하다' 라는 뜻 외에 '공짜, 이득' 외에 '가만 놔두지 않다' 의 뜻도 있습니다. '还' 는 '또, 게다가' 의 의미로 항목이나 수량이 증가하거나 범위가 확대되는 것을 나타냅니다. 이 문장은 득을 봤으면 됐지 잘난 척까지 한다라는 의미로 해석할 수 있습니다.

新产品代理商占了便宜还卖乖。
Xīn chǎnpǐn dàilǐshāng zhànle piányi hái mài guāi.
신제품 대리점은 이득을 보고도 잠자코 있지 않다.

这件事都怪他一个人，绝对不能便宜了他。
Zhè jiàn shì dōu guài tā yí ge rén, juéduì bù néng piányi le tā.
이 일은 전부 그 사람 탓이야. 절대 가만 놔둬서는 안 돼.

02 萝卜白菜各有所爱。

Luóbo báicài gè yǒu suǒ ài.

직역을 하면 '무든 배추든 각자 자기가 좋아하는 것이 있다' 라는 의미입니다. 누구든 자신만의 취향이 있는 법이라는 뜻으로 사용됩니다.

萝卜白菜各有所爱，所以你不要强迫他。
Luóbo báicài gè yǒu suǒ ài, suǒyǐ nǐ bú yào qiángpò tā.
누구든 자신의 취향이 있는 법이니 그에게 너무 강요하지 마세요.

不一样的人爱不一样的房子，真是萝卜白菜各有所爱。
Bù yíyàng de rén ài bù yíyàng de fángzi, zhēn shì luóbo báicài gè yǒu suǒ ài.
서로 다른 사람이 다른 집을 좋아하는 것처럼 각자가 선호하는 것이 있다.

퀵테스트

1. **주어진 단어를 이용하여 다음을 중국어로 옮겨보세요.**

(1) 오늘 저녁은 내가 만들었는데 설거지까지 시키고, 보자보자 하니 끝이 없군요. (还)

➡ ____________________

(2) 사람마다 취향이 다르니 다른 사람의 개성을 존중해야 합니다. (**各有所爱**)

➡ ____________________

03 你还等天上掉馅饼吗？
Nǐ hái děng tiānshàng diào xiànbǐng ma?

'天上掉馅饼' 은 직역하면 '하늘에서 호떡이 떨어지다' 라는 뜻입니다. 우리 속담 중에 '나무에서 감이 떨어지기를 기다린다' 라는 말과 같은 의미입니다. 이 문장에서 '还~吗?' 는 반어문으로 쓰여 '아직도 ~ 까?' 라는 의미입니다.

> 你还心存侥幸吗？
> Nǐ hái xīn cún jiǎo xìng ma?
> 당신은 아직도 요행을 바라고 있나요?
>
> 天上掉馅饼，小心贪小便宜吃大亏。
> Tiānshàng diào xiànbǐng, xiǎoxīn tān xiǎo piányi chī dàkuī.
> 나무에서 감이 절로 떨어지겠습니까, 작은 이익을 탐하려다 큰 손해를 입지 않도록 조심하세요.

퀵테스트

2. 주어진 단어를 이용하여 다음을 중국어로 옮겨보세요.

(1) 나무에서 감 떨어지기만을 기다리지 말고 노력으로 성공하세요. (**天上掉馅饼**)

➡ ____

(2) 아직도 여기서 그녀를 기다리고 있나요? 집으로 돌아가세요, 안 올 겁니다. (**还~吗**)

➡ ____

练习 Liànxí 연습문제

01 녹음을 듣고 질문에 맞는 답을 고르세요. MP3, Track 14-6

(1) ① 有，可是没有她喜欢的男人。
② 她对男人没有兴趣。
③ 她对男人根本不喜欢。
④ 她已经有男朋友了。

(2) ① 他爱吃萝卜和白菜。
② 每个人都有自己喜欢的类型。
③ 他很喜欢她。
④ 他喜欢她，而且更爱吃萝卜。

02 녹음을 잘 듣고 한자를 받아쓰세요. MP3, Track 14-6

(1) ______ (2) ______
(3) ______ (4) ______

03 한어병음을 보고 알맞은 한자를 써넣으세요.

(1) biézhuāng □□ (2) piányi □□ (3) dàolǐ □□
(4) mǎzú □□ (5) huàtí □□ (6) hàixiū □□

04 제시한 단어를 바르게 나열한 후 해석하세요.

(1) 这样　我　就　女孩儿　你　的　喜欢　落落大方。
➡ ______
➡ ______

(2) 还　天上　掉　等　你　馅饼　吗？

➡ ______

➡ ______

(3) 爱情　我　对　没　信心　就是。

➡ ______

➡ ______

05 아래 단어를 이용해 문장을 만들어보세요.

(1) 难道

➡ ______

(2) 怪不得

➡ ______

(3) 相信

➡ ______

06 아래 문장을 해석해보세요.

(1) 萝卜白菜各有所爱。

➡ ______

(2) 得了便宜还卖乖啊。

➡ ______

07 아래 대화를 완성하세요.

A : 你有没有男朋友？

B : 还没有。怎么 tūrán ① 问起这个来了？

A : 你这么漂亮，nándào ② 就没有男孩儿 zhuī ③ 你？

B : 不是没有。是我对他们根本 느낌이 오지 않는다 ④。

A : 어쩐지 ⑤ 你有那么多时间陪我。

B : 那你呢？

A : 我这么 dàdaliēliē ⑥，谁会喜欢上我呀？

① (　　　　　　　　)　　② (　　　　　　　　)

③ (　　　　　　　　)　　④ (　　　　　　　　)

⑤ (　　　　　　　　)　　⑥ (　　　　　　　　)

08 아래 문장을 큰 소리로 읽으세요.

爱情是年轻人永恒的主题，也是女孩子们最喜欢谈论的话题。弥娜和文静她们俩还没有男朋友。很多女孩儿相信一见钟情和缘分。弥娜就是其中之一。文静觉得即使是缘分也要靠自己的努力争取才行。弥娜觉得文静的想法也有道理，可她对爱情真没有信心。文中比较喜欢弥娜这种类型的女孩儿。弥娜也对文中有好感，可是她很害羞，也不自信。而文静早就知道弥娜的想法了。

09 서로 어울리는 문장끼리 연결하세요.

(1) 等天上掉馅饼 •	• 누구나 제 짝이 있다.
(2) 萝卜白菜各有所爱 •	• 첫눈에 반하다.
(3) 走马观花 •	• 따로 약속을 잡지 말고 말 나온 김에 하다.
(4) 择日不如撞日 •	• 생명은 운동에 달렸다.
(5) 堵车堵路更堵心! •	• 속이 상하다.
(6) 生命在于运动。 •	• 차 막히는 걸 보면 마음이 갑갑해지다.
(7) 得了便宜还卖乖 •	• 잘 대해 주니 우쭐대다.
(8) 一肚子苦水! •	• 나무에서 감이 저절로 떨어지기를 기다리다.
(9) 一见钟情 •	• 하지 않을 이유가 없다.
(10) 恭敬不如从命 •	• 대충대충 보고 지나치다.
(11) 何乐而不为 •	• 말씀대로 따르다.

一网打尽 Yìwǎng dǎjìn 일망타진 MP3, Track 14-4

*성격을 나타내는 표현

诚实	chéngshí	성실하다
单纯	dānchún	단순하다
积极	jījí	적극적이다
外向	wàixiàng	외향적이다
狡猾	jiǎohuá	교활하다
复杂	fùzá	복잡하다
内向	nèixiàng	내향적이다
活泼	huópō	활발하다
乐观	lèguān	낙관적이다
慈祥	cíxiáng	자상하다
悲观	bēiguān	비관적이다
刻薄	kèbó	각박하다
坚强	jiānqiáng	꿋꿋하다
豪放	háofàng	호방하다
懦弱	nuòruò	나약하다
阴险	yīnxiǎn	음험하다
忧郁	yōuyù	우울하다
勇敢	yǒnggǎn	용감하다
大胆	dàdǎn	대담하다

蝙蝠词 Biānfúcí 박쥐말

消极	xiāojí	소극적이다
消沉	xiāochén	소침하다
兴奋	xīngfèn	흥분하다
冷静	lěngjìng	냉정하다

更上一层楼 Gèng shàng yī céng lóu 응용표현 MP3, Track 14-5

01

사랑, 결혼과 관련된 재미있는 표현

女1 我妈说我们两家'门不当，户不对'。
Wǒ mā shuō wǒmen liǎng jiā 'mén bù dāng, hù bú duì'.
어머니께서 우리 두 사람 집안 수준이 맞지 않는다고 말씀하세요.

女2 现在都什么时代了，还要坚持'门当户对'吗？
Xiànzài dōu shénme shídài le, hái yào jiānchí 'mén dāng hù duì' ma?
지금 어느 시대인데 집안 수준이 맞아야 한다고 고집한답니까?

妈妈 我觉得那个女孩子长得一般。你怎么就看上她了？
Wǒ juéde nà ge nǚháizi zhǎng de yìbān. Nǐ zěnme jiù kànshàng tā le?
내가 보기에 그 여자는 평범하게 생긴 것 같아. 너는 어떻게 그 여자를 좋아하게 된 거니?

儿子 可我觉得漂亮啊！这叫'情人眼里出西施'。
Kě wǒ juéde piàngliang a! Zhè jiào 'qíngrén yǎnlǐ chū xīshī'.
제가 보기에는 예쁜걸요! '제 눈에 안경'이라는 말도 있잖아요.

妈妈 她的性格也不好啊！
Tā de ´xìnggé yě bù hǎo a!
그 여자는 성격도 안 좋잖아.

儿子 爱屋及乌嘛！我能接受就行。
Ài wū jí wū ma! Wǒ néng jiēshòu jiù xíng.
사랑하면 그 집 지붕 까마귀까지 좋아한다잖아요. 제가 받아들일 수 있으면 돼요.

女1 听说你们是一见钟情？是谁先表白的？
Tīng shuō nǐmen shì yí jiàn zhōngqíng? Shì shéi xiān biǎobái de?
듣자 하니 두 분은 첫눈에 반하셨다면서요? 누가 먼저 프러포즈를 하셨어요?

女2 我们是心有灵犀一点通，同时开口表白的。
Wǒmen shì xīn yǒu língxī yìdiǎn tōng, tóngshí kāi kǒu biǎobái de.
우리는 텔레파시가 통했는지, 동시에 프러포즈를 했답니다.

女1 以前大家都说你们是郎才女貌、天生的一对！
Yǐqián dàjiā dōu shuō nǐmen shì láng cái nǚ mào、tiānshēng de yí duì!
왜요? 모두들 당신 둘은 잘 어울리는 한 쌍이라고, 천생연분이라고 말했잖아요!

女2 他脚踏两只船，所以分手了。
Tā jiǎo tà liǎng zhī chuán, suǒyǐ fēn shǒu le.
그 사람이 양다리를 걸치는 바람에 헤어졌습니다.

女1 没关系。以你的条件肯定能找到更好的。
Méi guānxi. Yǐ nǐ de tiáojiàn kěndìng néng zhǎodào gèng hǎo de.
괜찮아요. 당신 정도의 조건이라면 반드시 더 좋은 사람 만날 수 있어요.

朋友 péngyou

한국에서 친구란 보통 동년배의 벗을 의미하지만, 중국에서 '朋友 péngyou (친구)'는 매우 광범위하게 사용됩니다. 우리로 치면 아는 형, 아는 언니, 아는 동생 등 '아는 사람'의 범주에 속하는 많은 관계가 중국에서는 '朋友'의 범주에 들어갑니다.

중국어에 '在家靠父母，出门靠朋友。Zài jiā kào fùmǔ, Chū mén kào péngyou.' 라는 말이 있습니다. 안에서는 부모님께 도움을 받고, 밖에서는 친구에게 도움을 받는다는 뜻입니다. 부모와 친구를 같은 위치에 둘 정도로 친구를 중시하는 중국인의 의식을 드러내고 있습니다.

어느 날 중국인 친구와 식사를 하기로 했습니다. 그 중국인 친구가 자신의 친구를 한 명 데리고 나온다고 했습니다. 식사 약속에 상대방이 모르는 사람을 대동하는 중국의 문화에 어느 정도 익숙해진 상태여서 흔쾌히 그러하고 했습니다. 그런데 공부는 끝이 없다고, 예상하지 못한 곳에서 또 다른 학습을 해야 했습니다. 왜냐하면 동행한 사람의 나이가 족히 20년은 위로 보이는 어르신이었기 때문입니다. 그 친구는 대동한 어르신 앞에서 평소와 같은 모습으로 행동했습니다. 어르신을 깍듯하게 대하는 제 모습에 중국인 친구가 오히려 당황해 하던 생각이 납니다. 중국인들과 교분을 쌓다 보면 이와 유사한 경험을 쉽게 할 수 있습니다. 중국인은 선생님과 제자, 회사동료, 학교 동창이나 선후배처럼 관계를 뚜렷하게 명명할 수 있는 사이가 아닌 사람일 경우 친구라고 부릅니다. 이름을 모르는 어린이를 부르거나, 편하게 '꼬마 친구'라고 부르고 싶을 때도 간단히 '小朋友 xiǎo péngyou'라고 합니다.

세계적으로 중국어 열풍이 불면서 중국으로 중국어를 배우러 가는 외국인들이 점점 많아지고 있습니다. 우리나라에도 이태원, 차이나타운, 프랑스마을 등이 있는 것처럼 중국에도 외국인들이 많이 모이는 곳이 있습니다. 베이징을 예를 들면 여러 대학에 근접한 '五道口 Wǔdàokǒu', 각국의 대사관이 운집되어 있는 '三里屯 Sānlǐtún'

등이 그렇습니다. 그 지역의 상인들은 외국인인 듯한 사람을 보면 종종 '嘿, 朋友！需要什么? Hēi, péngyou! Xūyào shénme? (친구, 뭐가 필요한가?)' 라는 말을 건넵니다. 아직 중국 문화에 익숙하지 않거나 원칙에 충실한 서양인일 경우 'Oh! 我不是你的朋友。Oh! Wǒ bú shì nǐ de péngyou. 你知道我吗？ Nǐ zhīdào wǒ ma? (아, 나는 당신 친구가 아닙니다. 혹시 나를 아십니까?)' 라고 되묻기도 합니다.

하루는 수업시간에 영어권에서 유학 온 급우가 중국인의 '朋友' 는 어떤 개념인지를 설명해 달라고 했습니다. 중국인이 '朋友' 라고 말하며 친근하게 다가왔을 때 덥석 믿었다가 낭패를 본 적이 있는 모양이었습니다.

중국어에서의 '朋友' 는 한국어에서의 '거시기' 처럼 의미가 신축적입니다. 마치 한국어에 도통한 외국인일수록 '거시기' 에 내포된 의미를 상황에 따라 달리 해석하는 것처럼 중국어와 중국 문화에 익숙해질수록 '我们是朋友嘛！ Wǒmen shì péngyou ma! (우리는 친구잖아).', '算交个朋友吧。 Suàn jiāo ge péngyou ba. (친구 하나 만드는 셈 칩시다)' 에 내포된 의미를 상황에 따라 다르게 해석해야 합니다. 이해관계를 사이에 두고 '朋友' 라는 말이 오간다면 전후 상황을 신중히 따져보는 것이 낭패를 예방하는 길입니다. 오히려 이쪽에서 '朋友嘛, 帮个忙吧！ Péngyou ma, bāng ge máng ba. (친구잖아요, 좀 도와주세요)' 라고 먼저 말을 건네는 여유를 가져보는 것도 언어를 배우는 즐거움일 것입니다.

핵심포인트

▸▸ **回国的日子越来越近了。**
Huí guó de rìzi yuè lái yuè jìn le.
귀국할 날짜가 점점 다가오고 있어요.

▸▸ **天下无不散之筵席，有相逢总会有离别的。**
Tiānxià wú bú sàn zhī yánxí, yǒu xiāngféng zǒng huì yǒu líbié de.
좋은 시절도 끝이 있는 법, 만남이 있으면 헤어짐도 있는 법이지요.

▸▸ **愿我们的友谊天长地久！**
Yuàn wǒmen de yǒuyì tiān cháng dì jiǔ!
우리의 우정이 영원히 변치 않기를 바랍니다.

第15课

友谊天长地久

우정이 영원하기를!

会话 Huìhuà 회화 MP3, Track 15-1

▸▸ 준호, 미나의 귀국일이 다가오자 모두들 너무 아쉬워하네요. 서로의 우정이 변치 않기를 바라며 지속적으로 연락할 것을 약속합니다.

弥娜 Mínà	日子过得可真快啊！回国的日子越来越近了。❶ Rìzi guò de kě zhēn kuài a! Huí guó de rìzi yuè lái yuè jìn le.
俊浩 Jùnhào	好像我们是昨天来北京的，却要离开这里了。 Hǎoxiàng wǒmen shì zuótiān lái Běijīng de, què yào líkāi zhèlǐ le.
弥娜 Mínà	真想继续待在这里不走啊…… Zhēn xiǎng jìxù dāizài zhèlǐ bù zǒu a......
文静 Wénjìng	我也舍不得你们走。 Wǒ yě shěbudé nǐmen zǒu. 一想到你们要走，我就想哭❷。 Yì xiǎng dào nǐmen yào zǒu, wǒ jiù xiǎng kū.
文中 Wénzhōng	你们别太伤感了。 Nǐmen bié tài shānggǎn le. 天下无不散之筵席，有相逢总会有离别的。 Tiānxià wú bú sàn zhī yánxí, yǒu xiāngféng zǒng huì yǒu líbié de.
俊浩 Jùnhào	有时候短暂的分别就是为了更长久的重逢。 Yǒu shíhou duǎnzàn de fēnbié jiù shì wèile gèng chángjiǔ de chóngféng.
文中 Wénzhōng	你是说你和我妹妹呢，还是弥娜和我呢？ Nǐ shì shuō nǐ hé wǒ mèimei ne, háishi Mínà hé wǒ ne?
文静 Wénjìng	都什么时候了还拿我们开涮！❸ Dōu shénme shíhou le hái ná wǒmen kāishuàn!
弥娜 Mínà	好了好了，说正经的，你们什么时候再来韩国？ Hǎo le hǎo le, shuō zhèngjing de, nǐmen shénme shíhou zài lái Hánguó?
文中 Wénzhōng	现在还不好说。一时半会儿可能去不了。 Xiànzài hái bù hǎo shuō. Yì shí bàn huìr kěnéng qùbuliǎo.

俊浩 还好。现在交通、通讯都很发达，
Jùnhào Hái hǎo. Xiànzài jiāotōng、tōngxùn dōu hěn fādá,

可以随时随地保持联系。
kěyǐ suíshí suídì bǎochí liánxì.

文静 是啊，可以上网聊天、发邮件，
Wénjìng Shì a, kěyǐ shàng wǎng liáotiān、fā yóujiàn,

还可以直接飞过去看你们。
hái kěyǐ zhíjiē fēi guòqù kàn nǐmen.

文中 距离不是问题。因为我们的心是连在一起的！
Wénzhōng Jùlí bú shì wèntí. Yīnwèi wǒmen de xīn shì lián zài yìqǐ de!

俊浩和弥娜 愿我们的友谊天长地久！
Jùnhào hé Mínà Yuàn wǒmen de yǒuyì tiān cháng dì jiǔ!

文中和文静 也祝愿两国人民的友谊地久天长！
Wénzhōng hé Wénjìng Yě zhùyuàn liǎng guó rénmín de yǒuyì dì jiǔ tiān cháng!

课文 Kèwén 본문 MP3, Track 15-2

欢乐的时光总是过得特别快。弥娜觉得仿佛刚刚到北京，不知不觉中却度过了一个月的时间。随着回国的日子一天天逼近，文静和弥娜都有点感伤。而文中和俊浩则想得比较积极、乐观。他们觉得只要友谊长存，短暂的分别并不能分开他们。他们还祝福两国人民的友谊也能长久地发展下去。

Huānlè de shíguāng zǒngshì guò de tèbié kuài. Mínà juéde fǎngfú gānggāng dào Běijīng, bù zhī bù jué zhōng què dùguò le yí ge yuè de shíjiān. Suízhe huí guó de rìzi yì tiāntiān bījìn, Wénjìng hé Mínà dōu yǒudiǎn gǎnshāng. Ér Wénzhōng hé Jùnhào zé xiǎng de bǐjiào jījí、lèguān. Tāmen juéde zhǐyào yǒuyì chángcún, duǎnzàn de fēnbié bìng bù néng fēn kāi tāmen. Tāmen hái zhùfú liǎng guó rénmín de yǒuyì yě néng cháng jiǔ de fāzhǎn xiàqù.

生词 Shēngcí 새 단어 MP3, Track 15-3

01	天长地久	tiān cháng dì jiǔ	영원히 변치 않다
02	日子	rìzi	날짜/세월
03	越来越	yuè lái yuè	점점/더욱더
04	离开	líkāi	떠나다
05	待	dāi	머물다/체류하다
06	舍不得	shěbudé	헤어지기 아쉽다/섭섭하다
07	哭	kū	울다
08	伤感	shānggǎn	슬퍼하다/감상적이 되다
09	天下	tiānxià	천하/온 세상
10	无	wú	없다
11	散	sàn	흩어지다/끝나다
12	筵席	yánxí	술자리/주연
13	相逢	xiāngféng	상봉(하다)
14	离别	líbié	헤어지다
15	短暂	duǎnzàn	(시간이) 짧다
16	分别	fēnbié	이별(하다)
17	长久	chángjiǔ	영구(하다)
18	重逢	chóngféng	재회하다
19	开涮	kāishuàn	농담하다/놀리다
20	正经	zhèngjing	진지한/바른/정식의
21	一时半会儿	yì shí bàn huìr	잠깐 동안
22	通讯	tōngxùn	통신
23	发达	fādá	발달하다
24	随时随地	suíshí suídì	언제 어디서나

25	保持	bǎochí	유지하다
26	联系	liánxì	연락하다
27	上网	shàng wǎng	인터넷에 접속하다
28	聊天	liáotiān	한담을 나누다
29	发	fā	보내다/발송하다
30	邮件	yóujiàn	우편물
31	距离	jùlí	거리
32	连	lián	연결하다/연접하다
33	愿	yuàn	원하다/바라다
34	祝愿	zhùyuàn	축원하다

35	时光	shíguāng	시간
36	仿佛	fǎngfú	마치 ~인 듯 하다
37	刚刚	gānggāng	막/방금
38	不知不觉	bù zhī bù jué	자기도 모르는 사이에/부지불식간에
39	度过	dùguò	지내다/겪다
40	随着	suízhe	~에 따라
41	逼近	bījìn	바싹 접근하다/임박하다
42	感伤	gǎnshāng	느끼어 슬퍼하다
43	积极	jījí	적극적이다/진취적이다
44	乐观	lèguān	낙관적이다
45	长存	chángcún	영원히 존재하다
46	分开	fēnkāi	나누다/가르다
47	祝福	zhùfú	축복(하다)

语法重点 Yǔfǎ zhòngdiǎn 포인트 설명

01 回国的日子越来越近了。
Huí guó de rìzi yuè lái yuè jìn le.

'越 A 越 B' 는 '~하면 ~할수록 ~하다' 의 뜻으로 A라는 동작이 계속됨에 따라 B의 정도가 심화됨을 나타냅니다.

我越走越累。
Wǒ yuè zǒu yuè lèi.
나는 걸을수록 피곤했다.

天气越来越热了。
Tiānqì yuè lái yuè rè le.
날씨가 점점 더워졌다.

02 一想到你们要走，我就想哭。
Yì xiǎng dào nǐmen yào zǒu, wǒ jiù xiǎng kū.

'一 ~ 就 ~' 는 '~하면 곧, ~하면 꼭~' 의 뜻으로 앞의 조건 하에서 뒤의 상황이 출현하는 것을 나타냅니다. '一' 는 수사가 아니라 '거듭 ~하면' 이라는 의미의 부사이며, '就' 는 대신에 '便' 이 사용되는 경우도 있습니다.

我一看到他就想笑。
Wǒ yí kàndào tā jiù xiǎng xiào.
나는 그를 보자마자 웃고 싶었다.

我一听音乐就想跳舞。
Wǒ yì tīng yīnyuè jiù xiǎng tiào wǔ.
나는 음악을 들으면 춤을 추고 싶어진다.

퀵테스트

1. 아래 제시된 단어를 넣어 중국어 문장을 만들어 보세요.

(1) 중국어를 공부하는 사람이 갈수록 많아지고 있다. (越~越~)

➡ ______________________________

(2) 나는 그 소식을 듣자마자 울었다. (一~就~)

➡ ______________________________

03 都什么时候了还拿我们开涮!

Dōu shénme shíhou le hái ná wǒmen kāishuàn!

'都' 는 이 문장에서 '이미, 벌써' 라는 뜻을 나타내고 있습니다.

天都黑了，赶紧回家休息吧！
Tiān dōu hēi le, gǎnjǐn huí jiā xiūxi ba!
날이 어두워졌습니다. 얼른 집에 가서 쉽시다.

都十点了，孩子们该去睡了。
Dōu shí diǎn le, háizimen gāi qù shuì le.
벌써 10시니 아이들은 당연히 자야 합니다.

앞의 사물이나 사람을 총칭하거나, 뒤의 의문대명사에 나타나는 사물이나 사람을 총칭할 수 있습니다.

无论是哪儿，我都愿意跟着你。
Wúlùn shì nǎr, wǒ dōu yuànyì gēnzhe nǐ.
어디든 나는 당신을 따를 겁니다.

这个学期你都听什么课？
Zhè ge xuéqī nǐ dōu tīng shénme kè?
이번 학기에 무슨 수업을 듣나요?

'是' 와 연용해서 이유를 나타내기도 합니다.

都是我迟到，害得大家进不了教室。
Dōu shì wǒ chídào, hài de dàjiā jìn bu liǎo jiàoshì.
내가 지각해서 모두 교실에 들어가지 못하게 했네요.

'连' 과 호응하여 '심지어 ~조차도' 라는 의미로 사용됩니다.

忙得连睡觉的时间都没有。
Máng de lián shuì jiào de shíjiān dōu méiyǒu.
너무 바빠서 잠잘 시간조차 없습니다.

'그럼에도 불구하고 아직' 이라는 의미로도 사용됩니다.

学了四年了，都比不过新手。
Xuéle sì nián le, dōu bǐ bú guò xīnshǒu.
4 년을 배웠는데도 아직 신참과 비교가 안 되네요.

퀵테스트

2. 다음 밑줄 친 부분이 어떤 뜻으로 사용되었는지 말해봅시다.

(1) 紧张得嘴都干了.

(2) 等了两个小时了, 都等不到售票口.

(3) 都八点了, 快关门了.

(4) 都是说话说得太快, 慢慢儿说就听懂了.

(5) 冰箱里都有什么呢? 有什么就吃什么吧.

练习 Liànxí 연습문제

01 녹음을 듣고 질문에 맞는 답을 고르세요. MP3, Track 15-5

(1) ① 现在很伤感，因为天下没有筵席。
② 有相逢总会没有离别的。
③ 不要感伤，以后我们一定会见面的。
④ 虽然我们不会见面，别伤感。

(2) ① 他们是昨天来北京的。
② 时间过得真快，他们快要回国了。
③ 他们明天回北京了。
④ 日子越来越近了。

(3) ① 他们明年坐飞机去北京。
② 现在交通、通讯都很发达。
③ 他们非常喜欢上网和发邮件。
④ 上网和发邮件时，距离不是问题。

02 녹음을 잘 듣고 한자를 받아쓰세요. MP3, Track 15-5

(1) (2)

(3) (4)

03 아래 제시된 단어가 들어갈 곳을 찾으세요.

(1) < 就 >
我也舍不得你们 A 走。B 一想到你们要 C 走，我 D 想哭。

(2) < 为了 >
A 有时候 B 短暂的分别 C 就是 D 更长久的重逢。

(3) < 却 >
弥娜觉得 A 仿佛刚刚 B 到北京，C 不知不觉中 D 度过了一个月的时间。

04 (　　) 안에 들어갈 단어를 고르세요.

(1) 真想继续（带、待）在这里不走啊。

(2) 我们可以随时随地（保持、继续）联系。

(3) 欢乐的时光（还是、总是）过得特别快。

05 아래의 단어로 문장을 만들고 그 뜻을 적으세요.

(1) 越 ~ 越

➡ ____________________

➡ ____________________

(2) 一 ~ 就

➡ ____________________

➡ ____________________

(3) 不知不觉

➡ ____________________

➡ ____________________

06 아래 밑줄 친 부분을 한자로 바꾼 후 그 뜻을 해석하세요.

(1) 我也 shěbudé 你们走。

➡ ____________________

➡ ____________________

(2) 愿我们的友谊 tiān cháng dì jiǔ ！

➡ ____________________

➡ ____________________

(3) 天下无不散之筵席，yǒu xiāngféng zǒng huì yǒu líbié de.

➡ ____

07 바르게 나열된 문장을 고르세요.

(1) ① 现在还不好说。一时半会儿可能去不了。
② 现在还不好说。一时半会儿去不了可能。
③ 还不好说现在。一时半会儿可能去不了。
④ 还现在不好说。可能去不了一时半会儿。

(2) ① 拿还我们开涮都什么时候了。
② 什么时候了都还拿我们开涮。
③ 都什么时候了还拿我们开涮。
④ 都什么时候了拿我们开涮还。

(3) ① 他们觉得短暂的分别并不能分开他们只要友谊长存。
② 他们觉得只要友谊长存，短暂的分别并不能分开他们。
③ 他们觉得只要友谊长存，并不能分开他们短暂的分别。
④ 只要他们觉得友谊长存，短暂的分别并不能分开他们。

08 아래 문장을 큰 소리로 읽으세요.

欢乐的时光总是过得特别快。弥娜觉得仿佛刚刚到北京，不知不觉中却度过了一个月。随着回国的日子一天天逼近。弥娜想继续待在北京了。文静也舍不得弥娜和俊浩他们走。她们都有点儿感伤。而文中和俊浩则想得比较积极、乐观。他们觉得只要友谊长存，短暂的分别并不能分开他们。他们以后可以上网聊天、发邮件等等，保持联系。他们觉得距离不是问题。因为他们的心是连在一起的。他们还祝福两国人民的友谊也能长久地发展下去。

09 **아래의 지시에 따라 50자 이상 글을 써보세요.**

- 중국 혹은 다른 나라에 가본 적이 있다.
- 언제? 기간은?
- 누구랑 함께 갔는지?
- 왜 갔는지? (여행, 공부 등)
- 가장 기억에 남은 것은 무엇인지? (음식, 관광지 등)

蝙蝠词 Biānfúcí 박쥐말

* 根本 gēnběn 근본

중국어의 '根本' 과 우리말의 '근본' 은 모두 '본질이나 본바탕, 중요하다' 는 뜻입니다. 하지만 중국어의 '根本' 은 주로 부정문에서 많이 사용되어 '전혀, 도무지', '완전히, 철저히', '시종' 등의 뜻으로 사용되며, 우리말의 '근본' 은 자라온 환경이나 혈통의 뜻으로 사용됩니다.

我根本就没想到这件事儿。
Wǒ gēnběn jiù méi xiǎngdào zhè jiàn shìr.
나는 이 일을 전혀 생각지 못했다. (O)

* 检查 jiǎnchá 검사

중국어의 '检查' 는 '검사하다, 점검하다, 조사하다' 의 뜻이고, 우리말의 '검사' 는 '사실이나 일의 상태 또는 물질의 구성성분 따위를 조사하여 옳고 그름과 낫고 못함을 판단하다' 의 의미입니다. 중국어의 '检查' 는 이 밖에도 '반성하다, 자아비판을 하다' 라는 뜻으로 사용될 수 있습니다.

他们班的同学都写了一份检查。
Tāmen bān de tóngxué dōu xiěle yí fèn jiǎnchá.
A : 그의 반 친구들은 모두 반성문 한 통을 썼다. (O)
B : 그의 반 친구들은 모두 검사 한 통을 썼다. (X)

* 放心 fàng xīn 방심

중국어의 '放心' 은 '마음을 놓다, 안심하다' 의 뜻이지만 우리말의 '방심' 은 '마음을 다잡지 아니하고 풀어놓아버리다' 라는 뜻입니다. 중국어에서는 대부분 긍정적 의미로 쓰이지만 우리말에서는 부정적인 의미로 쓰인다는 것에 유의해야 합니다.

你放心好了，我知道自己在做什么。
Nǐ fàngxīn hǎo le, wǒ zhīdào zìjǐ zài zuò shénme.
A : 너는 안심해도 된다. 나는 내가 무엇을 하고 있는지 아니까. (O)
B : 너는 방심해도 된다. 나는 내가 무엇을 하고 있는지 아니까. (X)

更上一层楼 Gèng shàng yī céng lóu 응용표현 MP3, Track 15-4

01 추모사에 쓰이는 표현

今天，我们怀着（无比）沉痛的心情，（深切）悼念王先先。
Jīntiān, wǒmen huáizhe (wúbǐ) chéntòng de xīnqíng, (shēnqiè) dào niàn Wáng xiānsheng.
오늘 우리는 비통한 마음으로 왕선생님을 애도합니다.

希望 A*** 能告慰 B*** 的在天之灵。
Xīwàng A*** néng gàowèi B*** de zài tiān zhī líng.
A가 B의 영령을 달래줄 수 있기를 바랍니다.

(A***에는 구체적인 사건이나 물건 노래 문장 영화 등이 들어가고, B***에는 보통 사망한 사람의 이름이나 존칭 등이 들어갑니다.)

希望我的作品能够告慰老师的在天之灵。
Xīwàng wǒ de zuòpǐn nénggòu gàowèi lǎoshī de zài tiān zhī líng.
제 작품이 스승님의 영령을 달래드릴 수 있기를 바랍니다.

02 문상할 때

请节哀！保重身体！
Qǐng jié'āi! Bǎozhòng shēntǐ!
너무 상심하지 마시고 옥체를 보전하시기 바랍니다.

请节哀顺变！
Qǐng jié'āi shùnbiàn!
너무 상심하지 마시고 변고에 순응하시기 바랍니다.

韩中文化面面观
한중문화의 이모저모

중국인이 보는 한국, 한국인

2년 동안 한국에서 교환교수로 체류하다 중국으로 돌아가는 한 교수님께 귀국하면 한국의 무엇이 가장 그리울 것 같은지를 물은 적이 있습니다. 명랑하고 유쾌한 성격을 가진 그 교수님은 제일 먼저 꼽는 것이 한국의 기후였습니다. 베이징이 고향인 그 교수님은 베이징의 건조하고 탁한 공기와 대비되는 적당한 습기를 머금은 쾌청한 한국의 날씨가 가장 인상 깊었던 모양입니다. 한국에 머무는 기간 동안 기회가 될 때마다 명산대첩을 찾아 다니셨는데 산마다 푸른 나무와 맑은 계곡이 있어서 참 좋았다고 하셨습니다.

생각해 보니 중국은 산이 있다고 해서 반드시 계곡이 있는 것은 아니었습니다. 산이 우리나라처럼 항상 가까이에 있는 것은 더더욱 아니었고요. 전 국토의 70%에 달하는 면적이 산악지대이다 보니 우리는 산과 친숙한 삶을 살아왔습니다. 휴가 때 어디로 여행을 가느냐는 중국인 친구의 질문에 '溪谷 xīgǔ' 라고 답했는데 납득하기 어려워하던 그 친구의 모습이 떠오릅니다. 산봉우리가 있으면 계곡이 있기 마련인데 관광명소는 차치하고서라도 그저 계곡이라고만 대답하는 것이 이해하기 힘들었던 것입니다. 한국의 대부분의 계곡에는 항상 맑고 시원한 물이 흐르고 있어 휴가지로 많이 이용된다는 부연설명을 해주었습니다. 그제야 이해를 했는지 고개를 끄덕였습니다. 그 모습에 한국인으로서 누리고 있는 자연의 혜택을 자랑하고 싶은 마음에 한국은 산에 물만 많은 것이 아니라 약수도 난다고 알려주었습니다. 한국 사람들은 아침에 물통을 들고 동네 뒷산에 올라가 가벼운 운동도 하고 약수도 떠오는 것이 보편적이라고 설명을 해주었지요. 약수를 뭐라고 번역할까 하다가 천연 미네랄 성분이 함유된 음용수, 중국어로 '矿泉水 kuàngquánshuǐ' 라고 말해주었습니다. 동네 뒷산에 마음 놓고 마실 수 있는 광천수가 난다는 말에 중국 친구는 무척 부러워했습니다.

한국 드라마를 좋아하는 한 중국인에게 한국 드라마의 어떤 부분이 그렇게 마음에 드는지를 물었습니다. 그랬더니 한국 드라마는 진솔한 생활상을 섬세하게 보여주어서 마음에 든다는 것이었습니다. 아마 그분 혼자만의 생각이 아니라 여럿이 모여서 한국 드라마에 대하여 의견을 나누면서 형성된 종합적인 평가인 듯싶었습니다. 구체

적으로 예를 들어 달라고 부탁하자 자신이 텔레비전을 통해서 본 것들이 사실인지를 물었습니다. 내용은 이렇습니다. 실제 생활에서도 부모님과 식사를 할 때 어른이 먼저 수저를 들기를 기다리는지, 연장자와 술을 마실 때 몸을 옆으로 돌리는지, 신혼여행에서 돌아온 신랑신부가 한복을 곱게 차려 입고 양가 어르신들께 큰절을 올리는지 등이었습니다. 모두 사실이라고 알려주자 부러움 반, 안타까움 반 섞인 목소리로 중국도 예전에는 그랬었는데 요즘에는 전통 미덕이 거의 사라졌다고 아쉬워했습니다. 우리는 크게 특별하다고 느끼지 못했던 것들인데 외부 사람들 눈에는 독특해 보일 수 있다는 사실이 신선하면서도 으쓱해지는 자리였습니다.

주변을 살펴보면 국제결혼이나 유학 때문에 한국에 거주하고 있는 외국인이 많습니다. 국내에 거주하는 외국인을 대상으로 그들 눈에 비친 한국을 조명하는 프로그램도 방영되고 있습니다. 가끔 외국인 눈에는 한국의 이런 부분이 무척 신기하게 보이는구나 하고 놀라기도 합니다. 제가 한국에 거주하는 중국 친구들에게 받는 질문 중 대답하기 당혹스러운 것들이 몇 가지가 있습니다. 한 친구가 동해안으로 여행을 갔다가 여행지에 있는 포장마차에서 조개구이를 아주 맛있게 먹고 나왔답니다. 그리고 또 다른 집을 들어갔더니 같은 조개구이 전문 포장마차더랍니다. 즐비하게 늘어선 조개구이 포장마차가 모두 같은 메뉴를 내걸고 영업을 하고 있는 모습에 깜짝 놀랐다고 합니다. 조개를 소재로 굽던가, 볶던가, 찌던가, 삶던가, 아니면 다른 요리로 변모를 시키지 않는다는 것이 특이했던 모양이지요. 하긴 음식의 천국인 중국에서 왔으니 놀랄 만도 하겠습니다만, 생각해 보니 모두 똑같은 요리를 내걸고 있는데 무슨 이유로 어느 집에 들어갈 것인지 심사숙고하는지 모르겠다는 그 중국인 친구의 말에 어느 정도 수긍이 가기도 했습니다. 그 후 한국 사회를 살펴보니 우리는 단일민족의 특성을 많이 보존하고 있다는 느낌이 들었습니다. 해외에서 한국인을 만나면 한눈에 알아볼 수 있는데 그 이유는 화장, 머리모양, 복장, 소품 등이 '나는 한국인입니다' 하고 말해주고 있기 때문입니다.

문화는 다양하게 어우러져야 상호작용을 통해 진화한다고 합니다. 문화 접촉에 있어 언어는 가장 큰 매체로 작용합니다. 우리가 중국어를 배우는 것도 문화의 상호교류를 통해 더욱 선진적인 문화를 창조하기 위함일 것입니다. 내 모습은 거울을 통해 볼 수 있듯이 중국인의 눈에 비치는 한국, 한국인의 눈에 비치는 중국을 잘 새겨두어야 할 것입니다.

- 문장부호 사용방법
- 참고 번역
- 연습문제 듣기 녹음 원본
- 연습문제 참고 답안
- 찾아보기 - 단어 및 어구

부 록

문장부호 사용방법

• **点号** diǎnhào : 주로 멈춤(pause)과 어기를 나타냅니다.

명칭	부호	사용범주	예 문
① 句号 jùhào	。	평서문/약한 명령문	北京是中国的首都。/ 请您稍等一下。 Běijīng shì Zhōngguó de shǒudū. / Qǐng nín shāo děng yíxià.
② 问号 wènhào	?	의문문/반어문	他是谁? / 你怎么能这么说? Tā shì shéi? / Nǐ zěnme néng zhème shuō?
③ 叹号 tànhào	!	감탄문/강한 명령문	天气多凉快啊! / 禁止拍摄! Tiānqì duō liángkuài a! / Jìnzhǐ pāishè!
④ 逗号 dòuhào	,	복문	听说他回来了，可是我还没见过他。 Tīng shuō tā huílái le, kěshì wǒ hái méi jiànguò tā.
⑤ 顿号 dùnhào	、	단어를 병렬할 때	我去过北京、上海、桂林和昆明。 Wǒ qùguò Běijīng、Shànghǎi、Guìlín hé Kūnmíng.
⑥ 分号 fēnhào	;	단문을 병렬할 때	这里四季分明，春天暖和；夏天炎热；秋天凉爽；冬天寒冷。 Zhèlǐ sìjì fēnmíng, chūntiān nuǎnhuo; xiàtiān yánrè; qiūtiān liángshuǎng; dōngtiān hánlěng.
⑦ 冒号 màohào	:	인용문을 끌어올 때	他说: "啊，原来是你呀!" Tā shuō : "ā, yuánlái shì nǐ ya!"

· **标号** biāohào : 문장의 성질과 작용을 설명합니다.

명칭	부호	사용범주	예 문
① 引号 yǐnhào	“”/ ‘’	인용 특수한 뜻 인용문 내 인용	终生不能忘记“满招损，谦受益”这句话。 Zhōngshēng bù néng wàngjì ‘mǎn zhāo sǔn, qiān shòu yì’ zhè jù huà. 他太“有才”了！ Tā tài ‘yǒu cái’ le! 他问：“老师，‘有物有序’是什么意思?” Tā wèn : “lǎoshī, yǒu wù yǒu xù’shì shénme yìsi?”
② 括号 kùohào	( )	문장 내 주석 성격의 내용	中国猿人(全称 ‘中国猿人北京种’)是对古人类学的一个重大贡献。 Zhōngguó yuánrén (quánchēng ‘Zhōngguó yuánrén Běijīngzhǒng’) shì duì gǔrénlèixué de yí ge zhòngdà gòngxiàn.
③ 破折号 pòzhéhào	—	설명	终于登上了雪岳山主峰-大青峰。 Zhōngyú dēngshàng le Xuěyuè Shān zhǔ fēng - Dàqīngfēng.
④ 省略号 shěnglüèhào	……	생략	“我对他的评价是……。” “Wǒ duì tā de píngjià shì ....”
⑤ 着重号 zhúozhònghào	·	강조	母亲是一把手把我们养大的。 Mǔqīn shì yì bǎ shǒu bǎ wǒmen yǎngdà de.
⑥ 连接号 liánjiēhào	—	연결	中国秦岭-淮河以北地区属于温带气候。 Zhōngguó Qínlǐng - Huáihé yǐběi dìqū shǔyú wēndài qìhòu.
⑦ 间隔号 jiāngéhào	·	띄어쓰기	列奥纳多·达·芬奇 Liè'àonàduō·dá·fēn qí
⑧ 书名号 shūmínghào	《》	도서명	《红楼梦》是我最爱读的古典小说。 《Hónglóumèng》 shì wǒ zuì ài dú de gǔdiǎn xiǎoshuō.
⑨ 专名号 zhuānmínghào	—	고유명사	首尔是韩国的首都。 Shǒu'ěr shì Hánguó de shǒudū.

참고 번역

제1과

회화

미나: 이제 두 시간만 있으면 북경에 도착해.
준호: 그래, 이번 베이징 여행은 정말 기대된다.
원찡: 우리 탑승수속부터 먼저 합시다.
직원: 부치실 짐은 이곳에 올려주세요.
원찡: 무게 초과하지 않았겠지요? 저희 두 사람은 같이 앉고 싶어요. 한 사람은 복도 쪽으로 주시고요.
직원: 알겠습니다. 여기 탑승권을 받으세요.
준호: 안전검사 할 때 액체는 휴대할 수 없어.
미나: 이륙할 때까지는 시간이 좀 있는데 뭘 하면 좋을까?
준호: 장 선생에게 한국 특산품을 좀 사다주고 싶은데.
미나: 그래, 그럼 우리 면세점에 가보자.

본문

서울에서 베이징까지는 비행기로 두 시간이 채 걸리지 않습니다. 큰 짐은 수하물로 부쳐야 합니다. 기내에는 100ml를 초과하는 향수나 액체 화장품 등을 반입할 수 없습니다. 면세점의 상품은 저렴합니다. 그렇지만 특산품 등은 일반 상점보다 더 비쌉니다.

제2과

회화

원쭝: 드디어 나왔군요! 오는 길은 순조로웠나요?
원찡: 괜찮았어요. 단지 입국수속 줄이 굉장히 길었어요.
준호: 게다가 비행기도 연착되었어요.
미나: 미안해요. 오래 기다리셨지요?
원쭝: 연착이야 다반사지요. 날씨 탓인걸요.
원찡: 오빠, 차는 어디에 세웠어요?
원쭝: 여기는 주차가 불편해서 차 안 가지고 왔어.
미나: 그럼 우리 어떻게 가지요?
원찡: 공항리무진을 타든가 택시를 잡으면 돼요.
원쭝: 택시를 타는 게 낫겠네요! 네 명이 공항리무진을 타는 것도 그리 싸지 않거든요.

본문

원쭝은 공항에 마중을 나갔습니다. 오늘 기상상태가 좋지 않다는 예보를 듣고 많이 걱정했습니다. 다행히 큰 위험은 없었습니다. 비행기는 안전하게 베이징 공항에 도착했습니다. 그런데 입국 수속하는 사람들이 많아서 줄이 무척 길었습니다. 네 사람은 공항에서 택시를 타기로 했습니다. 네 사람이 공항리무진을 타는 비용이 택시를 타는 비용보다 더 많이 들기 때문입니다.

제3과

회화

원쭝: 기사님, 왕징으로 갑시다.
준호: 베이징의 택시비는 어떻게 계산되나요?
원쭝: 기본료가 10위안이고, 3Km가 넘으면 1Km에 2위안씩 올라갑니다.
미나: 우리보다 더 저렴하네요.
원찡: 하지만 제가 느끼기에는 여전히 비싼 것 같아요.
기사: 어디서 오셨습니까?
미나: 기사님이 보시기에 우리가 어디에서 온 것 같나요?
기사: 말씀하시는 것을 들어보면 남방에서 오신 것 같습니다.
미나: 남방이요? 틀렸어요. 우리 둘은 한국인입니다.
기사: 전혀 느끼지 못했습니다. 두 분 정말 중국어를 잘하시네요.

본문

베이징 택시는 기본거리 3Km이고 기본료는 10위안입니다. 기본거리 이후에는 1Km에 2위안씩 올라갑니다. 미나는 서울 택시비에 비해 북경 택시비는 감수할 만하다고 생각합니다. 택시기사는 준호와 미나를 남방 사람으로 여겼습니다. 이것은 준호와 미나의 중국어가 비교적 유창하다는 뜻이기도 합니다.

제4과

회화

호텔직원: 안녕하세요, 어서 오세요!
원쭝: 안녕하세요. 1인실 두 개를 예약했습니다.
호텔직원: 잠시만요. 성함이 어떻게 되십니까?
원쭝: 제 성은 장입니다. '이미나' 라는 이름으로 예약했습니다.
호텔직원: 여권을 보여주시기 바랍니다. 며칠 묵으려 하세요?
미나: 5일 밤을 묵을 예정입니다. 방값에 아침 식사도 포함되어 있습니까?
호텔직원: 예, 포함되어 있습니다. 헬스장도 무료로 이용할 수 있습니다.
준호: 참 좋네요. 가능하면 10층 이상의 객실에 머물고 싶습니다.
호텔직원: 그럼요. 문제 없습니다. 보증금은 어떤 방식으로 지불하시겠어요?
준호: 신용카드로 지불하겠습니다.
호텔직원: 잠시만 기다려주십시오. 여기 객실 카드입니다. 즐거운 시간 되시기 바랍니다.
원쭝: 감사합니다.

본문

원쭝은 준호와 미나를 위하여 1인용 객실을 예약해 두었습니다. 체크인을 할 때는 프런트데스크에서 신분증 혹은 여권을 제시해야 합니다. 숙박료는 현금으로 지불할 수도 있고, 신용카드로 일정 금액을 묶어 둘 수도 있습니다. 체크인이 끝나면 숙박등록카드에 서명을 해야 합니다. 숙박료에는 일반적으로 봉사료와 아침식사가 포함되어 있습니다. 손님은 무료로 헬스장이나 기타 부대시설을 이용할 수 있습니다.

제5과

회화

준호: 저 지금 한국 돈밖에 없는데 어느 은행에서 환전할 수 있나요?
원찡: 중국은행과 공상은행의 몇몇 지점에서 완전할 수 있습니다.
미나: 이른 아침부터 이렇게 많은 사람들이 있다니, 어떻게 차례를 기다리지요?
원찡: 서서 기다릴 필요 없어요. 대기표를 받은 후 앉아서 느긋하게 기다리면 됩니다.
(103번 고객님 8번 창구로 오시기 바랍니다.)
준호: 안녕하세요. 저는 한화를 인민폐로 바꾸고 싶습니다.
은행 직원: 얼마를 바꾸시겠습니까?
준호: 한화 50만원이요. 인민폐로 약 얼마 정도가 됩니까?
은행 직원: 지금 환율에 따르면 3,500위안이 조금 넘습니다.
미나: 여기 환율이 공항보다 높은 편이네요.
은행 직원: 금액을 확인하시기 바랍니다. 틀린 것이 없는지 확인하신 후, 명세표에 서명해주세요.
준호: 원찡, 고마워요. 이제 우리 어디로 놀러갈지 생각해봐요.

본문

은행에는 항상 사람이 많습니다. 그래서 일반적인 입금, 출금, 이체, 납부 등의 업무는 자동화기기를 이용하는 것이 좋습니다. 힘도 들지 않고 시간도 절약할 수 있기 때문입니다. 하지만 환전 기능이 있는 자동화기기는 많지 않습니다. 환율은 매일 달라지기 때문에 어떤 때는 높고 어떤 때는 낮습니다. 현재는 'Union pay' 이라는 표지가 있는 현금카드는 체크카드로 사용할 수 있습니다.

제6과

회화

미나: 베이징에서 갈만한 곳이 어디 있을까?
준호: 베이징은 천년고도잖아. 명승고적을 좀 둘러보자.
원찡: 물론이죠! 만리장성, 고궁, 이화원, 천단 등 어디든지 고르기만 하세요.
준호: 만리장성에 갑시다. 만리장성에 다녀오지 않으면 사내대장부가 아니라면서요?
원찡: 만리장성에 가면 용경협도 들러서 구경할 수 있어요.
원쭝: 지금 출발하면 분명 저녁까지 돌아오기 힘듭니다. 차라리 내일 차를 빌려서 갑시다.
미나: 그럼 우리 고궁에 가요. 돌아보는 데 얼마나 걸리지요?
원쭝: 주마간산 식으로 보면 두 시간이면 될 겁니다.
원찡: 솔직히 저는 한 번도 고궁을 제대로 본 적이 없어요.

준호: 고궁으로 결정합시다. 이번 기회에 고궁을 한번 제대로 보자고요.
미나: 저는 두 손 들어 찬성입니다. 무척 기대되네요.
원쭝: 갑시다. 고궁여행을 시작합시다.

본문

베이징은 중국의 수도입니다. 줄여서 '京'이라고 부릅니다. 베이징은 정치와 과학, 문화의 중심이며, 또한 중국 역사와 문화의 고도이기도 합니다. 베이징에는 많은 명승고적이 있을 뿐아니라 근교에 아름다운 여행지들이 많아 매년 많은 여행객들이 방문합니다. 원쭝 일행은 오늘 그 중 하나의 명승고적을 참관하려고 합니다. 그들이 선택한 것은 북경의 가장 유명한 고적이자 중국 세계 10대 문화유산의 하나인 고궁입니다.

제7과

회화

준호: 차가 있지 않나요? 왜 가지고 가지 않습니까?
원쭝: 차가 너무 막힙니다. 특히 출퇴근 시간에는 더 해요.
원찡: 말도 말아요. 차 막히는 걸 보면 갑갑해질 때도 있다니까요.
준호: 사실 세계 주요도시는 모두 정체가 심합니다. 서울도 마찬가지입니다.
원찡: 그래서 지하철이나 전철을 타는 것이 더 편리해요.
원쭝: 차가 막히는 것뿐만 아니라 주차하는 것도 힘들어요.
미나: 그래서 많은 차량들이 모두 길가에 주차를 하는군요.
원찡: 불법주차 때문에 우리 오빠도 딱지를 종종 붙여온답니다.
원쭝: 저도 방법이 없습니다. 속만 상하지요.
준호: 대중교통을 이용하는 것이 더 낫겠습니다. 환경보호에도 도움이 돼요.
원쭝: 저도 동감입니다. 승용차는 최대한 자제하려고 해요.
원찡: 그럼 돈 많이 절약되겠네요! 하지 않을 이유가 없지요!

본문

교통정체와 주차난은 베이징 교통의 큰 골칫거리입니다. 정체는 시간낭비를 초래할 뿐만 아니라 사람들의 정서에도 영향을 미칩니다. 주차장이 충분하지 않기 때문에 사람들은 어쩔 수 없이 불법 주차를 하게 됩니다. 서울을 포함하여 다른 대도시에도 비슷한 문제가 있습니다. 이는 대도시들이 피하기 힘든 난제이기도 합니다. 만약 대중교통을 더욱 발달시킨다면 이 문제는 자연스럽게 해결될 것입니다.

제8과

회화

미나: 고궁은 정말 장관입니다! 그런데 왜 고궁이라고 부르지요?
원쭝: 고대 궁전이라는 뜻입니다. 이전에는 자금성이라고도 불렀습니다.
준호: 고궁은 도대체 얼마나 큰가요? 오늘 다 볼 수 있을까요?
원찡: 힘들겁니다. 고궁에는 모두 9천여 칸의 방이 있으니까요.
미나: 그렇게나 많아요? 저는 더 이상 걸을 수가 없어요.
원쭝: 어디 앉아서 좀 쉬고 있어요. 제가 뭘 좀 사오겠습니다.
준호: 제가 같이 갈게요. 화장실도 좀 들리게요.
미나: 저기 보세요. 결혼사진을 찍고 있어요. 왁자지껄 하네요.
원찡: 결혼할 때가 되었나 봅니다. 그렇게 부러워하는 것을 보니.
원쭝: 무슨 얘기를 나누는데 그렇게 즐거워요?
미나: 별거 아니에요. 여기 풍경이 좋은데 우리 사진 찍어요.
원쭝: 좋아요. 단체 사진 한 장 찍읍시다.
준호: 웃어요, 치에즈!

본문

원쭝 일행은 고궁박물관에 도착했습니다. 고궁은 명·청 대의 황궁으로 14명의 명나라 황제와 10명의 청나라 황제가 살던 곳입니다. 오늘이 아마 길일인 모양입니다. 원쭝 일행은 고궁에서 결혼 야외촬영을 하는 예비 신랑신부를 보았습니다. 고궁에는 사진을 찍을 곳이 많습니다. 사람들은 기념촬영을 하느라고 분주합니다. 사진을 찍을 때는 '치에즈!'를 잊지 마세요.

제9과

회화

원쭝: 한국사람은 어떤 운동을 좋아합니까?
준호: 보통 야구, 축구 등을 좋아합니다.
원쭝: 우리는 농구, 탁구 등을 좋아합니다.
준호: 이곳 사람들은 여가 시간에 운동경기를 보러 갑니까?
원쭝: 꼭 그렇지는 않습니다. 운동을 하러 가는 사람들도 많습니다.
준호: 그렇군요. 예를 들면요?
원쭝: 주말에는 친구들과 축구를 하거나 배드민턴을 칩니다.
준호: 우리는 보통 헬스장에 가서 체력을 단련합니다.
원쭝: 미나 씨는 요가를 하러 다닌다면서요?
준호: 그렇습니다. 최근에 여성들이 요가를 많이 합니다.
원쭝: 요가는 중국에서도 무척 유행입니다.
준호: 그렇군요. 운동을 자주 하는 것은 건강에 유익하지요.
원쭝: 사람들이 운동에 관심을 가지면 운동은 사람들에게 행복을 가져다주죠.

본문

사람들은 운동경기 관람을 좋아할 뿐만 아니라 운동하는 것도 좋아합니다. 한국인들이 축구를 좋아하는 것처럼 중국인들도 축구 관전을 더욱 좋아합니다. 원쭝은 주말에 친구들과 종종 공을 치러 갑니다. 하지만 준호의 선택은 헬스장입니다. 원찡과 미나는 요가에 푹 빠져 있습니다. 어떤 운동을 하든 체력을 단련할 수만 있으면 됩니다. 생명은 운동에 있기 때문입니다.

제10과

회화

미나: 아저씨, 아주머니께 인사를 드리러 가는데 어떤 선물이 좋을까?
준호: 어쨌든 배와 시계는 사지 않는 것이 좋아요.
미나: 어떻게 알아? 왜?
원찡: 준호씨 말이 맞아요. 왜냐하면 '배' 와 '헤어지다' 는 (중국어로) 발음이 같아서 길하지 않기 때문이지요.
원쭝: '시계를 선물하다' 와 '임종을 지키다' 또한 (중국어로) 발음이 같아서 불길하기 때문입니다.
미나: 그러면 좋은 술을 한 병 삽시다!
준호: 선물을 할 때 두 개를 하는데, 이는 '겹경사 나십시요' 하는 의미라면서요.
원찡: 준호 씨는 중국 문화를 정말 잘 알고 계시네요.
원쭝: 마음으로도 충분합니다. 괜히 돈 쓰지 마세요.
미나: 어쨌든 빈손으로 인사갈 수는 없잖아요.
원찡: 정 그러시다면 정성을 표시하는 것만으로 충분합니다.
준호: 많이 선물하는 것보다 잘 선물하는 것이 좋은 법이지요.
미나: 그러게요. 두 분은 신경 쓰지 마세요. 저희가 알아서 준비하겠습니다.

본문

선물을 하는 것은 쉬운 일이 아닙니다. 약간의 금기사항이 있기 때문입니다. 예를 들어 '배' 와 '헤어지다' 는 (중국어로) 발음이 같습니다. 그래서 일반적으로 부부나 연인에게는 배를 선물하지 않습니다. 준호는 이런 내용을 잘 알고 있습니다. 그런데 요즘은 이런 것들에도 조금씩 변화가 생기거나 아예 사라지기 시작했습니다. 예를 들어 백주를 선물할 때는 1병만 선물해도 됩니다. 원쭝은 매우 예의 발라서 준호와 미나에게 선물을 사지 말라고 합니다. 하지만 준호와 미나는 반드시 선물을 사야 한다는, 게다가 좋은 것을 사겠다는 뜻을 굽히지 않습니다.

제11과

회화

원찡: 오늘 정말 피곤해요. 얼마나 많이 걸었는지!
원쭝: 저녁에 모여서 다같이 식사하는 게 어때요?
준호: 근사한 데로 갑시다. 오늘 제가 한턱 내지요.
원쭝: 무슨 말씀을요. 여기까지 오셨는데 제가 사야지요.
미나: 시간 낭비하지 말고 빨리 결정해요.
원찡: 베이징에 왔으니 정통 오리구이를 먹어봐야겠지요?
원쭝: '만리장성에 가보지 않으면 사내대장부가 아니고, 오리구이를 먹어 보지 않으면 너무 아깝다' 는 말도 있습니다.
준호: 말씀대로 따르겠습니다.
원찡: 오리고기는 야들야들하고 아삭아삭한 것이 생

각만 해도 군침이 돌아요.
미나: 그만 얘기해요. 먹고 싶어 죽겠어요.
준호: 생각은 행동만 못한 법. 어서 길을 안내하세요.
원찡: 사람이 많으면 대기표를 뽑고 기다려야 하는 것 아닐까요?
원쭝: 전화로 먼저 예약을 해두겠습니다.

본문

어느 도시에나 특유의 요리가 있기 마련입니다. 예를 들어 북경의 오리구이, 충칭의 훠궈 등이 있습니다. 원쭝 일행은 저녁에 오리구이를 먹으러 가기로 했습니다. 최근 맛있는 식당에는 사람이 많기 때문에 종종 줄을 서서 기다려야 합니다. 그래서 원찡은 원쭝에게 사전에 자리를 예약해야한다고 알려주었습니다. 미나는 빨리 가서 먹고 싶어 했습니다. 그들은 신이 나서 출발했습니다.

제12과

회화

원쭝: 준호 씨, 우리 아직 같이 술 한잔 마신 적이 없지요?
준호: 그렇군요. 정말로 한 번도 같이 마셔본 적이 없습니다.
원쭝: 따로 약속을 잡느니 말 나온 김에 오늘 조촐하게 한잔 어때요?
준호: 좋습니다. 다만 한 가지, 이번에는 절대로 원쭝 씨가 내서는 안 됩니다.
원쭝: 어떻게 준호 씨에게 내라고 하겠습니까!
준호: 저와 실랑이하지 마시구요. 제 체면도 한번 살려주십시오.
원쭝: 어쩔 수 없군요. 준호 씨의 호의를 받아들이겠습니다.
준호: 좋아요. 시원하시군요! 지금 미나와 원찡도 부르러 갑시다.

....

준호: 자, 제가 먼저 한잔 드리겠습니다.
원쭝: 우리 여성들에게도 따라줍시다.
준호: 우리의 건강을 위해 건배합시다.
원쭝: 우리의 우정을 위해서도 건배합시다.
준호: 오늘 저녁에는 모두 마음껏 기분 냅시다!

본문

준호는 연일 원쭝의 도움을 받았기 때문에 적당한 기회를 봐서 고마움을 표시하고 싶었습니다. 그래서 원쭝이 술을 마시러 가자고 했을 때 준호는 기다렸다는 듯이 자신이 한턱 내겠다고 했습니다. 원쭝은 처음에는 미안한 마음에 동의하지 않았지만 나중에는 준호의 호의를 받아들였습니다. 술집에서 그들은 기분이 무척 좋았으며 즐겁게 이야기를 나누었습니다. 이날 밤은 틀림없이 모두에게 아름다운 밤이었을 것입니다.

제13과

회화

준호: 우리 응급실에 접수해야 하는 것 아닌가요?
원쭝: 그럴 필요 없습니다. 밤이나 주말에만 응급진료를 접수하고 평상시에는 외래진료를 접수하면 됩니다.
원찡: 오빠, 우리 전문의로 접수해요. 가격 차이가 별로 나지 않으니까요.
의사: 어떻게 불편하세요? 말씀해 보세요.
미나: 목이 아프고, 입맛이 없고, 입이 마르고, 전신에 힘이 없습니다.
의사: 제가 좀 볼 수 있게 입을 열어보세요. 체온도 좀 재 봅시다.
원쭝: 선생님, 어떤가요? 심한가요?
의사: 열이 좀 있지만 약을 먹으면 괜찮아질 겁니다.
미나: 주사 맞을 필요는 없겠지요? 저는 주사가 제일 무서워요.
의사: 안 맞아도 됩니다. 이 처방전을 가지고 가서 약을 받아가세요.
원쭝: 감사합니다. 이제 안심이 되는군요.
의사: 설명서에 따라 약을 드셔야 합니다. 푹 쉬시고요.
준호: 아마 기후 풍토가 맞지 않는 모양입니다.
미나: 그런가 봐요. 신경 써 주셔서 모두 고마워요. 빨리 회복해야겠네요.

본문

미나는 병이 난 것 같습니다. 모두들 걱정이 되어 미나와 함께 병원에 갔습니다. 검사를 마친 후 의사선생님은 음식이 바뀌어 상초 열이 난 것이니 별 탈 없을 거라고 말씀하셨습니다. 그제서야 모두들 한시름 놓았습니다. 상초 열이 나는 이유는 여러 가지가 있습니다. 어떤 때는 매운 것을 먹어도 상초 열이 날 수 있습니다. 이때는 상초 열을 식히는 약을 먹거나 스스로 잘 조절하면 곧 나아집니다. 평상시에 충분한 수면을 취하고 야채와 담백한 음식을 주의해서 섭취해도 상초 열을 예방할 수 있습니다.

제14과

회화

미나: 남자친구 있어요?

원찡: 아직 없어요. 왜 갑자기 그런 것을 물어봐요?

미나: 이렇게 예쁜데 설마 쫓아다니는 남자가 없겠어요?

원찡: 없는 게 아니라 제가 도무지 느낌이 오지 않아요.

미나: 그래서 저하고 많은 시간을 보낸 거군요!

원찡: 하하, 잘해줬더니 우쭐대다니! 그러는 미나 씨는요?

미나: 제가 이렇게 덜렁대는데 누가 저를 좋아하겠어요?

원찡: 누구나 제 짝은 있는 법이지요. 우리 오빠는 미나 씨처럼 솔직담백하고 시원시원한 성격을 좋아해.

미나: 놀리지 말아요. 저는 인연을 믿는답니다.

원찡: 인연도 노력해서 얻는 것이지요. 나무에서 감이 저절로 떨어지기를 기다리세요?

미나: 일리 있는 말이네요. 그런데 저는 사랑에 대해 자신감이 없어요.

원찡: 약 올리지 마세요. 모두 미나 씨만 보고 있는데 그것도 모자라세요?

미나: 모두라니 누구를 말하는 거예요?

원찡: 모른 척 하지 말아요. 다 알면서! 하하

본문

사랑은 젊은이들의 영원한 테마입니다. 또한 여성들이 가장 좋아하는 화제이기도 합니다. 많은 여성들은 첫눈에 반한다는 것과 인연을 믿습니다. 미나도 그중 한 사람입니다. 원찡은 인연도 자신의 노력으로 만들어야 한다고 생각합니다. 원쭝은 미나와 같은 성격의 여성을 좋아합니다. 미나 또한 원쭝에게 호감이 있습니다. 그렇지만 그녀는 너무 수줍음을 많이 타고 자신감이 없습니다. 그렇지만 원찡은 미나의 생각을 이미 잘 알고 있습니다.

제15과

회화

미나: 시간이 정말 빨리 가네요. 귀국할 날짜가 점점 다가오고 있어요.

준호: 우리가 베이징에 온 게 어제 같은데 벌써 이곳을 떠나야 합니다.

미나: 정말이지 이곳에서 계속 머물며 떠나지 않았으면 좋겠어요.

원찡: 저도 두 분을 떠나보내기가 아쉬워요. 헤어진다고 생각하니 울고 싶어진답니다.

원쭝: 너무 감상적으로 생각하지 말아요. 좋은 시절도 끝이 있는 법, 만남이 있으면 헤어짐도 있는 법이지요.

준호: 어떤 때는 짧은 이별은 더 긴 만남을 위한 것이기도 합니다.

원쭝: 준호 씨와 제 여동생을 두고 하는 말인가요, 아니면 미나 씨와 저를 두고 하는 말인가요?

원찡: 지금이 어느 때인데 우리를 가지고 농담을 하다니요!

미나: 됐어요, 됐어요. 본론으로 들어갑시다. 두 분은 언제 한국에 다시 오시나요?

원쭝: 지금은 확실하게 말하기 힘들어요. 당분간은 아마 못 갈 겁니다.

준호: 그래도 다행이에요. 지금은 교통, 통신이 발달되어서 언제 어디든 연락할 수 있으니까요.

원찡: 맞아요. 인터넷에 접속해서 채팅을 할 수도 있고, 이메일을 보낼 수도 있고, 또 직접 날아가서 두 분을 볼 수도 있답니다.

원쭝: 거리는 문제가 안 됩니다. 왜냐하면 우리의 마음이 하나로 연결되어 있으니까요.

준호와 미나: 우리의 우정이 영원히 변치 않기를 바랍니다.

원쭝과 원찡: 저희도 양국민의 우정이 영원히 변치 않기를 바랍니다.

본문

즐거운 시간은 빠르게 흐르기 마련입니다. 미나가 느끼기에 마치 방금 베이징에 도착한 것 같은데, 어느새 한달이 지났습니다. 귀국 날짜가 하루하루 가까워오면서 원찡과 미나는 조금씩 슬퍼집니다. 그렇지만 원쭝과 준호는 진취적이고 낙천적으로 생각합니다. 그들은 우정이 영원하기만 하다면 잠깐의 이별은 그들을 떼어놓을 수 없을 것이라고 여깁니다. 그들은 두 나라 사람들의 우정 또한 영원히 발전하기를 바랍니다.

연습문제 듣기 녹음 원본

제1과

01 (1) 男: 过两个小时，我们就到北京了。
女: 是啊。真期待这次旅行。
问: 从对话中可以知道什么?

(2) 女: 需要托运的行李请放在这里。
男: 没超重吧?
女: 没有。这是你的登机牌。
问: 男的在做什么?

(3) 男: 现在离起飞还有点时间。
女: 我想买点礼物。
男: 好啊，那我们去免税店吧。
问: 从这句话中他们可能在哪儿?

02 (1) 行李
(2) 托运
(3) 我们做什么好呢?
(4) 我想两个人坐在一起。

제2과

01 (1) 文中等弥娜等了很久了。
因为她入境时排了很长的队。
问: 从这句话我们可以知道什么?

(2) 女: 对不起，让你久等了吧。
男: 晚点很正常，怪就怪天气不好。
问: 男的是什么意思?

(3~4)
男: 你怎么现在才出来?
女: 飞机晚点了。车停哪儿了?
男: 这儿停车不太方便，没开车。
女: 那我们怎么回家?
男: 我们打的回家吧。
(3) 问: 他们在哪儿说话?
(4) 问: 他们怎么回家?

02 (1) 排队
(2) 正常
(3) 车停哪儿了?
(4) 我们怎么走?

제3과

01 (1) 他觉得比起首儿的出租车费，北京的费用还可以接受。
问: 从这句话我们可以知道什么?

(2) 女: 你觉得我们是哪里人?
男: 听你的口音像南方人。
女: 南方?你猜错了。
问: 从这句话我们可以知道什么?

(3~4)
弥娜和俊浩到北京机场。文中在机场接他们。出机场后他们打的回去。的哥把俊浩和弥娜当成是南方人。他觉得他们的汉语说得比较溜。
(3) 问:出机场后他们怎么回去?
(4) 问:的哥觉得他们的汉语怎么样?

02 (1) 打车 (2) 计费
(3) 猜错了 (4) 你们从哪儿来啊?

제4과

01 (1) 女: 您好，欢迎光临。
男: 我预定了两个单人间。
女: 请稍等。
问: 他们是在哪儿说话的?

(2~3)
女: 你要住几天?
男: 七个晚上。房费包含早餐吗?

女: 是的，您还可以免费使用健身房。
男: 太好了。
(2) 问:男的要住几天?
(3) 问:从这个对话我们可以知道什么?

02 (1) 欢迎光临! (2) 预定
(3) 请稍等。 (4) 您贵姓?

제5과

01 (1) 男: 天哪!
一大清早图书馆里人满为患。
问: 说话人是什么意思?
(2) 男: 你好，我想把韩币换成人民币。
女: 您要换多少?
问: 从对话中可以知道什么?
(3) 男: 按现在的汇率可以换 5,000 多人民币吧。
女: 银行的汇率比机场那边高一点儿。
问: 从对话中我们可以知道什么?

02 (1) 外币兑换
(2) 怎么排队呀?
(3) 你要换多少?
(4) 请您数一下。

제6과

01 男: 北京是千年古都啊! 去看看名胜古迹吧。
女: 可不是嘛? 长城啦、故宫啦、颐和园啦、天坛等。
男: 不到长城非好汉。我们现在去长城可以顺便去游览龙庆峡!
女: 现在出发晚上肯定回不来。
还是明天包车去吧。
男: 那现在我们去参观故宫怎么样?
女: 好主意。如果走马观花似的参观只需两个小时。
男: 就去故宫!
女: 好，说实话我从来没有好好儿参观过故宫。走吧。

(1) 问: 他们决定了今天要去哪儿?
(2) 问: 女的以前参观过故宫吗?

02 (1) 文化名城
(2) 名胜古迹
(3) 北京是中国的首都。
(4) 我举双手赞同。

제7과

01 (1) 女: 你不是有车吗? 怎么不开车去?
男: 现在是下班高峰期。
不想开车去。
问: 从对话中我们可以知道什么?
(2) 女: 开车不仅堵车,而且还很难停车。
男: 可不是嘛?还不如利用公共交通呢。对环境也有好处。
问: 男的是什么意思?
(3) 男: 我打算尽量少开车。
要多利用公共交通。
女: 这样还可以省一大笔钱呢!
何乐而不为呢!
问: 从对话中我们可以知道什么?

02 (1) 我也无奈啊 (2) 别提了
(3) 堵车太厉害了 (4) 何乐而不为

제8과

01 (1) 女: 故宫到底有多大呀?
今天看得完吗?
男: 难说。这里总共有九千多间屋子呢。
问: 从对话中我们可以知道什么?
(2) 女: 累死了。我已经走不动了。

男: 你找个地方坐一会儿，我去买点儿东西，顺便去一下洗手间。
问: 从对话中我们可以知道什么？
(3) 女: 瞧那边。拍婚纱照的。真热闹啊。
男: 你是不是也想结婚了？
女: 不是。只是羡慕。
问: 从对话中我们可以知道什么？

02 (1) 为什么叫故宫呢？
(2) 我陪你去吧。
(3) 你们在聊什么？
(4) 看把你羡慕的。

제9과

01 (1) 男: 韩国人喜欢什么运动？
女: 大部分喜欢棒球、足球什么的。
问: 从对话中我们可以知道什么？
(2) 男: 你们中国人茶余饭后都去看体育比赛吗？
女: 那倒不是。也有很多人去运动。
男: 比如说呢？
女: 周末一帮朋友一起踢踢足球或打打羽毛球。
问: 从对话中我们可以知道什么？
(3) 男: 这就叫人人关心体育，体育造福人人。
问: 这句话是什么意思？

02 (1) 你怎么知道的？ (2) 比如说呢？
(3) 原来如此啊！ (4) 那倒不是。

제10과

01 (1) 女: 给中国人送礼物时不能买钟表和梨。是吗？
男: 是的。因为'梨'和'离'是谐音，不吉利。
问: 从对话中我们可以知道什么？
(2) 女: 我们去看伯父、伯母，买点什么礼物呢？
男: 实在想买，表示一下心意就可以了。
问: 从对话中我们可以知道什么？
(3) 男: 你的心意我领了就不要破费了。
女: 你总不能让我们空手去拜访吧。
问: 从对话中我们可以知道什么？

02 (1) 礼尚往来 (2) 不要破费了。
(3) 你们就别操心了。 (4) 这叫好事双成。

제11과

01 (1) 男: 我们去吃大餐吧。今天我做东。
问: 这句话是什么意思？
(2) 男: 那就恭敬不如从命了。
问: 这句话是什么意思？
(3) 女: 鸭肉嫩嫩的、脆脆的，想起来就流口水。
男: 快别说了，馋死我了。
问: 从对话中我们可以知道什么？

02 (1) 今天真累啊。 (2) 赶紧定下来。
(3) 快别说了。 (4) 馋死我了。

제12과

01 (1) 男: 我们还真没一起喝过。择日不如撞日，今天去小酌一番如何？
问: 这句话是什么意思？
(2) 女: 我们一起去吃饭，好吗？
男: 行，但是有一条这次不许你掏腰包。
问: 男的话是什么意思？
(3) 男: 我怎么好意思让你破费呢！
女: 你就不要跟我争了。给我点面

子嘛！

男：那我就勉为其难接受你的一番好意吧。

问：从对话中我们可以知道什么？

02 (1) 痛快

(2) 给我点面子。

(3) 为我们的健康干杯。

(4) 我先敬你一杯。

제13과

01 (1) 男：我们是不是得挂急诊啊？

女：不用。晚上或周末才挂急诊。

问：他们是在哪儿谈话的？

(2) 男：你可能是水土不服吧？

问：这句话是什么意思？

02 (1) 水土不服 (2) 不用打针吧？

(3) 注意休息。 (4) 祝你早日健康？

제14과

01 (1) 男：有没有男孩儿追你？

女：不是没有。是我对他们根本不来电。

问：从对话中我们可以知道什么？

(2) 女：我这么大大咧咧，谁会喜欢上我呀？

男：萝卜白菜各有所爱。

问：男的话是什么意思？

02 (1) 别装了。

(2) 你说得也有道理。

(3) 我相信缘分。

(4) 谁会喜欢上我呀。

제15과

01 (1) 男：你们别太伤感了。天下无不散之筵席，有相逢总会有离别的。

问：男的话是什么意思？

(2) 女：日子过得可真快啊！回国的日子越来越近了。

男：好像我们是昨天来北京的，却要离开这里了。

问：从对话中我们可以知道什么？

(3) 女：上网聊天、发邮件，还可以直接飞过去看你们。

男：是啊，距离不是问题。因为我们的心是连在一起的！

问：从对话中我们可以知道什么？

02 (1) 说正经的。

(2) 明天却要离开这里。

(3) 真想继续待在这里。

(4) 愿我们的友谊天长地久！

연습문제 참고 답안

제1과

01 (1) ① 他们去北京旅游。 (2) ③ 办登机手续 (3) ① 他们现在在机场

02 (1) 行李 (2) 托运 (3) 我们做什么好呢? (4) 我想两个人坐在一起。

03 (1) wèntí : 问题 (2) bù néng : 不能 (3) xūyào : 需要
(4) xiǎoshí : 小时 (5) Běijīng : 北京 (6) tōngdào : 通道

04 (1) ② 过安检时不能携带液体。 (2) ④ 我想给弟弟带点韩国产品

05 (1) A: 아직 시간이 좀 있는데 무엇을 하면 좋을까?
(2) B: 면세점을 둘러보는 게 어때?
(3) A: 免税店的商品便宜。
(4) B: 可是像特产之类的商品贵。

06 (1) ③ 离 : (离)起飞还有时间，我们去买点礼物吧。
(2) ① 比 - 卖 : 这里的商品会(比)商场(卖)得更贵。

07 (1) 在: 他在家做什么?
再: 我们再去看看好吗?
(2) 玩: 今天我们玩得很愉快。
完: 这本书看完了吗?
(3) 大: 苹果大不大?
打: 明天上午我给你打电话可以吗?

09

			병음	한자	병음	한자	병음	한자
(1)	想	x	xué	学	xīn	心	xià	下
		i	xǐ	喜	qǐ	起	mǐ	米
		a	dà	大	ma	吗	dǎ	打
		n	nǚ	女	nǎ	哪	nòng	弄
		g	gōng	工	gāo	高	gěi	给
(2)	丢	d	dài	带	dāng	当	dào	到
		i	dì	地	tǐ	体	jǐ	几
		u	shū	书	chū	出	bù	不

제2과

01 (1) ① 文中在机场接弥娜。 (2) ③ 他怪今天天气不好。
(3) ④ 机场 (4) ② 出租车

02 (1) 排队 (2) 正常
(3) 车停哪儿了? (4) 我们怎么走?

03 (1) 我一个人做不了这件事。
(2) 菜太多了，我一个人吃不了。

04 (1) D 都
我们 A 坐地铁 B 或者 C 坐出租车 D 可以。
(2) B 肯定
因为 A 四个人坐大巴的费用 B 不低于 C 打车的费用 D。

05 (1) 出: 出发、出去 (2) 天: 星期天、今天
(3) 车: 停车、开车、打车 (4) 么: 怎么、什么、这么

06 (1) 这儿停车不方便。 (2) 再加上飞机晚点了。
(3) 出机场后他们决定打的回去。 (4) 飞机安全地抵达北京机场。

07 (1) 听到天气不好的消息后我非常担心。
(2) 入境时排了很长的队。

09 让我想一想: 제가 좀 생각하게 해주세요.
让我看一看: 제가 좀 보게 해주세요. / 让我说一说: 제가 좀 말하게 해주세요.
让我做一做: 제가 좀 하게 해주세요. / 让我坐一下: 제가 좀 앉게 해주세요.
让他玩吧: 그가 놀도록 놔두세요. / 谁让你来的?: 누가 너에게 오라고 했니?
让我过去: 지나가게 해주세요.

제3과

01 (1) ④ 北京的出租车价格比首便宜。 (2) ② 他不是南方人。
(3) ③ 坐出租车 (4) ① 他们说得很不错。

02 (1) 打车 (2) 计费 (3) 猜错了。 (4) 你们从哪儿来啊?

03 (1) 明天你们想(去)哪儿?
(2) 请问，北京机场怎么(去、走)?
(3) 周末我们(去)学校(走)(走)吧。

04 (1) 你们饿了吧，多吃(一点儿)。 (2) 我今天(有点儿)累。
(3) 机场大巴(有点儿)贵。 (4) 师傅开车开得(有点儿)快。
(5) 我们买(一点儿)水果吧。

05 (1) A: 你汉语说得非常好。 B: 哪里哪里，还差得远。
(2) A: 你吃好了吗? B: 我吃得很好。
(3) A: 你过得怎么样? B: 我过得很开心。

06 (1) 그러나 여전히 좀 비싸다고 생각한다.
可我还是觉得贵了点。Kě wǒ háishi juéde guìle diǎn.
(2) 당신들은 어디(어느 나라)에서 왔나요? : 你们从哪儿来啊? Nǐmen cóng nǎr lái a?
(3) 이것은 저것보다 훨씬 비싸다. : 这个比那个更贵。Zhè ge bǐ nà ge gèng guì.

07 (1) A：这儿的出租车价格比我们那儿便宜多了，可是机场大巴价格比我们那儿更贵。
B：是吗?
(2) A：我想吃中国菜，可是我不会点菜。
B：我帮你吧。

09 (1) 儿: 你今年几岁?
(2) 什么: 今晚你要做什么?
(3) 哪儿: 你是从哪儿来的?
(4) 怎么: 这个葡萄怎么卖?
(5) 多少: 一共多少?
(6) 谁: 这是谁的手机?
(7) 吗: 他是你的哥哥吗?
(8) 怎么样: 你过得怎么样?
(9) 还是: 他是中国人还是韩国人?
(10) 什么样: 你想买什么样的手机?

제4과

01 (1) ② 酒店 (2) ③ 一个星期 (3) ① 他可以免费吃早饭。

02 (1) 欢迎光临 (2) 预定 (3) 请稍等 (4) 您贵姓

03 (1) **Zhù nín rùzhù yúkuài!** : 祝您入住愉快! : 즐겁게 머무르시길 바랍니다.
(2) **Nín de yājīn zěnme zhīfù** : 您的押金怎么支付? : 보증금은 어떻게 지불하시겠습니까?

04 文中提前为弥娜他们(订好)了单人客房。入住酒店时需要(出示)身份证(或者)护照。房费里一般包含服务费和早餐费，还可以(免费)使用娱乐设施。他们要(住)五个晚上。弥娜想住在十层以上的房间。她(用)信用卡支付了押金。(办)完入住手续后服务员给了他们房卡。

05 (1) 의문문：我可以免费使用这个电话吗?
긍정：当然可以。
부정：对不起，不可以(免费使用)。
(2) 의문문：你预定了两个客房吗?
긍정：是的。我顶好了。
부정：没有。我还没预定。

06 (1) 您要住在几天?
→ 您要住几天?

(2) 麻烦您出示您的护照一下。
→ 麻烦您出示一下您的护照。
(3) 办完入住手续后在入住登记卡上签字应该确认。
→ 办完入住手续后应该在入住登记卡上签字确认。

07 (1) 我订好了两个单人间。: 나는 1인실 두 개를 예약했다.
(2) 他吃了早餐。: 그는 아침을 먹었다.
(3) 他吃完了早餐。: 그는 식사를 마쳤다.
(4) 她买到了两张飞机票。: 그녀는 두 장의 비행기 표를 샀다.

08 (1) 果 (水果) (如果)　(2) 早 (早上) (早餐)
(3) 字 (签字) (名字)　(4) 出 (出去) (出来)
(5) 客 (客气) (客房)　(6) 费 (费用) (计费)
(7) 公 (公交) (公里)　(8) 便 (方便) (便宜)
(9) 手 (手机) (手续)

09 很便宜 - 不太便宜 - 不便宜 / 很开心 - 不太开心 - 不开心
很愉快 - 不太愉快 - 不愉快 / 很贵 - 不太贵 - 不贵
很慢 - 不太慢 - 不慢 / 很早 - 不太早 - 不早
很清楚 - 不太清楚 - 不清楚 / 很麻烦 - 不太麻烦 - 不麻烦

제5과

01 (1) ③ 图书馆里有很多人。　(2) ① 女的可能在银行工作。
(3) ② 机场的汇率比银行低。

02 (1) 外币兑换　(2) 怎么排队呀?　(3) 你要换多少?　(4) 请您数一下。

03 (1) < 银行 > ① 人民　(2) < 单子 > ② 吃的　(3) < 汇率 > ① 确认

04 (1) shi　< 师 >　< 十 >　< 是 >　< 事 >　< 时 >
↓　↓　↓　↓　↓
< 师傅 > < 十个 > < 是的 > < 事儿 > < 时间 >

(2) mei　< 没 >　< 每 >　< 妹 >
↓　↓　↓
< 没有 > < 每天 > < 妹妹 >

05 (1) 긍정 : 这些葡萄比那些葡萄更甜。　부정 : 那些葡萄不比这些葡萄甜。
(2) 긍정 : 这个学生比那个学生更漂亮。　부정 : 那个学生不比这个学生漂亮。

06 (1) 他昨天弄丢了伞。 → 他昨天把伞弄丢了。
(2) 她做完了今天的工作。 → 她把今天的工作做完了。

07 (1) Huìlǜ shì měitiān gēng xīn de, shí gāo shí dī. :
→ 汇率是每天更新的，时高时低。:
환율은 매일 달라지기 때문에 어떤 때는 높고 어떤 때는 낮다.
(2) Quèrèn wúwù hòu zài dānzi xiàmiàn qiān yíxià míngzì. :
→ 确认无误后在单子下面签一下名字。:
틀림이 없는지 확인하신 후, 전표 하단에 서명해주세요.
(3) Yí dà qīngzǎo jiù zhème duō rén, zěnme pái duì?:
→ 一大清早就这么多人，怎么排队?:
이른 아침부터 사람이 이렇게 많네요. 어떻게 줄을 서죠?

08 (1) 공항의 환율이 은행보다 많이 높다. : 机场的汇率比银行更高。
(2) 지하철은 버스보다 훨씬 빠르다. : 地铁比公交更快。

10 (1) 坐 → 坐坐 (2) 快 → 快快 (3) 慢 → 慢慢儿
(4) 听 → 听听 (5) 学习 → 学习学习 (6) 漂亮 → 漂漂亮亮
(7) 数 → 数数 (8) 欢迎 → 欢迎欢迎

제6과

01 (1) ④ 故宫 (2) ② 她虽然去过，可是没有好好儿参观过。

02 (1) 文化名城 (2) 名胜古迹
(3) 北京是中国的首都。 (4) 我举双手赞同。

03 (1) zhèngzhì : 政治 (2) kēxué : 科学
(3) kāishǐ : 开始 (4) fēngjǐng : 风景
(5) jīhuì : 机会 (6) chāoguò : 超过

04 (1) A 如果 A 走马观花似的 B 参观 C 只需两个小时 D。
(2) B 不仅 A 北京 B 有很多名胜古迹，C 也有 D 不少风景秀丽的旅游景点。
(3) D 一下 趁 A 这个机会 B 好好儿 C 参观 D。

05 (1) 我都迫不及待了。: 더 지체할 수가 없네요.
(2) 可不是吗。: 물론이죠.
(3) 지금 출발하면 저녁에 돌아올 수 없을 것입니다. : 现在出发晚上肯定(可能)回不来。
(4) 내일 차를 대절해서 가는 것이 어떨까요? : 我们明天包车去怎么样?

06 (1) 베이징 여행을 시작합시다. → 开始我们的北京之旅吧。
베이징의 명승고적을 보러 갑시다. → 我们去看看北京的名胜古迹吧。

(2) 이번 기회에 고궁을 참관하고 싶습니다. → 趁这个机会想参观故宫。
만약 우리가 고궁을 참관한다면 시간이 얼마나 걸릴까요?
→ 如果我们参观故宫需要多长时间?

08 (1) (扌) (丁) → (打) (2) (土) (成) → (城)
(巴) → (把) (也) → (地)
(非) → (排) (厶) → (去)
(3) (女) (马) → (妈) (4) (氵) (告) → (浩)
(未) → (妹) (青) → (清)
(乃) → (奶) (主) → (注)
(5) (亻) (门) → (们) (6) (讠) (舌) → (话)
(尔) → (你) (十) → (计)
(主) → (住) (人) → (认)
(介) → (价) (己) → (记)
(故) → (做) (只) → (识)

제7과

01 (1) ③ 现在是下班高峰期，会堵车。
(2) ① 利用公共交通比个人开车对环境有好处。
(3) ③ 多利用公共交通可以省钱。

02 (1) 我也无奈啊 (2) 别提了
(3) 堵车太厉害了 (4) 何乐而不为

03 (1) 实 → (实在) (其实) (2) 便 → (顺便) (方便)
(3) 交 → (交通) (公交) (4) 如 → (如果) (比如)

04 (1) ① 包括首尔在内的其他城市也存在同样的问题。
(2) ④ 难怪常常看到那么多车停在路边。

05 (1) 其实 世界主要城市都堵车。
(2) 因为 违章停车，我常被贴条。
(3) 如果 大力发展公共交通，这些问题也会迎刃而解。
(4) 因为没有足够的停车场，人们 只能 把车停在不应该停放的地方。

06 (1) 有时候堵车堵路更堵心!
→ Yǒushíhou dǔ chē dǔ lù gèng dǔ xīn!
: 차 막히는 걸 보면 갑갑해질 때도 있다니까요.
(2) 我也无奈啊，一肚子苦水。

→ Wǒ yě wúnài a, yí dùzi kǔshuǐ : 저도 방법이 없습니다. 속만 상하지요.

(3) 世界主要城市都堵得很厉害。这是不可避免的。

→ Shìjiè zhǔyào chéngshì dōu dǔ de hěn lìhai. Zhè shì bù kě bìmiǎn de.

: 세계 주요 도시는 교통체증이 심각하다. 이것은 피할 수가 없다.

07 (1) 不仅 ~ 而且: 不仅价格便宜而且很好吃。

(2) 难怪: 难怪她今天没上课, 原来是身体不舒服了。

(3) 不如: 现在天气太冷, 不如等春天再去。

제8과

01 (1) ③ 他们今天有可能看完。 (2) ① 女的走得很累。

(3) ④ 他们在故宫看到了拍结婚照的人。

02 (1) 为什么叫故宫呢? (2) 我陪你去吧。

(3) 你们在聊什么? (4) 看把你羡慕的。

03 (1) C 曾经 :

A 作为明清两代的皇宫 B, C 有十四个明朝皇帝和 D 十个清朝皇帝住在这里。

(2) B 值得 :

A 故宫里 B 拍照的地方 C 很多 D。

(3) B 一对 :

他们 A 看到 B 新人正在这里 C 拍结婚照 D。

04 文中一行来(到)了故宫博物院。他们觉得故宫真是雄(伟)。弥娜问: "为什么叫故宫呢?" 文中说: "(意)思就是过去的皇宫, (以)前也叫紫禁城。" 今天可能是好日子。因(为)他们看到正在拍婚(纱)照。人们纷纷合影留(念)。照相时不要忘了喊一句 "茄子"。

05 (1) 买到 → (买得到) (买不到) (你买得到买不到飞机票?)

(2) 走动 → (走得动) (走不动) (你走了这么多路, 你还走得动走不动?)

06 (1) 정말 죄송합니다. 이번 주말에는 갈 수없습니다.(了) : 真不好意思, 这个周末我去不了。

(2) 나는 오늘 너무 피곤해서 걸을 수가 없다.(动) : 今天太累, 我走不动了。

07 (1) 我很累。我们找个地方歇(一会儿), 好吗?

(2) 我很饿, 我们买(一点儿)东西吃吧。

(3) 我陪你去吧。顺便去(一下)洗手间。

(4) 趁这个机会我们好好儿参观(一下)。

(5) 这儿的水果比那边贵(一点儿)。

08 A : 瞧那边, 拍婚纱照的。

B : 你是不是也想结婚了?

C : 你们在聊什么? 这么开心。

(1) Zhēn rènào a! → 真热闹啊!

(2) 부러운가 보구나! → 看把你羡慕的。

B : (3) 아무것도 아니야. → 没什么。这儿角度不错,
(4) Zhào zhāng xiàng ba. → 照张相吧。
A : 好啊! (4) Wǒmen yìqǐ hé ge yǐng ba. → 我们一起合个影吧。
C : 笑一笑, 茄子。

09 (1) 难说　难听　(难看)　(难做)
(2) 常常去　常常看　(常常来)　(常常打)
(3) 回得来　回不来　(走得动)　(去不了)
(4) 真漂亮　真热闹　(真羡慕)　(真美丽)
(5) 笑一笑　听一听　(走一走)　(数一数)
(6) 好好儿休息　好好儿努力　(好好儿检查)　(好好儿照顾)
(7) 请您数一下　请您看一下　(请您确认一下)　(请您写一下)

제9과

01 (1) ③ 很多韩国人喜欢棒球和足球。
(2) ② 很多中国人周末喜欢去锻炼身体。
(3) ① 多做运动对身体有好处。

02 (1) 你怎么知道的?　(2) 比如说呢?
(3) 原来如此啊!　(4) 那倒不是。

03 (1) ③ 等等　(2) ② 看一看　(3) ① 请等一会儿。

04 (1) zuìjìn : 最近　(2) duànliàn : 锻炼　(3) xuǎnzé : 选择
(4) bùguǎn : 不管　(5) hǎochù : 好处　(6) yìbān : 一般

05 (1) 我周末常常约朋友一起打球。: 나는 주말에 친구들과 자주 공을 친다.
(2) 很多人喜欢茶余饭后去做运动 : 많은 사람들이 식사 후 여가 시간에 운동을 한다.
(3) 听说你常去练瑜珈 : 듣자 하니 당신은 요가하러 자주 간다던데요.

06 (1) 比起韩国人爱看棒球, 中国人可能(比较、更)爱看足球。(2개)
(2) (再)过两个小时, 我们(就)到中国了。
(3) 你们(可)出来了! 怎么现在(才)出来?
(4) 公交很慢, 我们还是坐地铁(比较、更)方便。(2개)
(5) 最近工作很忙, 我(有点儿)累。
(6) 堵车(太、可)厉害了。(2개)

07 (1) 무슨 운동을 하던지 몸을 단련할 수 있으면 된다. (不管 ~ 只要)
: 不管做什么运动, 只要能锻炼身体就行。
(2) 나는 주말에 친구들과 함께 야구도 하고 탁구도 친다.
: 周末我一帮朋友一起打棒球也打乒乓球。

제10과

01 (1) ④ 给中国人送礼物时应该注意送什么礼物。
(2) ① 不要买太贵重的礼物。 (3) ② 女的一定要买礼物。

02 (1) 礼尚往来 (2) 不要破费了 (3) 你们就别操心了 (4) 这叫好事双成

03 (1) 快 (kuài : 빠르다) – 慢 màn 느리다
(2) 错 (cuò : 틀리다) – 对 duì 맞다
(3) 闲 (xián : 한가하다) – 忙 máng 바쁘다
(4) 贵 (guì : 비싸다) – 便宜 piányi 싸다
(5) 容易 (róngyi : 쉽다) – 难 nán 어렵다
(6) 买 (mǎi : 사다) – 卖 mài 팔다
(7) 丑 (chǒu : 못생기다) – 漂亮 piàoliang 예쁘다
(8) 伤心 (shāngxīn : 슬프다) – 高兴 gāoxìng 기쁘다

04 (1) **Nǐ shuō de duìjí le.** → 你说得对极了。
(2) **Nǐmen jiù bié cāo xīn le.** → 你们就别操心了。
(3) **Nǐ bú yào pò fèi le.** → 你不要破费了。

05 (1) 送礼物并不简单，因为有不少禁忌。
→ 선물하는 것은 쉬운 일이 아니다. 금기사항이 많기 때문이다.
(2) 现在有些禁忌悄悄发生了变化或消失了。
→ 그런데 요즘은 금기에도 조금씩 변화가 생기거나 아예 사라지기 시작했다.
(3) 总不能让我们空手去拜访吧?
→ 어떻게 빈손으로 방문할 수 있겠니?

06 (1) 反正(最好)不要买钟表和梨。
(2) 他说得对(极)了。‘梨’和‘离’是谐音，不吉利。
(3) 送礼送得多(不如)送得好。
(4) (听说)送礼物一般会送两个，这叫好事成双。
(5) 你对中国的文化(还)真了解呀。

07 (1) 내 생각에 이 휴대폰이 저 휴대폰 보다 예쁘지 않은 것 같다. (不如)
→ 我觉得这个手机不如那个手机漂亮。
(2) 그가 가든 안 가든 나는 어차피 가야 한다. (反正)
→ 他去不去，反正我是一定要去的。
(3) 나는 공부하고 싶을 뿐 아니라 일도 하고 싶다. (不仅 ~ 而且)
→ 我不仅想去学习，而且想去工作。

제11과

01 (1) ① 他要请别人吃饭。 (2) ④ 好，我听你的。
(3) ② 他们都喜欢吃烤鸭。

02 (1) 今天真累啊。 (2) 赶紧定下来。 (3) 快别说了。 (4) 馋死我了。

03 (1) ③ 他说得对极了。 (2) ① 请问，地铁站怎么走?
(3) ② 从这儿到机场需要几个小时?

04 (1) B 恨不得 : A 她 B 马上就 C 能吃上 D 烤鸭 。
(2) D 一下 : A 我还是 B 先打 C 电话预定 D 吧。

05 (1) 他们高高兴兴地出发了。: 그들은 아주 즐겁게 출발했다.
(2) 快别说了，馋死我了。 : 그만 얘기해요. 먹고 싶어 죽겠어요.
(3) 晚上大家聚一下怎么样? : 저녁에 다같이 회식할까요?

06 (1) 她昨天买(的)手机弄丢了。: Tā zuótiān mǎi de shǒujī nòngdiū le.
(2) 他快快乐乐(地)走了。: Tā kuàikuài lèlè de zǒu le.
(3) 你说汉语说(得)很好。: Nǐ shuō Hànyǔ shuō de hěn hǎo.
(4) 我们还有时间。你慢慢(地)吃吧。: Wǒmen háiyǒu shíjiān. Nǐ mànmān de chī ba.

07 (1) 鸭肉嫩嫩的、脆脆的，想起来就流口水。→ 연하다 : 아삭아삭하다 : 군침이 흐르다
(2) 恭敬不如从命了。→ 말씀대로 따르겠습니다.
(3) 今天我做东。→ 오늘은 제가 살게요.
(4) 赶紧定下来。→ 서두르다/급히

08 (1) 别浪费大家宝贵的时间了: Bié làngfèi dàjiā bǎoguì de shíjiān le.
모두의 귀중한 시간을 낭비하지 맙시다.
(2) 每个城市都有自己的特色菜肴。: Měi ge chéngshì dōu yǒu zìjǐ de tèsè càiyáo.
어느 도시에나 특유의 요리가 있습니다.
(3) 她提醒我最好提前预定座位 : Tā tíxǐng wǒ zuìhǎo tíqián yùdìng zuòwèi.
그녀는 나에게 사전에 자리를 예약해야 한다고 알려주었습니다.

09 (走走) (说说) (打打) (坐坐) (去去)
(数一数) (找一找) (写一写) (买一买) (想一想)
(学习学习) (参观参观) (提醒提醒)
(慢慢) (快快) (高高)
(漂漂亮亮)

제12과

01 (1) ② 今天他们要去喝酒。
(2) ③ 今天他要做东。
(3) ④ 他接受了她的好意，但很不好意思。

02 (1) 痛快 (2) 给我点面子。 (3) 为我们的健康干杯。 (4) 我先敬你一杯。

03 (1) rúhé: 如何 (2) pòfèi : 破费 (3) miànzi : 面子
(4) biǎodá : 表达 (5) zhàogù : 照顾 (6) gǎnjī : 感激

04 (1) 来，我敬你一(杯)。 (2) 故宫总共有九千多(间)屋子呢。
(3) 北京出租车的起价都是十(块)。 (4) 我们可以省一大(笔)钱呢。
(5) 我就接受你的一(番)好意吧。

05 (1) 그는 잠시도 지체하지 않고 공항으로 달려갔다. (迫不及待)
→ 他就迫不及待地去了机场。
(2) 오늘 우리가 먹은 것은 모두 각자 계산해야 한다. (掏腰包)
→ 今天我们吃的都是要自己掏腰包的。
(3) 내가 무슨 면목으로 선생님을 뵙겠나. (好意思)
→ 我怎么好意思见老师呢。

06 (1) 你就(别)跟我争了。→ 저와 실랑이하지 마시고요.
(2) 给两位女士也(满)上吧。→ 우리 여성들에게도 따라주세요.
(3) 今晚大家一定要(尽兴而归)啊！→ 오늘 저녁에는 모두 마음껏 기분 냅시다!
(4) 咱(俩)还没一起喝(过)酒吧？→ 우리 아직 같이 술 마신 적이 없지요?

07 (1) 今天去小酌一番。
→ 의문문 : 今天去小酌一番怎么样？
→ 긍정 : 好注意 / 好极了 / 好啊。
→ 부정 : 对不起，我今天有点事儿。
(2) 你吃过中国菜。
→ 의문문 : 你吃过中国菜吗？
→ 긍정 : 吃过。
→ 부정 : 还没吃过。

제13과

01 (1) ① 医院 (2) ③ 他不太适应中国的饮食。

02 (1) 水土不服 (2) 不用打针吧！ (3) 注意休息。 (4) 祝你早日健康！

03 (1) ① 弥娜好像病了。大家很着急，马上陪她去了医院。

(2) ③ 做完检查后医生说弥娜只是吃东西上火，没什么大碍。

04 (1) 有点儿上火，吃一点儿药就行。
→ 열이 나니 약을 먹으면 된다.
(2) 来，张开嘴让我看看。再量一下体温。
→ 제가 좀 볼 수 있게 입을 벌려보세요. 체온도 좀 재겠습니다.
(3) 拿着这个处方去取药。→ 이 처방전을 가지고 가서 약을 받아 가세요.

05 (1) 我们是不是得挂急诊啊?
→ 응급실에 접수해야 하는 것 아닌가요?
(2) 我们挂专家号吧。贵不了多少。
→ 전문의로 접수해요. 가격 차이가 별로 나지 않으니까요.
(3) 저녁이나 주말은 응급진료로 접수하고 평일에는 외래진료로 접수하면 된다.
→ 晚上或周末才挂急诊。平时挂门诊就可以。
(4) 나는 목이 아프고, 입맛도 없고, 입이 마르고, 혀도 아프고, 온몸에 힘이 없다.
→ 我嗓子疼、没胃口、口干舌燥、全身乏力。

06 (1) Tāmen zhè cái sōngle yì kǒu qì. → 他们这才松了一口气。
(2) Zhāngkāi zuǐ ràng wǒ kàn yíxià. → 张开嘴让我看一下。
(3) Dàifu, yào bu yào jǐn? yánzhòng ma? → 大夫，要不要紧？严重吗？

07 (1) ① 上火 – 불이 나다 (2) ④ 取药 – 약을 먹다
(3) ③ 大碍 – dàdé (4) ① 蔬菜 – sūcài

09 A: 你怎么不(舒)服 ？说说看。
B: 我嗓子疼、没胃口、口干舌燥、全(身)乏力。
A: 来，(张)开嘴让我看看。再(量)一下体温。
C: 大(夫)，要不要紧？(严)重吗？
A: 只是有点儿(上)火，吃点药就行。
B: 不用打针吧？我最(怕)打针了。
A: 不用。拿着这个处方去(取)药吧。
C: 多谢大(夫)。这下放(心)了。
A: 一定药按说明书吃药。注意休(息)。
D: 你可能是水土不(服)吧？
B: 可能是吧！谢谢大家的(关)心。祝我早日(康)复吧！

제14과

01 (1) ① 有，可是没有她喜欢的男人。
(2) ② 每个人都有自己喜欢的类型。

02 (1) 别装了。 (2) 你说得也有道理。
(3) 我相信缘分。 (4) 谁会喜欢上我呀。

03 (1) biézhuāng : 别装 (2) piányi : 便宜
(3) dàolǐ : 道理 (4) mǎzú : 满足
(5) huàtí : 话题 (6) hàixiū : 害羞

04 (1) 我就喜欢你这样落落大方的女孩儿
→ 나는 미나 씨처럼 솔직담백하고 시원시원한 성격을 좋아합니다.
(2) 你还等天上掉馅饼吗?
→ 나무에서 감이 저절로 떨어지기를 기다리세요?
(3) 我对爱情就是没信心。
→ 나는 사랑에 대해 자신이 없습니다.

05 (1) 难道 → 你难道不相信我吗?
(2) 怪不得 → 怪不得你说汉语说得那么流利。
(3) 相信 → 谁也不会相信的。

06 (1) 萝卜白菜各有所爱。→ 누구나 제 짝은 있는 법이지요.
(2) 得了便宜还卖乖啊。→ 잘해줬더니 우쭐대다니!

07 A: 你有没有男朋友?
B: 还没有。怎么 突然 ① 问起这个来了?
A: 你这么漂亮, 难道② 就没有男孩儿 追 你?
B: 不是没有。是我对他们根本 不来电④。
A: 怪不得⑤ 你有那么多时间陪我。
B: 那你呢?
A: 我这么 大大咧咧⑥, 谁会喜欢上我呀?

09 (1) 等天上掉馅饼 : 나무에서 감이 저절로 떨어지기를 기다리다.
(2) 萝卜白菜各有所爱 : 누구나 제 짝이 있다.
(3) 走马观花 : 대충대충 보고 지나치다.
(4) 择日不如撞日 : 따로 약속을 잡지 말고 말 나온 김에 하다.
(5) 堵车堵路更堵心! : 차 막히는 걸 보면 마음이 갑갑해지다.
(6) 生命在于运动。: 생명은 운동에 달렸다.
(7) 得了便宜还卖乖 : 잘 대해주니 우쭐대다.
(8) 一肚子苦水! : 속이 상하다.
(9) 一见钟情 : 첫눈에 반하다.
(10) 恭敬不如从命 : 말씀대로 따르다.
(11) 何乐而不为 : 하지 않을 이유가 없다.

제15과

01 (1) ③ 不要感伤，以后我们一定会见面的。

(2) ② 时间过得真快，他们快要回国了。

(3) ② 现在交通、通讯都很发达。

02 (1) 说正经的。 (2) 明天却要离开这里。

(3) 真想继续待在这里。 (4) 愿我们的友谊天长地久！

03 (1) D < 就 >

我也舍不得你们 A 走。B 一想到你们要 C 走，我 D 想哭。

(2) D < 为了 >

A 有时候 B 短暂的分别 C 就是 D 更长久的重逢。

(3) D < 却 >

弥娜觉得 A 仿佛刚刚 B 到北京，C 不知不觉中 D 度过了一个月的时间。

04 (1) 真想继续 (待) 在这里不走啊。

(2) 我们可以随时随地 (保持) 联系。

(3) 欢乐的时光 (总是) 过得特别快。

05 (1) 越 ~ 越：最近天气越来越冷了。：최근에 날씨가 점점 추워졌다.

(2) 一 就：我一叫他，他就出来了。：그를 부르자마자 그가 나왔다.

(3) 不知不觉：不知不觉一个小时过去了。：부지불식간에 한 시간이 지났다.

06 (1) 我也 shěbudé 你们走。 舍不得 ：헤어지기 아쉽다

(2) 愿我们的友谊 tiān cháng dì jiǔ：天长地久 ：영원히 변치 않다

(3) 天下无不散之筵席，yǒu xiāngféng zǒng huì yǒu líbié de.：

有相逢总会有离别的。：만남이 있으면 이별도 있다.

07 (1) ① 现在还不好说。一时半会儿可能去不了。

(2) ③ 都什么时候了还拿我们开涮。

(3) ② 他们觉得只要友谊长存，短暂的分别并不能分开他们。

찾아보기-단어 및 어구

A

碍	ài	방해하다/해가 되다	13과
爱情	àiqíng	애정/사랑	14과
按	àn	~에 따라서/~에 의해서	13과
安检	ānjiǎn	보안검색	1과
安全	ānquán	안전하다	2과

B

白菜	báicài	배추	14과
拜访	bàifǎng	예방하다/방문하다	10과
白酒	báijiǔ	백주	10과
办	bàn	(일 등을) 처리하다	1과
帮	bāng	무기(여럿이 모여서 한 동아리를 이룬 사람에 대해 쓰는 양사)	9과
棒球	bàngqiú	야구	9과
包车	bāo chē	차를 대절하다/전세차	6과
包含	bāohán	포함하다	4과
包括	bāokuò	포괄(포함)하다	7과
保持	bǎochí	유지하다	15과
笔	bǐ	금액/금전에 사용되는 양사	7과
被	bèi	~에게 ~을 당하다	7과
宝贵	bǎoguì	귀중하다	11과
保障	bǎozhàng	보장하다	13과
逼近	bījìn	바싹 접근하다/임박하다	15과
避免	bìmiǎn	피하다/면하다	7과
比起	bǐqǐ	~와 비교하다	3과
比如	bǐrú	예를들면	9과
比赛	bǐsài	시합/경기	9과
变化	biànhuà	변화(하다)	10과
表达	biǎodá	표현하다	12과
标志	biāozhì	상징	5과
表示	biǎoshì	표시하다	10과
病	bìng	병/병이 나다	13과
伯父	bófù	큰아버지/아저씨	10과

伯母	bómǔ	큰어머니/아주머니	10과
博物院	bówùyuàn	박물관	8과
不管	bùguǎn	~을 막론하고	9과
不好意思	bù hǎoyìsi	미안하다/계면쩍다	2과
部分	bùfen	일부	4과
不仅	bùjǐn	~일 뿐만 아니라	6과
不如	bùrú	~만 못하다/~하는 편이 낫다	10과
不许	bùxǔ	불허하다/~할 수 없다	12과
不知不觉	bù zhī bù jué	자기도 모르는 사이에/부지불식간에	15과

C

猜	cāi	추측하다	3과
菜肴	càiyáo	요리	11과
操心	cāoxīn	마음을 쓰다(졸이다)	10과
参观	cānguān	참관하다	6과
曾经	céngjīng	일찍이/이전에	8과
茶余饭后	chá yú fàn hòu	차를 마시거나 밥 먹은 후의 휴식시간	9과
馋	chán	먹고 싶어하다/군침 흘리다	11과
长城	Chángchéng	만리장성	6과
长存	chángcún	영원히 존재하다	15과
长久	chángjiǔ	영구(하다)	15과
重庆	Chóngqìng	중경	11과
超重	chāozhòng	중량을 초과하다	1과
趁	chèn	(때, 기회를) 타다	6과
城市	chéngshì	도시	11과
城铁	chéngtiě	전철	7과
充分	chōngfèn	충실하다	13과
重逢	chóngféng	재회하다	15과
出行	chūxíng	외출하다	7과
出租车	chūzūchē	택시	3과
处方	chǔfāng	처방	13과
储蓄	chǔxù	저축(하다)	5과
窗口	chuāngkǒu	창구	5과
从命	cóngmìng	분부에 따르다	11과
从来	cónglái	지금까지/여태껏	6과
脆	cuì	아삭아삭하다	11과
存款	cúnkuǎn	입금하다	5과

D

大大咧咧	dàdaliēliē	덜렁거리다	14과
大部分	dàbùfen	대부분	9과
大餐	dàcān	성찬	11과
打车	dǎ chē	택시를 타다	2과
打球	dǎ qiú	공을 치다	9과
大力	dàlì	강력하게/힘껏	7과
打针	dǎ zhēn	주사를 맞다	13과
待	dāi	머물다/체류하다	15과
大夫	dàifu	의사	13과
带路	dài lù	길을 안내하다	11과
单人间	dānrénjiān	싱글룸/1인실	4과
担心	dānxīn	걱정하다	2과
单子	dānzi	명세표/전표	5과
当成	dāngchéng	~로 여기다	3과
倒	dào	오히려/도리어	9과
到底	dàodǐ	도대체	8과
道理	dàodǐ	일리	14과
~的话	~dehuà	~라면	4과
登机	dēng jī	비행기에 탑승하다	1과
登机牌	dēngjīpái	탑승권	1과
登记卡	dēngjìkǎ	등록카드	4과
等	děng	기다리다	2과
等候	děnghòu	기다리다	11과
抵达	dǐdá	도착하다	2과
低于	dīyú	~보다 낮다	2과
的哥	dígē	택시 운전기사	3과
地方	dìfang	장소/곳	8과
地主之谊	dìzhǔ zhī yì	어떤 지역의 토박이로서의 도리	11과
掉	diào	떨어지다	14과
订	dìng	예약하다	4과
东西	dōngxi	물건	8과
冻结	dòngjié	동결하다	4과
堵车	dǔ chē	차가 막히다	7과
度过	dùguò	지내다/겪다	15과
堵心	dǔxīn	불쾌하다/갑갑하다	7과
肚子	dùzi	배	7과

锻炼	duànliàn	단련하다	9과
短暂	duǎnzàn	(시간이) 짧다	15과
对	duì	짝/쌍(짝을 이룬 것을 셀 때 쓰는 양사)	8과
对	duì	맞다/옳다	10과
兑换	duìhuàn	환전하다	5과
对于	duìyú	~에 대하여	12과

E

而	ér	그러나(역접)	10과
而且	érqiě	게다가/또한	7과

F

发	fā	보내다/발송하다	15과
发达	fādá	발달하다	15과
乏力	fálì	힘이 없다	13과
发生	fāshēng	발생(하다)	10과
发展	fāzhǎn	발전(하다)	7과
番	fān	번/차례/바탕	12과
方便	fāngbiàn	편리하다	2과
房费	fángfèi	방 값	4과
仿佛	fǎngfú	마치 ~인듯하다	15과
房卡	fángkǎ	방 카드	4과
放心	fàngxīn	안심하다	13과
非	fēi	~이 아니다	6과
费用	fèiyòng	비용	2과
分别	fēnbié	이별하다	15과
纷纷	fēnfēn	계속하여/쉴 사이 없이	8과
分开	fēn kāi	나누다/가르다	15과
风景	fēngjǐng	풍경	6과
夫妻	fūqī	부부	10과
服务员	fúwùyuán	종업원/호텔직원	4과

G

感激	gǎnjī	감사하다	12과
赶紧	gǎnjǐn	서둘러/급히	11과
感伤	gǎnshāng	느끼어 슬퍼하다	15과
刚刚	gānggāng	막/방금	15과
高峰期	gāofēngqī	러시아워	7과
各有所爱	gè yǒu suǒ ài	각자 좋아하는 것이 있다	14과
根本	gēnběn	도무지	14과
更新	gēngxīn	업데이트하다	5과
逛	guàng	둘러보다	1과
怪	guài	탓하다/이상하다	2과
公共交通	gōnggòngjiāotōng	대중교통	7과
恭敬	gōngjìng	예의 바르다	11과
公里	gōnglǐ	킬로미터	3과
工商银行	Gōngshāng yínháng	공상은행	5과
工作人员	gōngzuò rényuán	직원	1과
古都	gǔdū	고도	6과
故宫	Gùgōng	고궁	6과
顾客	gùkè	고객	5과
挂号	guà hào	접수하다	13과
怪不得	guài bude	그러게/어쩐지	14과
光临	guānglín	왕림	4과
关心	guānxīn	관심	9과
柜员机	guìyuánjī	ATM기	5과
过去	guòqù	과거/옛날	8과

H

韩币(元)	Hánbì(yuán)	한화	5과
喊	hǎn	외치다/큰 소리로 부르다	8과
害羞	hàixiū	부끄러워하다	14과
毫克	háokè	밀리그램	1과
好处	hǎochù	장점	7과
好感	hǎogǎn	호감	14과
好汉	hǎohàn	사내대장부	6과
好事成双	hǎoshì chéng shuāng	좋은 일은 쌍을 이루다/겹경사가 나다	10과
好意	hǎoyì	호의	12과

何乐而不为	hé lè èr bù wéi	무엇 때문에 싫어하겠는가	7과
合影	hé yǐng	단체사진/함께 사진을 찍다	8과
恨不得	hènbudé	몹시 ~하고 싶다	11과
话题	huàtí	화제	14과
化妆品	huàzhuāngpǐn	화장품	1과
患	huàn	재난/우환/걱정	5과
环境	huánjìng	환경	7과
换钱	huàn qián	환전하다	5과
皇帝	huángdì	황제	8과
皇宫	huánggōng	황궁	8과
汇率	huìlǜ	환율	5과
婚纱	hūnshā	웨딩드레스	8과
火锅	huǒguō	중국식 전골	11과
或者	huòzhe	혹은/또는	4과

J

机会	jīhuì	기회	12과
积极	jījí	적극적이다/진취적이다	15과
即使	jíshǐ	설령 ~일지라도	14과
急诊	jízhěn	응급진료	13과
计划	jìhuà	계획/계획하다	11과
禁止	jìnzhǐ	금지/금지하다	1과
机场大巴	jīchǎng dàbā	공항리무진버스	2과
吉利	jílì	길하다	10과
计费	jì fèi	비용을 계산하다	3과
价格	jiàgé	가격	3과
间	jiān	칸(방을 세는 단위)	8과
检查	jiǎnchá	검사하다	13과
简单	jiǎndān	간단하다	10과
健康	jiànkāng	건강	12과
健身房	jiànshēnfáng	헬스장	4과
角度	jiǎodù	각도	8과
缴费	jiǎofèi	비용을 납부하다	5과
接机	jiē jī	공항에 마중가다	2과
接受	jiēshòu	받아들이다	12과
结婚	jié hūn	결혼하다	8과

节目	jiémù	프로그램	9과
尽量	jǐn liàng	가능한 한/되도록	7과
禁忌	jìnjì	금기/기피하다	10과
尽兴	jìnxìng	마음껏 즐기다	12과
敬	jìng	(음식이나 물건을) 공손히 드리다/바치다/올리다	12과
接受	jiēshòu	받아들이다	3과
景点	jǐngdiǎn	경치 좋은 곳/명소	6과
酒吧	jiǔ bā	술집	12과
酒店	jiǔdiàn	호텔	4과
举	jǔ	들어 올리다	6과
聚	jù	모이다	11과
聚餐	jùcān	회식/회식하다	11과
距离	jùlí	거리	15과

K

开始	kāishǐ	시작하다	12과
开涮	kāishuàn	농담하다/놀리다	15과
看望	kànwàng	방문하다	10과
康复	kāngfù	건강을 회복하다	13과
靠	kào	~에 기대다/접근하다	1과
烤鸭	kǎoyā	오리구이	11과
开车	kāi chē	차를 운전하다	2과
可不是	kěbushì	그렇다/그렇고말고	6과
客房	kèfáng	객실	4과
客气	kèqi	예의바르다/겸손하다	10과
肯定	kěndìng	틀림없이	2과
口干舌燥	kǒu gān shé zào	입이 마르다	13과
口音	kǒuyīn	발음	3과
口水	kǒushuǐ	침	11과
空手	kōngshǒu	빈손	10과
哭	kū	울다	15과
苦水	kǔshuǐ	괴로움/고통	7과

L

来电	lái diàn	느낌이 오다	14과

篮球	lánqiú	농구	9과
浪费	làngfèi	낭비하다	7과
乐观	lèguān	낙관적이다	15과
类型	lèixíng	유형	14과
梨	lí	배	10과
离	lí	헤어지다	10과
离别	líbié	이별하다	15과
里程	lǐchéng	이정/거리	3과
厉害	lìhai	심하다	7과
离婚	líhūn	이혼하다	10과
离开	líkāi	떠나다	15과
礼品	lǐpǐn	선물	10과
礼尚往来	lǐ shàng wǎng lái	오는 정이 있으면 가는 정도 있다	10과
例外	lìwài	예외/예외로 하다	7과
利用	lìyòng	이용하다	7과
连	lián	연결하다/연접하다	15과
炼	liàn	연습하다	9과
连日	liánrì	연일	12과
联系	liánxì	연락하다	15과
量	liáng	재다/측량하다	13과
聊天	liáotiān	한담을 나누다	15과
了解	liǎojiě	알다/이해하다	10과
领	lǐng	받아들이다	10과
溜	liù	매끄럽다	3과
流	liú	흐르다	11과
流行	liúxíng	유행하다	9과
留念	liúniàn	기념으로 남기다	8과
龙庆峡	Lóngqìngxiá	용경협	6과
路	lù	길	11과
路边	lùbiān	노변/길가	7과
路上	lùshàng	길/노상	2과
萝卜	luóbo	무	14과
落落大方	luòluo dàfāng	솔직담백하고 대범하다	14과
旅	lǚ	여행	6과

M

马上	mǎshàng	곧/즉시	11과

卖乖	mài guāi	잘난 체하다	14과
满	mǎn	가득하다/가득차게 하다	12과
满足	mǎnzú	만족하다	14과
美妙	měimiào	아름답다	12과
每年	měinián	매년	6과
门诊	ménzhěn	외래진료	13과
免费	miǎnfèi	무료	4과
免税店	miǎnshuìdiàn	면세점	1과
勉为其难	miǎn wéi qí nán	어려운 일을 참고 해내다	12과
面子	miànzi	체면	12과
名城	míngchéng	유명한 도시	6과
名胜古迹	míngshènggǔjì	명승고적	6과

N

南方人	nánfāngrén	남방사람	3과
难	nán	어렵다	7과
难怪	nánguài	어쩐지/당연하다	7과
难道	nándào	설마	14과
男朋友	nánpéngyou	남자친구/애인	14과
嫩	nèn	연하다	11과
年轻人	niánqīngrén	젊은사람	14과
女生	nǚshēng	여학생	12과

P

怕	pà	무서워하다	13과
排队	pái duì	줄을 서다	2과
排长龙	pái chánglóng	줄을 길게 서다	2과
拍照	pāi zhào	사진을 찍다	8과
批	pī	(사람의)집단을 나타내는 양사	6과
乒乓球	pīngpāngqiú	탁구	9과
瓶	píng	병(양사)	10과
平时	píngshí	평소	13과
迫不及待	pò bù jí dài	한시도 지체할 수 없다	6과
破费	pòfèi	돈을 쓰다	10과

Q

气	qì	화나게 하다	14과
期待	qīdài	기대하다	1과
起步价	qǐbùjià	기본료	3과
起飞	qǐfēi	이륙하다	1과
起价	qǐjià	기본요금	3과
其实	qíshí	사실은	7과
其中	qízhōng	그 중	14과
签字	qiānzì	서명하다	4과
瞧	qiáo	보다	8과
茄子	qiézi	가지(사진 찍을 때 자주 사용하는 말)	8과
清淡	qīngdàn	담백하다	13과
清早	qīngzǎo	새벽	5과
情人	qíngrén	연인	10과
悄悄	qiāoqiāo	조용하다	10과
情绪	qíngxù	정서/기분	7과
情有独钟	qíng yǒu dú zhōng	몹시 좋아하다	9과
去处	qùchù	행선지/행방	6과
取号机	qǔhàojī	대기표 발행기	5과
取款	qǔkuǎn	출금하다	5과
取药	qǔ yào	약을 타다	13과
去火	qù huǒ	열을 식히다	13과
劝	quàn	권하다	10과
全身	quánshēn	전신	13과
确认	quèrèn	확인하다	4과

R

让	ràng	~하게 하다	2과
热闹	rènào	왁자지껄하다/떠들썩하다	8과
人民币	Rénmínbì	인민폐	5과
任	rèn	맡기다/마음대로(하게 하다)	6과
日子	rìzi	날짜/세월	5과
如何	rúhé	어떠한가	12과
入境	rùjìng	입국/입국하다	2과
入住	rùzhù	숙소에 들다/체크인하다	4과

S

嗓子	sǎngzi	목	13과
散	sàn	흩어지다/끝나다	15과
伤感	shānggǎn	슬퍼하다/감상적이 되다	15과
商品	shāngpǐn	상품	1과
上火	shàng huǒ	열이 나다	13과
上网	shàng wǎng	인터넷에 접속하다	15과
稍	shāo	조금/약간	4과
舍不得	shěbudé	헤어지기 아쉽다/섭섭하다	15과
设施	shèshī	시설	4과
身份证	shēnfenzhèng	신분증	4과
声	shēng	(소리의 횟수를 세는 단위) 번,마디	9과
生命	shēngmìng	생명	9과
省	shěng	절약하다	7과
省力	shěng lì	힘을 절약하다	5과
省时	shěng shí	시간을 절약하다	5과
师傅	shīfu	그 일에 숙달한 사람/숙련공	3과
时光	shíguāng	시간	15과
实话	shíhuà	진실한 말/참말	6과
食物	shíwù	음식	13과
实在	shízài	확실히/진정	10과
使用	shǐyòng	사용하다	4과
似的	shìde	~와 같다	6과
世界	shìjiè	세계	6과
收费	shōufèi	요금을 징수하다	3과
首尔	Shǒu'ěr	서울	1과
手头	shǒutóu	수중	5과
手续	shǒuxù	수속	1과
数	shǔ	세다	5과
蔬菜	shūcài	채소/야채	13과
舒服	shūfu	편안하다	13과
刷卡	shuā kǎ	카드를 긁다	5과
双手	shuāngshǒu	두 손	6과
水土不服	shuǐ tǔ bù fú	기후 풍토가 맞지 않다	13과
睡眠	shuìmián	수면	13과
顺利	shùnlì	순조롭다	2과
说明	shuōmíng	설명하다	3과

说明书	shuōmíngshū	설명서	13과
司机	sījī	운전기사	3과
松	sōng	긴장이 풀리다	13과
送	sòng	선물하다/전송하다	10과
送终	sòng zhōng	임종을 지키다	10과
随时随地	suíshí suídì	언제 어디서나	15과
随着	suízhe	~에 따라	15과

T

谈论	tánlùn	논의하다	14과
掏	tāo	꺼내다	12과
特色	tèsè	특색있다	11과
疼	téng	아프다	13과
踢球	tī qiú	축구를 하다/공을 차다	9과
体温	tǐwēn	체온	13과
体育	tǐyù	스포츠/체육	9과
天长地久	tiān cháng dì jiǔ	영원히 변치 않다	15과
天下	tiānxià	천하/온 세상	15과
调节	tiáojié	조절하다	13과
托运	tuōyùn	탁송하다	1과
通道	tōngdào	통로	1과
特产	tèchǎn	특산품	1과
提前	tíqián	앞당기다	4과
提醒	tíxǐng	일깨우다	11과
天上	tiānshàng	하늘/천상	14과
天坛	Tiāntán	천단	6과
条	tiáo	항목/조목	12과
贴条	tiē tiáo	딱지를 붙이다	7과
停车	tíng chē	차를 세우다/주차하다	7과
停	tíng	멈추다/세우다	2과
同感	tónggǎn	동감/공감하다	7과
痛快	tòngkuài	통쾌하다/시원시원하다	12
通讯	tōngxùn	통신	15과
突然	tūrán	갑자기	14과
土特产品	tǔtèchǎnpǐn	특산품	1과

W

挖苦	wākǔ	놀리다	14과
外币	wàibì	외화	5과
晚点	wǎndiǎn	연착하다/연발하다	2과
网点	wǎngdiǎn	지점	5과
望京	Wàngjīng	(지명)왕징	3과
为	wéi	~이 되다/~으로 여기다	3과
围	wéi	둘러싸다/에워싸다	14과
违章	wéizhāng	법규를 위반하다	7과
胃口	wèikǒu	입맛	13과
问题	wèntí	문제	7과
无	wú	없다	15과
无奈	wúnài	어찌할 도리가 없다/부득이하다	7과
无疑	wúyí	틀림없다	12과
屋子	wūzi	방	8과

X

洗手间	xǐshǒujiān	화장실	8과
吸引	xīyǐn	흡인하다/끌어당기다	6과
行李	xíngli	짐	1과
携带	xiédài	휴대/휴대하다	1과
馅饼	xiànbǐng	속을 넣어 굽거나 튀긴 둥글넓적한 떡	14과
现金	xiànjīn	현금	4과
羡慕	xiànmù	부러워하다	8과
像	xiàng	마치~와 같다	9과
相逢	xiāngféng	상봉(하다)	15과
想法	xiǎngfǎ	생각	14과
香水	xiāngshuǐ	향수	1과
相信	xiāngxìn	믿다	14과
笑	xiào	웃다	8과
消费	xiāofèi	소비(하다)	5과
消失	xiāoshī	사라지다	10과
消息	xiāoxi	소식	2과
小酌	xiǎozhuó	가벼운 술 한잔	12과
歇	xiē	쉬다	8과
谐音	xiéyīn	음이 같거나 비슷한 것/동류음	10과

心动	xīn dòng	마음이 움직이다	11과
辛辣	xīnlà	맵다	13과
新人	xīnrén	신랑신부	8과
心意	xīnyì	마음/성의	10과
信用卡	xìnyòngkǎ	신용카드	4과
信心	xìnxīn	자신감	14과
心知肚明	xīn zhī dù míng	잘 알고 있다	14과
行动	xíngdòng	행동하다	11과
兴致	xìngzhì	흥취	12과
雄伟	xióngwěi	웅장하다	8과
休息	xiūxi	휴식(하다)	13과
秀丽	xiùlì	수려하다	6과
需要	xūyào	필요로 한다	1과
选	xuǎn	선택하다	6과
选择	xuǎnzé	선택/선택하다	6과

Y

押金	yājīn	보증금	4과
鸭肉	yāròu	오리고기	11과
研究	yánjiū	연구하다	5과
筵席	yánxí	술자리/주연	15과
严重	yánzhòng	위독하다/엄중하다	13과
腰包	yāobāo	지갑/허리춤에 차는 돈주머니	12과
要紧	yàojǐn	중하다/심하다	13과
液体	yètǐ	액체	1과
夜晚	yèwǎn	밤	12과
业务	yèwù	업무	5과
遗产	yíchǎn	유산	6과
遗憾	yíhàn	유감이다	11과
颐和园	Yíhéyuán	이화원	6과
一见钟情	yí jiàn zhōngqíng	첫눈에 반하다	14과
一口气	yì kǒu qì	한숨/한 호흡	13과
一样	yíyàng	같다/동일하다	9과
医院	yīyuàn	병원	13과
以前	yǐqián	이전	8과
意思	yìsi	뜻/의미	8과

一时半会儿	yì shí bàn huìr	잠깐 동안	15과
以 ~ 为 ~	yǐ ~ wéi ~	~을 ~로 하다	5과
银行职员	yínháng zhíyuán	은행직원	5과
银联	yínlián	은행연합	5과
迎刃而解	yíng rèn ér jiě	순리적으로 문제가 해결되다	7과
影响	yǐngxiǎng	영향(주다)	7과
永恒	yǒnghéng	영원하다	14과
邮件	yóujiàn	우편물	15과
游客	yóukè	여행객	6과
游览	yóulǎn	유람하다	6과
有惊无险	yǒu jīng wú xiǎn	놀라기는 했지만 다행히 위험은 없다	2과
友谊	yǒuyì	우정	12과
瑜伽	yújiā	요가	9과
羽毛球	yǔmáoqiú	배드민턴	9과
娱乐	yúlè	오락	4과
于是	yúshì	그래서	12과
预防	yùfáng	예방하다	13과
预订	yùdìng	예약/예약하다	4과
缘分	yuánfèn	인연	14과
原来如此	yuánlái rú cǐ	알고 보니 그렇다/과연 그렇다	9과
愿	yuàn	원하다/바라다	15과
越来越	yuè lái yuè	점점/더욱더	15과
运动	yùndòng	운동	9과

Z

在于	zàiyú	~에 있다/~에 달려있다	9과
暂时	zànshí	잠깐	4과
赞同	zàntóng	찬성하다	6과
造福	zàofú	행복을 가져오다	9과
早日	zǎorì	조속한 시일	13과
则	zé	오히려/그러나	9과
择	zé	택하다	12과
张开	zhāngkāi	열다/벌리다	13과
着急	zháo jí	조급해하다/초조해하다	13과
争	zhēng	다투다	12과
争取	zhēngqǔ	노력하여 목적을 달성하다	14과

正常	zhèngcháng	정상적이다	2과
正经	zhèngjing	진지한/바른/정식의	15과
正宗	zhèngzōng	정통	11과
之	zhī	~의	1과
支付	zhīfù	지불하다	4과
值得	zhíde	~할 만한 가치가 있다	8과
只	zhǐ	단지/다만	6과
只是	zhǐshì	다만/단지/오로지	2과
只要	zhǐyào	~하기만 하면	9과
只有	zhǐyǒu	오직 ~만 있다	5과
中国银行	Zhōngguó yínháng	중국은행	5과
周边	zhōubiān	주변/주위	6과
转帐	zhuǎnzhàng	계좌이체하다	5과
钟表	zhōngbiǎo	시계	10과
主题	zhǔtí	주제/테마	14과
住	zhù	살다	4과
祝福	zhùfú	축복(하다)	15과
祝愿	zhùyuàn	축원하다	15과
专家	zhuānjiā	전문의	13과
转	zhuàn	돌다	14과
装	zhuāng	가장하다	14과
撞	zhuàng	뜻하지 않게 만나다/부딪히다	12과
追	zhuī	따라다니다	14과
资金	zījīn	자금	4과
自我	zìwǒ	스스로	13과
自信	zìxìn	자신하다	14과
总共	zǒnggòng	모두/도합	8과
总是	zǒngshì	항상	5과
走马观花	zǒu mǎ guān huā	주마간산	6과
足够	zúgòu	충분하다/족하다	7과
足球	zúqiú	축구	9과
嘴	zuǐ	입	13과
最好	zuìhǎo	제일 좋기는/가장 바람직한 것은	10과
做东	zuò dōng	한턱 내다	11과
座位	zuòwèi	자리/좌석	11과
作用	zuòyòng	작용	13과

저자 약력

맹주억 한국외국어대학교 중국어과 교수 (현)
한국외국어대학교 외국어연수평가원 원장 (현)
한국 중국어 교육학회 회장 (현)
세계 중국어 교육학회 부회장 (현)
한국외국어대학교 대학원 중국어과 주임교수 (전)
한국외국어대학교 교육대학원 주임교수 (전)
한국외국어대학교 통번역대학원 한중통번역 전공 주임교수 (전)
한국외국어대학교 외국어교육연구소 소장 (전)

저서
≪오픈중국어회화 1, 2≫ 동양문고, 2002
≪현대중국어문법≫ 청년사, 1992
≪중국어 기본회화 301구≫ 한울, 1992
≪중국어발음이 정확하면 중국대륙도 넓지 않다≫ 동방미디어, 1996
≪중국어교본≫ 고려원, 1988
≪중국어≫ 진명출판사, 1998
≪현대한국어≫ 한림출판사, 1998
≪중국어발음≫ 동방미디어, 2000
≪만리행중국어≫ 동방미디어, 2001
≪중국어편지쓰기≫ 문예림, 2002

권영실 한국외국어대학교 대학원 중어중문학과 BK21 연구교수 (현)
북경대학 중문과 박사 졸업 (2001)
북경어언대학 중국어과 석사졸업 (1997)
북경어언대학 중국어과 본과졸업 (1994)
한국외국어대학교 중국어과 입학 (1990)

저서
≪주니어 중국어 상, 하≫ 공저, 다락원 2006

이 봉 중국 국가민족번역국 한국어통번역실 (2001~현)
한국외국어대학교 대학원 재학 중 (현)
중국 연변대학교 중국어과 졸업 (2001)

역서
〈要爱就像他们那样〉 (원저:"사랑한다면 그들처럼") 공역, 朝华出版社, 2004
〈神话中的数学〉 (원저:"신화 속 수학 이야기") 金城出版社, 2005

쉽게! 빨리! 재미있게!
빙고 중국어 2
Bingo! Chinese 2
맹주억 권영실 이봉 지음

온라인 동영상 강의 안내

2009년 1월 오픈 예정 ▶ www.ChampStudy.com

해커스 아카데미아 챔프스터디 소개

고품격 온라인강의의 챔피언, 챔프스터디(www.ChampStudy.com)는 어학시장 1위 기업 해커스 아카데미아의 온라인 강의 사이트로, 각 기업 사원 및 대학생 선호도 1위의 동영상 강의 포털 사이트입니다.

챔프스터디는 온라인 강의를 통한 폭넓은 교육의 나눔을 목적으로, 학습자들이 시간과 장소에 구애받지 않고 학습할 수 있도록 최고의 교재, 최고의 강의를 통해 양질의 교육 콘텐츠를 제공하고 있습니다.

챔프스터디에서는 TOEIC, TOEFL, IELTS 등의 어학시험뿐만 아니라 컴퓨터강의, 한자강의, 특목고대비 강의, 영어회화강의, 제2외국어강의 등 폭넓은 강의를 제공하고 있습니다.
학습자들은 챔프스터디에서 매일 제공되는 고급 무료콘텐츠를 이용할 수 있으며, 국내 최대 학습 커뮤니티에서 더 많은 정보를 나누실 수 있습니다.

수강료 10% 할인쿠폰

쿠폰 이용방법

1. 본 쿠폰 앞면에 기재된 쿠폰번호를 챔프스터디 메인 화면 **쿠폰등록하기** 버튼을 클릭하시고 등록하시면 됩니다.
2. 본 쿠폰은 1회에 한해 등록이 가능하며, 타 쿠폰과 중복사용이 불가능합니다.
3. 본 쿠폰은 양도 및 판매가 불가하며, 현금으로 환불되지 않습니다.
4. 기타 쿠폰 사용과 관련된 문의는 챔프스터디 고객지원센터(02-554-7272)로 해주시기 바랍니다.